智库 中社 年度报告
Annual Report

LAW INDEX
FZS

中国政府透明度

2020

田　禾　吕艳滨　主编

中国社会科学出版社

图书在版编目(CIP)数据

中国政府透明度.2020／田禾，吕艳滨主编.—北京：中国社会科学出版社，
2020.7

（中社智库年度报告）

ISBN 978－7－5203－6930－5

Ⅰ.①中… Ⅱ.①田…②吕… Ⅲ.①国家行政机关—信息管理—评估—
中国—2020 Ⅳ.①D630.1

中国版本图书馆 CIP 数据核字（2020）第 138908 号

出 版 人	赵剑英	
责任编辑	孙砚文	马 明
责任校对	任晓晓	
责任印制	王 超	

出 版	中国社会科学出版社
社 址	北京鼓楼西大街甲 158 号
邮 编	100720
网 址	http://www.csspw.cn
发 行 部	010－84083685
门 市 部	010－84029450
经 销	新华书店及其他书店

印 刷	北京明恒达印务有限公司
装 订	廊坊市广阳区广增装订厂
版 次	2020 年 7 月第 1 版
印 次	2020 年 7 月第 1 次印刷

开 本	710×1000 1/16
印 张	18
插 页	2
字 数	316 千字
定 价	99.00 元

中国社会科学院法学研究所简介

中国社会科学院法学研究所（Institute of Law，CASS），简称"中国社科院法学所"，是中国社会科学院所属的国家级法学研究机构、党和国家重要的法治智库。前身是根据董必武同志等老一辈法制奠基人提议于 1956 年筹建、1958 年 10 月正式成立的中国科学院法学研究所，隶属于当时的中国科学院哲学社会科学学部。1977 年，法学研究所随着哲学社会科学学部独立建制而转隶，并改用现名。现任所长为陈甦研究员，党委书记为陈国平研究员。

建所六十多年来，特别是改革开放四十多年来，中国社科院法学所在推动中国法学研究和法治实践方面做了大量工作，取得了突出成绩，被誉为法学研究的"国家队"。1980 年初，法学所组织了全国第一个"人治与法治"专题讨论会，推动了法学界的思想解放和拨乱反正。法学所专家学者率先讨论了"法律面前人人平等""法的阶级性与社会性""法律体系协调发展"等法学重大理论问题，提出了"市场经济就是法治经济""依法治国、建设社会主义法治国家""尊重和保障人权"等重要的法律根本理念，并多次担任中央政治局法制讲座、中央政治局集体学习和全国人大常委会专题讲座主讲人，在很大程度上直接推动了中国的法学繁荣、法律发展和法治进程。

2008 年，中国社科院法学所成立法治国情调查研究室（简称"法治国情调研室"），职能是在理论联系实际的基础上，对法学理论和法治建设问题进行实证调研和量化分析。法治国情调研室是法学所顺应国家法治建设的需要和法学研究发展的趋势，打破原有的部门法学科限制按照研究方法成立的新型研究机构。2011 年法治国情调研室入选中国社会科学院实验室，2012 年法治国情调研室的"中国国家法治指数研究"项目进入中国社会科学院首批创新工程。

摘　　要

《中国政府透明度（2020）》继续以量化研究的方法，对中国2019年政务公开情况进行了客观分析。本书分为总报告、政务公开的系统推进、政务公开的相关制度、特定领域的政务公开和政务公开的效能发挥五编。

总报告对国家机构改革后对外拥有行政管理权限的49家国务院部门、31家省级政府、49家较大的市政府和125家县（市、区）政府2019年政务公开工作进行了分析。评估发现，2019年政务公开规定日趋完善，决策公开稳步推进，政务服务、行政执法、管理结果公开均有明显进步，但未来还需要进一步提升公开意识、找准公众需求、将公开融入政务活动全流程、提升信息化保障水平。

本书围绕保密立法、基层政务公开标准化规范化、卷宗阅览、平台建设等对政务公开保障机制建设情况进行了分析。同时，全书还选取公众参与、优化营商环境、行政执法、生态环境保护、地方债务、基层公共法律服务等领域，对其政务公开工作的经验、面临的问题等进行了分析。

Abstract

Government Transparency in China (2020) is the result of an objective analysis based on quantitative research of the situation of openness of government affairs in China in 2019. The book consists of five parts: General Report, Systematic Advancement of Openness of Government Affairs, Systems Relating to Openness of Government Affairs, Openness of Government Affairs in Specific Fields, and Giving Full Play to the Role of Openness of Government Affairs.

The General Reportassesses the open government work of 49 departments under the State Council with external administrative competence after the reform of state institutions, 31 provincial-level governments, 49 governments of larger cities, and 125 county- (municipal-, or district-) level governments in 2019. The assessment shows that, in 2019, China gradually perfected the provisions on the openness of government affairs, steadily advanced the openness of decision-making, and made marked progresses in the openness of government service, administrative law enforcement, and the results of administration. In the future, more efforts should be made by China in enhancing public awareness of openness, accurately identifying public demands, incorporating openness into the full process of government activities, and raising the level of informatization safeguards. This book analyzes the construction of mechanisms for safeguarding openness of government affairs in China from such perspectives as secrecy legislation, standardization of the openness of grassroots government affairs, access to dossiers and platform building. Meanwhile, the book also analyzes the experiences gained and problems encountered by governments at various levels in the openness of government affairs in some selected fields, including public participation, optimization of business environment, administrative law enforcement, protection of ecology and environment, local government debts, and grassroots public legal services.

目　录

Content

第一编

总报告

2019年中国政务公开发展与2020年展望

中国社会科学院法学研究所法治指数
创新工程项目组[*]

摘　要： 2019年度，中国社会科学院国家法治指数研究中心、法学研究所法治指数创新工程项目组围绕决策公开、管理的服务公开、执行和结果公开、政策解读与回应关切、依申请公开等方面，继续对49家国务院部门、31家省级政府、49家较大的市政府、125家县（市、区）政府开展政务公开工作的情况进行了第三方评估。评估显示，2019年政务公开制度日趋完善，决策公开稳步推进，政务服务、行政执法、管理结果公开均有明显进步，但未来还需要进一步提升公开意识、找准公众需求、将公开融入政务活动全流程、提升信息化保障水平。

关键词： 政务公开　政府透明度　法治指数　政府网站

2019年是《政府信息公开条例（修订版）》颁布并实施的第一年，为全面了解2019年度全国政务公开工作的实际情况，进一步推动全国政务公开工作，中国社会科学院国家法治指数研究中心、法学研究所法治指数创新工程项目组（以下简称"项目组"）继续对各级政府政务公开情况进行调研和评估，本报告对此次调研和评估情况进行了总结

---

   * 项目组负责人：田禾，中国社会科学院国家法治指数研究中心主任，法学研究所研究员；吕艳滨，中国社会科学院法学研究所研究员、法治国情调研室主任。项目组成员：马甜莉、王小梅、王万秀、王希、王祐茗、车文博、田纯才、田昕昕、代玲玲、冯迎迎、许燕霞、刘雁鹏、米晓敏、吴俊杰、胡昌明、洪梅、栗燕杰（按照姓氏汉字笔画排序）。执笔人：吕艳滨、田禾。

分析。

一　评估对象、指标及方法

2019 年的评估对象包括 49 家机构改革后对外有行政管理权限的国务院部门、31 家省级政府、49 家较大的市政府、125 家县（市、区）政府。本次选取的县（市、区）政府的评估对象数量在 2018 年的基础上有所增加，新增了 25 家省会城市、自治区首府和直辖市人民政府所在地的区级政府。

项目组根据修订后的《政府信息公开条例》、中共中央办公厅和国务院办公厅印发的《关于全面推进政务公开工作的意见》、国务院办公厅《〈关于全面推进政务公开工作的意见〉实施细则》、国务院办公厅《2019 年政务公开工作要点》等相关文件，设定了 2019 年的评估指标。针对国务院部门和地方各级政府的一级指标包括决策公开、管理和服务公开、执行和结果公开、政务公开平台建设、依申请公开（见表 1、表 2、表 3、表 4）。

决策公开指标主要考察国务院各部门、各级政府进行重大决策预公开、规范性文件公开以及政策解读信息发布情况。

管理和服务公开指标主要考察有相应职权的国务院部门、各级政府公开权力清单信息、政务服务信息、行政执法信息的公开情况，其中对行政执法信息的考察包括行政执法信息统一公示平台建设、"双随机"监管信息以及行政处罚信息的公开情况。

执行和结果公开指标主要考察公开法治政府建设年度报告和建议提案办理结果的情况；对国务院部门以外的评估对象还考察了其公开政府债务信息和审计报告的情况；对县（市、区）政府还考察了其公开义务教育信息的情况。

政务公开平台建设指标主要考察政府网站栏目建设情况、网站互动交流、政府公报发布情况以及政务新媒体建设情况等。其中，政府公报不适用于国务院部门。

依申请公开指标仅考察了 125 家县（市、区）政府在线申请和信函申请渠道的畅通性和答复规范化程度。

表1　　　　　　　政府透明度指数指标体系（国务院部门）

一级指标	二级指标
决策公开	重大决策预公开
	规范性文件公开
	政策解读
管理和服务公开	权力清单公开
	政务服务信息公开
	行政执法信息公开
执行和结果公开	法治政府建设年度报告
	建议提案办理结果公开
政务公开平台建设	网站建设
	网站互动交流
	政务新媒体

表2　　　　　　　政府透明度指数指标体系（省级政府）

一级指标	二级指标
决策公开	重大决策预公开
	规范性文件公开
	政策解读
管理和服务公开	权力清单公开
	政务服务信息公开
	行政执法信息公开
执行和结果公开	审计结果公开
	地方政府债务信息公开
	法治政府建设年度报告
	建议提案办理结果公开
政务公开平台建设	网站建设
	政府公报
	网站互动交流
	政务新媒体

表3　　　　政府透明度指数指标体系（较大的市政府）

一级指标	二级指标
决策公开	重大决策预公开
	规范性文件公开
	政策解读
管理和服务公开	权力清单公开
	政务服务信息公开
	行政执法信息公开
执行和结果公开	审计结果公开
	地方政府债务信息公开
	法治政府建设年度报告
	建议提案办理结果公开
政务公开平台建设	网站建设
	政府公报
	网站互动交流
	政务新媒体

表4　　　　政府透明度指数指标体系〔县（市、区）政府〕

一级指标	二级指标
决策公开	重大决策预公开
	规范性文件公开
	政策解读
管理和服务公开	权力清单公开
	政务服务信息公开
	行政执法信息公开
执行和结果公开	审计结果公开
	地方政府债务信息公开
	法治政府建设年度报告
	建议提案办理结果公开
	义务教育信息公开
政务公开平台建设	网站建设
	政府公报
	网站互动交流
	政务新媒体

一级指标	二级指标
依申请公开	渠道畅通性
	答复规范化

项目组通过观察各评估对象门户网站及其相关部门网站发布的相关信息,分析其落实公开要求的情况。项目组从 2019 年 8 月 27 日至 12 月 20 日,陆续通过在线申请(在线平台或者电子邮件)和信函申请(邮寄挂号信)的方式,对 125 家县(市、区)政府进行了依申请公开情况的评估。指标评估的时间段不尽相同,但总体上截至 2019 年 12 月 31 日。

二 总体评估结果

2019 年是修订后的《政府信息公开条例》(以下简称新《条例》)实施的第一年,是中共中央办公厅、国务院办公厅印发的《关于全面推进政务公开工作的意见》实施的第三年。按照政务公开的总体要求,各地方各部门应全面推进决策、执行、管理、服务和结果全过程、全流程公开,全面推广政务公开的标准化规范化,全面扩大公众参与,发挥信息发布、政策解读、回应关切三位一体、相辅相成的作用。评估发现,2019 年全国政务公开工作成效显著。

(一) 政务公开取得显著成效

1. 完善政策法规,多层次明确公开要求

2019 年《中华人民共和国政府信息公开条例(修订)》颁布并实施,这是《条例》实施以来第一次修订。本次修订扩大了主动公开范围,明确了"公开为常态,不公开为例外"的法定公开原则,理顺了依申请公开的程序和机制,界定了公开范围,强化了政务公开便民服务的举措,为全面推进政务公开工作提供了更强有力的法律支持。《重大行政决策程序暂行条例》的颁布实施,首次从立法角度明确了重大行政决策的合法程序,对重大决策预公开、公众参与等提出了更加明确的要求。《优化营商环境条例》首次将全面推进决策、执行、管理、服务、结果公开等"五公开"的要求写入法规，并对多个细分领域提出了明确的公开要求。

中共中央和国务院政策层面，2019 年也集中出台了多项政策文件，从不同角度对规范政务公开工作提出了具体要求，包括《政府网站集约化试点工作方案》《关于全面推行行政执法公示制度执法全过程记录制度重大执法决定法制审核制度的指导意见》《国务院关于在市场监管领域全面推行部门联合"双随机、一公开"监管的意见》《关于在制定行政法规规章行政规范性文件过程中充分听取企业和行业协会商会意见的通知》《法治政府建设与责任落实督察工作规定》《国务院关于加强和规范事中事后监管的指导意见》《关于全面推进基层政务公开标准化规范化工作的指导意见》《关于规范政府信息公开平台有关事项的通知》《关于政府信息公开工作年度报告有关事项的通知》等，其中既有对公开内容的要求和程序性要求，也有对公开平台和保障机制规范化的规定，有助于政务公开工作得到全面规范落实。

2019 年也是全国基层政务公开标准化规范化试点总结试点经验之年。国务院各部门在 100 家县（市、区）试点成果的基础上，结合调研情况，分别围绕国土空间规划、重大建设项目、公共资源交易、财政预决算、安全生产、税收管理、征地补偿、国有土地上房屋征收、保障性住房、农村危房改造、环境保护、公共文化服务、公共法律服务、扶贫、救灾、食品药品监管、城市综合执法、就业创业、社会保险、社会救助、养老服务、户籍管理、涉农补贴、义务教育、医疗卫生、市政服务等 26 个试点领域，制定了相应的标准指引，为下一步全面形成全国统一的基层政务公开标准体系，提高基层政务公开标准化规范化水平，打下了坚实的基础。

2. 重大决策预公开规范化程度明显提升

第一，多数评估对象设置了专门栏目公开意见征集信息。评估发现，有 32 家国务院部门、31 家省级政府、38 家较大的市政府以及 60 家县（市、区）政府门户网站设置了意见征集专门栏目。有 6 家国务院部门、10 家省级政府、25 家较大的市政府及 23 家县（市、区）政府，能够集中公开同一次意见征集的征集公告、决策草案、草案说明、意见采纳情况反馈等信息，便于群众集中查阅。

第二，更多评估对象注重区分意见征集状态。评估发现，有11家国务院部门、17家省级政府、23家较大的市政府及22家县（市、区）政府在征集意见公告的标题、页面设计或栏目设置等方面，对意见征集状态进行区分，明确正在征集或已经结束等征集状态（或标注征集日期）。

第三，部分评估对象详细公开了具体意见的采纳情况。评估发现，有3家国务院部门、3家省级政府、18家较大的市政府和9家县（市、区）政府公开了完整的意见反馈信息，包括征集到意见的总体情况、采纳情况和不采纳的理由。

3. 政务服务信息公开整体水平有所提升

随着"一网、一门、一次"改革工作的深入实施，政务服务信息公开的水平正在大幅提高。一是政务服务事项目录的公开率比2018年明显上升。国务院部门政务服务事项目录的公开率由84%提高到87.76%，省、市、县三级政府由74.19%、51.02%、57.00%全部提升到100%。二是多数评估对象实现市场主体和个人"全生命周期"的办事服务事项集成式、一站式公开。评估发现，省、市、县（市、区）政府对市场主体和个人办事服务事项集成展示的分别有26家、42家、125家和21家、35家、124家，公开率分别达到83.87%、85.71%、100%和67.74%、71.43%、99.20%。三是部分评估对象服务事项归类清晰便于查阅。四是部分评估对象办事指南公开要素更细化、更便民。部分评估对象服务指南中不仅有明确的办事地点，还有交通指引，提供了乘车路线或地图导航链接；部分评估对象提供了常见问题解答、常见错误示例等功能，集中解答群众办事疑惑，提升服务效能。

4. 部分地方政府随机抽查事项清单覆盖部门较多

评估发现，部分省市县政府在门户网站发布的随机抽查事项清单，覆盖部门数量较多，"双随机"监管覆盖面广。例如，贵州省39个部门发布了随机抽查事项清单；四川省38个部门发布了随机抽查事项清单；湖北省武汉市41个部门发布了随机抽查事项清单；内蒙古自治区呼和浩特市40个部门发布了随机抽查事项清单；山东省烟台市龙口市27个部门发布了随机抽查事项清单；浙江省金华市义乌市43个部门发布了随机抽查事项清单。

5. 各级政府推行行政执法公示制度初见成效

推行行政执法公示制度，是规范执法秩序的重要举措。2018年12月5日，国务院办公厅颁发《国务院办公厅关于全面推行行政执法公示制度执法全过程记录制度重大执法决定法制审核制度的指导意见》（国办发〔2018〕118号），对全面推进行政执法公示制度提出了新的要求。评估发现，行政处罚事项目录、部分领域的行政处罚结果公开程度较高，部分地方政府已率先建成全省行政执法信息统一平台公示。

首先，部分地方政府已率先建成全省行政执法信息统一平台公示。评估发现，广东省、湖南省长沙市等地积极推进《国务院办公厅关于全面推行行政执法公示制度执法全过程记录制度重大执法决定法制审核制度的指导意见》落地，建立了全省统一的行政执法信息统一公示平台，平台均按照事前公开、事后公开两个板块分别建设，其中广东省公示平台覆盖了省、市、县（市、区）、镇（街道）四级各类行政执法信息，公示信息范围覆盖行政处罚、行政强制、行政检查、行政征收征用、行政许可等各类行政执法行为。

其次，绝大多数评估对象公开了行政处罚事项目录。31家省级政府、47家较大的市政府、116家县（市、区）政府网站集中公开了各部门的行政处罚事项目录，公开率分别达到100%、95.92%和92.80%。

最后，省、市、县（市、区）政府市场监督管理部门行政处罚结果公开较好。评估发现，28家省级政府、43家较大的市政府、105家县（市、区）政府公开了2019年度处罚结果，公开率分别达到90.32%、87.76%和84.00%。

6. 省、市两级法治政府建设年度报告公开情况较好

评估发现，2019年有31家省级政府、43家较大的市政府发布了2018年报告，分别比2018年发布2017年度报告增加了7家和6家，公开率达到100%、87.76%。且多数评估主体发布的法治政府建设年度报告内容比较全面，能够随年度报告披露2018年法治政府建设存在的问题和2019年法治政府建设的重点与方向。

7. 部分政府规范性文件备案和清理信息公开情况较好

首先，规范性文件清理结果情况较好。评估发现，有31家国务院

部门、26家省级政府、42家较大的市政府、68家县（市、区）政府发布了近3年本部门规范性文件清理信息，分别占比63.27%、83.87%、85.71%和54.40%，公开率较高。其次，对规范性文件有效性进行标注的评估对象明显增多。2019年度有12家国务院部门、14家省级政府、26家较大的市政府、50家县（市、区）政府对规范性文件的有效性进行了标注，远超2018年水平。最后，部分评估对象能够定期公开规范性文件备案信息。评估发现，北京市、海南省、广西壮族自治区南宁市、辽宁省葫芦岛市建昌县等按月公开规范性文件备案信息；海南省海口市、山东省淄博市、齐齐哈尔市龙沙区、六安市金寨县、宿州市灵璧县、威海市荣成市、宁波市江北区、青岛市、南昌市、哈尔滨市、济南市、黑龙江省、河南省等按季度公开；多数评估对象按年公开备案信息。

8. 部分地方政府公开债务信息情况较好

第一，债务限额、债务余额信息公开率较高。除2018年无政府债务发生的6家评估对象外，公开了债务限额的三级政府的评估对象共175家，总体占比达87.94%，公开了债务余额的三级政府的评估对象共180家，总体占比90.45%。

第二，部分评估对象集中公开全省地方政府债务情况。如甘肃、青海等省设置政府债务信息专栏，不仅公开了省本级的政府债务信息，还用一张表汇总公开全省所有市、县债务限额、债务余额等情况。

第三，部分评估对象积极落实随预决算公开政府债务信息的要求。2018年12月20日财政部印发的《地方政府债务信息公开办法（试行）》要求，要随同每年的预决算报告一同公开地方政府债务的统计信息。评估发现，有部分评估对象，如宁夏回族自治区在2018年度政府决算报表公开时，集中公开了38张分项表格，与政府债务相关的表格包括《2018年全区政府一般债务限额和余额情况表》《2018年自治区本级一般债务限额和余额情况表》《2018年各市县政府一般债务限额和余额情况表》《2018年政府一般债务分地区余额表》《2018年新增一般政府债券项目安排情况表》《2018年全区政府专项债务限额和余额情况表》《2018年自治区本级政府专项债务限额和余额情况表》《2018年各市县政府专项债务限额和余额情况表》《2018年政府专项债务分地区余额表》《2018 年新增专项政府债券项目安排情况表》等 10 张分项表格，信息发布翔实，便于群众集中查找。

9. 部分义务教育阶段招生信息公开情况较好

评估发现，125 家县（市、区）级评估对象中，公开了本地 2019 年义务教育阶段入学工作文件、咨询电话、小学招生范围、初中招生范围、普通学生入学条件和随迁子女入学条件的分别有 91 家、73 家、69 家、65 家、90 家和 88 家，公开率分别达到 72.8%、58.4%、55.2%、52%、72% 和 70.4%，公开率比 2018 年分别增长了 12.8 个、1.4 个、9 个、7 个、7 个和 1.4 个百分点。

（二）政务公开工作仍需解决的问题

1. 重大决策预公开工作仍需进一步加强

第一，重大行政决策事项目录公开率较低。评估发现，仅有 2 家省级、12 家较大的市、12 家县（市、区）政府门户网站公开了 2019 年度重大行政决策事项目录，公开率分别仅为 3.23%、24.49% 和 9.6%，且县（市、区）政府的公开数量比 2018 年减少了 4 家，公开率下降了 6.4 个百分点。

第二，部分评估对象未同步公开决策草案解读信息。评估发现，仅有 3 家国务院部门、2 家省级政府、2 家市级政府和 1 家县（市、区）政府在公开决策草案的同时发布了草案解读信息，其余评估对象均未公开草案解读信息。

第三，征集期限发布不规范，个别评估对象未明确意见征集期限或意见征集期限较短。评估发现，共有 8 家县（市、区）政府未明确征集意见的期限，还有个别评估对象征集期限周期较短。如个别评估对象决策草案的征集期限仅为四五个自然日。

第四，意见反馈信息公开程度较低。评估发现，有 26 家国务院部门、7 家省级政府、12 家较大的市政府和 31 家县（市、区）政府公开了 2019 年度重大决策草案但未公开对所征集到意见的反馈和采纳情况，意见反馈信息未公开的比例分别高达 78.79%、46.67%、36.36% 和 60.78%。部分评估对象只公开了收到的意见数量，未公开意见整体情况及详细内容；部分评估对象公开的信息显示，其全年所有意见征集大部分未收到公众反馈意见，意见征集效果差。

2. 建议提案办理结果公开力度仍需加大

虽然大多数评估对象均开设了建议提案办理结果公开的相关专栏，但建议提案办理结果的公开程度仍不够理想，尤其县（市、区）基层政府的公开力度仍显不足。

第一，部分评估对象未公开全年建议提案总体办理情况。评估发现，有46家国务院部门、22家省级政府、41家较大的市政府和111家县（市、区）政府，未公开本评估对象2019年度人大代表建议和政协委员提案办理总体情况信息。

第二，县（市、区）级政府建议提案办理复文公开率较低。评估发现，未公开人大代表建议和政协委员提案办理复文信息的县（市、区）政府分别有71家和67家，未公开的占比分别高达56.80%和53.60%，此外个别评估对象只公开了答复摘要信息，未公开答复全文。

3. 部分机关权力清单公开水平有所下降

推行权责清单制度是党中央、国务院部署的重要改革任务之一，是巩固和拓展"放管服"改革成果的有效手段，也是推进国家治理体系和治理能力现代化的重要基础性制度，权力清单的及时公开和动态调整是权责清单制度有效实施的保障。与2018年相比，2019年度权力清单和动态调整信息公开的水平明显下降。一是国务院部门权力清单公开率较低，评估发现，有4家公开了2019年完整的权力清单，公开率仅为8.16%。二是较大的市和县（市、区）政府权力清单公开率有所下降。其中较大的市政府权力清单公开率由2018年的95.90%下降至91.84%，县（市、区）政府由94.00%下降至93.60%。三是权力清单动态调整信息公开程度仍然较低。抽查发现，参与评估的省、市、县三级评估对象中，有54%的评估对象仅调整了部分部门的权力清单，15%的评估对象相关部门权力清单均未做出调整。权力清单公开水平的下降不排除是受到全国范围内机构改革的影响。

4. 政务服务信息公开水平仍有提升空间

一是确需保留的证明事项清单公开率较低。参与评估的国务院部门、省级政府、较大的市政府和县（市、区）政府确需保留的证明事项公开率仅为 39. 13%、32. 26%、38. 78%、16. 80%。同时，有 11 家国务院部门只发布了清单的征求意见稿，未公布正式确定印发的清单，2 家省省级政府仅公开了村（社区）级证明事项保留清单，4 家评估对象仅公开了 2018 年甚至 2017 年的清单，未做动态更新，有的地方政府仅公开了个别部门的证明事项目录清单，未做到集中清理、集中公开、集中查阅、集中监管。二是服务指南公开水平有待提升。2019 年评估中，抽查了慈善机构设立登记（不含慈善机构认定）办事指南公开情况，发现仅有 7 家省级、10 家市级和 7 家县（市、区）政府公开了慈善机构设立登记（不含慈善机构认定）办事指南，其余 181 家地方政府均未公开。三是个别评估对象仍未按要求梳理并公开政务服务事项目录。评估发现，有 4 家国务院部门未梳理并公开本部门政务服务事项目录。

5. 部分双随机信息未公开、公开要素不全

首先，部分评估对象公开的随机抽查事项清单要素不全。评估发现，有 2 家国务院部门、1 家省级政府、1 家较大的市政府、7 家县（市、区）政府随机抽查事项清单中未包含抽查依据；有 6 家国务院部门、2 家省级政府、9 家县（市、区）政府清单中未包含抽查主体；有 1 家国务院部门、2 家省级政府、3 家县（市、区）政府清单中未包含抽查内容；有 7 家国务院部门、7 家省级政府、9 家较大的市政府、18 家县（市、区）政府的随机抽查事项清单中未包含抽查方式。其次，2019 年度随机抽查结果和查处情况公开情况不佳。评估发现，有 25 家国务院部门未在本部门门户网站、信用中国或国家企业信用信息公示系统发布本部门 2019 年做出的随机抽查结果和查处情况，28 家省级政府、29 家较大的市政府、75 家县（市、区）政府未在政府门户网站、生态环境部门网站、信用中国或国家企业信用信息公示系统发布 2019 年生态环境部门做出的抽查结果和查处情况。部分评估对象还存在抽查结果信息发布少、信息公开不及时的现象。

6. 部分领域信息公开的规范性有待加强

提升政务公开标准化规范化，有助于提升信息公开的质量，确保与群众切身利益密切相关的关键信息能够公开到位、监督到位、落实到位，切实保障群众利益。然而评估发现，部分评估对象还存在公开要素不全、公开信息不及时、公开事项有缺项、泄露当事人个人信息等问

题，信息公开的规范性亟须加强。

第一，部分领域信息公开要素不完整。如公开了慈善机构设立登记事项服务指南的 24 家评估对象中，有 16 家存在服务指南要素不完整或不规范的情况，指南要素不规范的占比高达 66.67%，其中有 1 家未公开办事依据，10 家申报条件不够明确，存在"其他条件"等模糊性兜底条件，1 家评估对象存在兜底性材料要求，8 家评估对象未提供空白表格/格式文本，12 家评估对象未提供样表或填报说明/填写参照文本，2 家评估对象未提供办理地点或地点描述不明确。其他如随机抽查事项清单、行政处罚结果、法治政府建设年度报告、义务教育、政府债务等多个领域也存在公开信息要素不全的情况。

第二，部分领域信息公开不及时。如对省、市、县（市、区）三级政府市场监管部门的抽查结果显示，公开了 2019 年度行政处罚信息的 176 家评估对象中，有 61 家存在处罚结果未在 7 个工作日内公开的情况，占比 34.66%，此外还有 12 家存在未公开处罚决定日期或未公开上网公示日期的情况，无法判断处罚结果公开是否及时。其他指标，如"双随机"抽查结果、义务教育招生结果、法治政府建设年度报告等多个领域也存在信息公开不及时的问题。

第三，公开事项有缺漏。如有 11 家国务院部门只发布了确需保留的证明事项清单征求意见稿，未发布最终确定的本评估对象确需保留的证明事项清单；在重大决策预公开方面，有 132 家评估对象公开了 2019 年重大决策征集意见信息，但只有 37 家公开了所征集到的意见及其采纳情况，其余 95 家均未公开意见反馈和采纳情况信息，同时公开了意见反馈和采纳情况的部分评估对象还存在意见征集信息与意见反馈信息不对应的情况。

第四，部分评估对象仍然存在泄露当事人个人信息的问题。例如，在公开 2019 年行政处罚结果时，部分地方政府未注意对个人信息进行处理，泄露了完整的个人身份证号和联系电话等信息。

7. 审计计划、审计报告等公开率较低

第一，审计计划信息公开率较低。评估发现，有 23 家省级政府、35 家较大的市政府、92 家县（市、区）政府均未公开 2019 年度财政审计计划和专项审计计划，占比分别达到 74.19%、71.43% 和 73.60%。

第二，审计报告公开力度仍需加大。一是部分市、县两级政府未公开财政审计报告和专项审计报告。18 家较大的市政府、104 家县（市、区）政府未公开 2018 年本级预算执行情况和其他财政收支审计结果公告；32 家较大的市政府，103 家县（市、区）政府未单独公开 2019 年专项审计结果报告，财政审计和专项审计报告的公开率随着政府层级的降低而相应降低。二是多数评估对象未公开 2019 年度重大政策措施落实情况跟踪审计报告。评估发现，有 26 家省级政府、47 家较大的市政府和 118 家县（市、区）政府未公开重大政策措施落实情况跟踪审计结果，占比分别达到 83.87%、95.92% 和 94.40%。

8. 法治政府建设年度报告发布仍需进一步规范

一是国务院部门和县级法治政府建设年度报告公开程度较低。评估发现，有 25 家国务院部门、77 家县（市、区）政府未公开 2018 年度法治政府建设年度报告。二是年度报告发布不及时问题依然存在，在发布了 2018 年法治政府建设年度报告的 145 家评估对象中，有 74 家未能在 4 月 1 日前公开，公开不及时的比例超过 50%。三是发布平台不规范。有 1 家国务院部门、4 家较大的市政府、14 家县（市、区）政府既未在本级政府门户网站发布，也未在本级政府司法行政部门网站发布报告，项目组通过百度搜索发现，相关信息发布在其他平台。四是部分评估对象报告内容不完整。有 19 家国务院部门、11 家省级政府、12 家较大的市政府、12 家县（市、区）政府未公开披露 2018 年法治政府建设存在的问题，有 7 家国务院部门、8 家省级政府、7 家较大的市政府、12 家县（市、区）政府未公开披露 2019 年法治政府建设的重点与方向。

9. 部分义务教育信息公开程度仍然较低

一是 2019 年义务教育招生结果公开率较低。评估发现，未公开 2019 年小学招生结果和初中招生结果的县（市、区）分别有 117 家和 118 家，总体公开率仅为 6.40% 和 5.60%。二是个别评估对象义务教育信息公开内容较少。如河南省汤阴县、河南省开封市祥符区、黑龙江省东宁市、辽宁省沈阳市浑南区、山西省孝义市和四川省仁寿县等地政府门户网站未公开 2019 年义务教育阶段入学工作文件、咨询电话、招生范围（学区划分情况）、招生计划、随迁子女入学条件、招生结果以及区域内学校情况等信息。三是学校基本情况和学校招生简章信息公开比例较低。抽查发现，公开了学校简介，并能够完整覆盖办学性质、办学地点、办学规模、办学基本条件、联系方式等要素信息的评估对象仅有 10 家，公开率仅为 8.00%；公开了学校招生简章的仅有 4 家，公开率仅为 3.20%。

10. 部分政务公开的新要求有待进一步落实

第一，行政执法统一公示制度需要加大落实力度。《国务院办公厅关于全面推行行政执法公示制度执法全过程记录制度重大执法决定法制审核制度的指导意见》对全面推进行政执法公示制度提出了要求。评估发现，29 家省级政府、43 家较大的市政府和 117 家县（市、区）政府未按国务院文件要求设置符合规范的行政执法平台统一公示执法信息，未建设统一公示平台的比例分别高达 93.55%、87.76% 和 93.60%。此外，部分地方统一建设的双随机监管平台或双公示平台，与国务院办公厅对于行政执法公示制度的公示要求还有较大差距，不能覆盖其他的行政执法类信息，仍有改进提升空间。

第二，地方政府债务信息公开要求落实力度不够。2018 年 12 月 20 日财政部印发了《地方政府债务信息公开办法（试行）》，对政府债务信息公开的具体要素和公开方式都有非常明确具体的规定。但评估发现，除 2018 年无政府债务发生的 6 家评估对象外，未公开 2018 年度的债务率、偿债率、债务期限结构的评估对象分别有 175 家、196 家和 153 家，公开率仅为 12.06%、1.51% 和 23.12%；未公开 2018 年本级政府债务具体使用情况信息的评估对象有 84 家，公开率仅为 57.79%。

11. 依申请公开依然存在渠道不畅通、答复不规范的问题

第一，部分评估对象存在公开指南内容错误、内容不明确等情况。如个别评估对象政府信息公开指南难以找到。通过对 125 家县（市、区）政府的调研发现，3 家县（市、区）政府无法查到其政府信息公开指南，占比为 2.4%。部分评估对象政府信息公开指南与新《条例》规定不符，部分评估对象公开指南未明确申请答复时限为 20 个工作日。部分政府机关关于政府信息公开申请的指南内容不明确，主要存在以下问题：部分评估对象没有列明申请方式、答复申请的期限和监督救济渠道，无法找到申请表或申请表无法下载，邮寄地址、联系电话错误等。

第二，部分评估对象办理政府信息公开申请的过程存在平台障碍和电子邮件申请障碍。平台障碍主要表现在：系统无法提交；校验码无法显示；无法上传身份证；存在固定号码、传真或工作单位等非必需的强制填写事项；申请平台注册程序复杂；平台查询办理结果功能出错等。电子邮箱申请障碍主要表现在：未对电子邮件申请情况进行确认；公示的联系电话不畅通；未使用官方办公邮箱进行答复；答复邮件中未注明所属单位等。

第三，部分评估对象未答复、超期答复、答复内容不规范。截至评估结束，未收到答复的有 32 家县（市、区）政府，占 25.60%；有 13 家县（市、区）政府未在法定期限里答复申请，占 10.40%。在电子邮箱渠道的答复中，答复使用的邮箱域名为 gov.cn 的仅有 13 家，使用非官方邮箱答复的有 41 家，是使用官方办公邮箱答复数量的 3.15 倍。有 9 家评估对象未提供正式的答复告知书。22 家评估对象完全列明了所有的复议机关和诉讼法院的具体名称，占比约为 23.66%。在作出不利于当事人的答复中，有 5 家评估对象完全未告知救济渠道。

三　各领域评估结果

（一）重大决策预公开

重大决策预公开指标主要考察 49 家国务院部门、31 家省级政府和 49 家较大的市政府、125 家县（市、区）政府门户网站是否公开 2019 年度重大决策事项目录、是否设置决策预公开专门栏目并集中发布决策预公开信息，以及上述评估对象门户网站或其政府法制部门网站是否公开 2019 年度重大决策的意见征集及反馈情况。另外，根据 2019 年 9 月 1 日正式实施的《重大行政决策程序暂行条例》第三条的规定，重大行政决策事项主要包括：有关公共服务、市场监管、社会管理、环境保护等方面的重大公共政策和措施；经济和社会发展等方面的重要规划；开发利用、保护重要自然资源和文化资源的重大公共政策和措施；在本行政区域实施的重大公共建设项目等其他对经济社会发展有重大影响、涉及重大公共利益或者社会公众切身利益的其他重大事项。因此，本次评估对重大决策事项的界定相对往年更加严格。

1. 评估发现的亮点

（1）2019年度重大决策草案的公开程度较高

《重大行政决策程序暂行条例》要求，决策事项向社会公开征求意见的，决策承办单位应当通过政府网站、政务新媒体以及报刊、广播、电视等便于社会公众知晓的途径，公布决策草案及其说明等材料。评估发现，有33家国务院部门、15家省级政府、33家较大的市政府、51家县（市、区）政府门户网站公开了2019年度重大决策草案，整体公开程度较高。同时，需要说明的是，省和较大的市本级政府仅有少数评估对象发布了重大决策草案，因此本次的评估放宽了对决策草案发布机构的要求，统计结果包括了相关政府部门发布的决策草案。

（2）多数地区意见征集渠道丰富，便于群众参与

面向公众征集意见，需要群众特别是利益相关的群众的广泛参与，丰富的意见征集渠道，是提高群众参与度的保障。评估发现，有32家国务院部门、17家省级政府、32家较大的市政府及45家县（市、区）政府在公开的重大决策草案征集意见公告中，明确了意见征集渠道，且多数评估对象开通了电子邮件、信函、在线平台等多种渠道收集意见，便于群众参与。部分评估对象创新征集方式，结合新媒体时代传播特点，丰富了征集渠道，如吉林省人民政府的意见征集公告下方附有分享渠道，可以将意见征集公告分享到微信、新浪微博、人人网、腾讯微博、豆瓣等网络平台，使更多的受众参与到意见征集中来。

（3）部分评估对象详细公开了具体意见的采纳情况

公开对群众反馈意见的采纳情况，并详细说明未采纳意见的理由，有助于规范决策程序，帮助群众了解意见审定和采纳的具体情况，深入了解决策过程和政策制定的背景，促进决策过程更加规范，同时详细的意见采纳情况反馈给参与群众，有助于提高群众参与的积极性，提高群众参与度，提升重大决策意见征集的成效。评估发现，有3家国务院部门、3家省级政府、18家较大的市政府和9家县（市、区）政府公开了所征集意见的采纳情况。

（4）大部分地区设置专门栏目公开重大决策预公开信息

评估发现，有32家国务院部门、31家省级政府、38家较大的市

政府以及 60 家县（市、区）政府门户网站设置了意见征集专门栏目，如意见征集、征求意见、征集调查、网上听证等专栏集中发布重大决策预公开草案及征集公众意见的信息。部分评估对象栏目的设置便民程度较高，集中发布预公开信息，汇集同一条意见征集的征集公告、决策草案、草案说明、意见采纳情况反馈等，便于群众集中查阅。有6 家国务院部门、10 家省级政府、25 家较大的市政府及 23 家县（市、区）政府，集中发布了重大决策预公开信息。例如云南省人民政府、内蒙古自治区人民政府设置"民意征集"和"意见反馈"两个子栏目，福建省人民政府在每一条征求意见的草案后均设置了"征集内容"及"结果反馈"快捷跳转按钮，便于公众直接查看反馈意见。

（5）大部分评估对象在意见征集栏目中区分征集状态

评估发现，有 11 家国务院部门、17 家省级政府、23 家较大的市政府及 22 家县（市、区）政府在意见征集栏目中对征集状态进行区分。有的按照不同的征集状态设置不同的栏目，例如海关总署设置了"往期征集"和"征集中"两个栏目。有的直接在征集草案上标注征集状态或截止日期，例如山东省青岛市、浙江省杭州市、湖北省武汉市及广东省广州市越秀区在征集草案后标注"已结束"和"进行中"；国家税务总局在征集草案后备注了截止日期。

2. 评估发现的问题

（1）重大行政决策事项目录主动公开程度有待提高

《重大行政决策程序暂行条例》第三条规定，决策机关可以根据本条第一款的规定，结合职责权限和本地实际，确定决策事项目录、标准，经同级党委同意后向社会公布，并根据实际情况调整。评估发现，仅有 1 家省级政府、12 家较大的市政府、12 家县（市、区）政府门户网站公开了 2019 年度重大行政决策事项目录，省、市、县三级政府公开率分别仅为 3.23%、24.49% 和 9.60%，且县（市、区）政府的公开数量比 2018 年减少了 4 家，公开率下降了 6.4 个百分点。在已公开了2019 年度重大决策事项目录的评估对象中，仅有 3 家较大的市政府和 1家县（市、区）级政府公开的重大决策事项目录要素完整，列明了决策事项、承办部门、决策时间及是否听证等信息。

（2）部分评估对象的决策草案未配发解读信息

评估发现，在 33 家公开了 2019 年度重大决策草案的国务院部门中，有 30 家未公开解读信息；15 家公开了 2019 年度重大决策草案的省级政府中，有 13 家未公开解读信息；33 家公开了 2019 年度重大决策草案的较大的市政府中，有 31 家未公开解读信息；51 家公开了 2019 年度重大决策草案的县（市、区）政府中，有 50 家未公开解读信息。在这些公开草案解读信息的评估对象中，有的评估对象未在其门户网站内发布解读稿，而是通过新闻媒体或自媒体发布。

（3）个别评估对象未明确意见征集期限或意见征集期限较短

《重大行政决策程序暂行条例》第十五条规定，公开征求意见的期限一般不少于 30 日；因情况紧急等原因需要缩短期限的，公开征求意见时应当予以说明。评估发现，部分评估对象征集意见的通知中未明确征集意见的期限，涉及 8 家县（市、区）政府。例如江西省鹰潭市贵溪市只是在草案底部放置了发表评论的文本框，但是起始日期与截止日期均未明确。另外，还有个别评估对象存在征集期限较短的问题。例如，公安部、山东省个别决策草案的征集期限仅 5 个自然日，广西壮族自治区南宁市个别决策草案的征集期限仅 4 个自然日。

（4）对所征集意见的整体反馈情况公开质量有待提高

草案征集的整体情况包括征集到的意见数量及主要观点。部分评估对象对征集到的意见公开程度不够，缺少整体情况描述。评估发现，在 33 家公开了 2019 年度重大决策草案的国务院部门中，有 26 家未公开意见征集的整体情况；15 家公开了 2019 年度重大决策草案的省级政府中，有 7 家未公开意见征集的整体情况；33 家公开了 2019 年度重大决策草案的较大的市政府中，有 12 家未公开意见征集的整体情况；51 家公开了 2019 年度重大决策草案的县（市、区）政府中，有 31 家未公开意见征集的整体情况。部分评估对象只公开了收到意见数量，未公开所收集意见的整体情况及详细内容。

部分评估对象公开的信息显示，其全年所有意见征集大部分未收到公众反馈意见。例如宁夏回族自治区、安徽省淮南市、广西壮族自治区贵港市桂平市、广西壮族自治区玉林市博白县、辽宁沈阳市铁西区全年发布的征集意见草案基本均未征集到任何反馈意见，群众参与程度低，意见征集效果差。

（5）部分评估对象重大决策预公开栏目信息发布混乱

评估发现，有的评估对象虽然设置了决策预公开栏目，但是栏目中没有发布预公开草案信息，例如黑龙江省人民政府门户网站的意见征集栏目中，2019年度仅发布了2条开放式的民意征集公告和网络调查，没有针对特定的重大决策事项，发布决策草案征集意见。有的评估对象信息放置混乱不易查找，例如宁波市、深圳市重大行政决策事项目录仅在政府公报体现，未发布到对应栏目中。中国银行保险监督管理委员会有部分重大决策预公开信息放置在公告通知栏目下。石家庄市长安区的意见征集放在房屋征收栏目中，不便于查找。有的评估对象分别在不同栏目中发布征集信息，但内容不完全一致。例如安徽省六安市金寨县分别在"互动交流"和"信息公开"两个栏目发布预公开信息，但是两个栏目下的意见征集内容却不完全一致。山西省吕梁市柳林县意见征集栏目中发布的意见征集通知，全部为国家各部门发布的意见征集通知，无本级政府以及部门的意见征集通知。

（二）建议提案办理结果公开

各级政府办理人大代表建议和政协委员提案，是自觉接受人大及其常委会依法监督和政协民主监督的重要形式，也是法治政府建设的重要内容。做好建议和提案办理结果公开工作，对密切政府和人民群众的联系，增强人民群众获得感和建设人民满意的服务型政府，提高政府工作透明度，贯彻依法治国决策部署，加强法治政府建设具有重要意义。根据《国务院办公厅关于做好全国人大代表建议和全国政协委员提案办理结果公开工作的通知》，从2017年开始，各地区、各部门要进一步推动建议和提案办理复文全文公开。对于涉及公共利益、公众权益、社会关切及需要社会广泛知晓的建议和提案办理复文，原则上都应全文公开；对于经审查可以公开的建议和提案办理复文，应通过政府公报、政府网站、政务微博微信、新闻发布会以及报刊、广播、电视等便于公众知晓的方式进行主动公开，尤其是要发挥政府网站信息公开平台的重要作用，集中展示公开的建议和提案办理结果信息，方便公众查阅。

2019年度建议提案办理结果公开情况的评估指标主要包括政府门

户网站是否设置专门栏目集中发布人大代表建议和政协委员提案办理结果，是否公开 2019 年人大代表建议、政协委员提案办理复文全文，是否公开本评估对象 2019 年办理建议提案总体情况。

1. 评估发现的亮点

（1）多数评估对象设置了建议提案办理相关专栏

评估发现，评估对象建议提案办理专栏设置的比例较高。有 46 家国务院部门、31 家省级政府、49 家较大的市政府和 88 家县（市、区）政府，在门户网站设置了建议提案办理专栏，占比分别达到 93.88%、100%、100%、70.40%。例如民政部在其门户网站设置了【建议提案办理结果公开】栏目，并且在专栏下细分【建议提案办理情况】【人大代表建议答复摘要】【政协委员提案答复摘要】子栏目；应急管理部在其门户网站设置了【建议提案办理】栏目，细分【建议提案办理情况】【人大代表建议答复摘要】【政协委员提案答复摘要】子栏目，分类明确合理，便于群众查询。此外，部分地区还建立了人大代表建议或政协委员提案办理情况公开专题，细化公开内容。如湖北省武汉市开设的建议提案办理专题，集中公开全市所有部门的建议、提案答复信息，可分评估对象查看，还设置了专题内搜索的功能，便于群众查找。

（2）国务院部门、省级政府和较大的市政府人大代表建议提案办理复文全文公开的比例较高

评估发现，在所有被评估单位中，有 39 家国务院部门、24 家省级政府和 38 家较大的市政府，公开了 2019 年人大代表建议办理复文全文，占比分别达到 79.59%、77.42% 和 77.55%。有 34 家国务院部门、23 家省级政府和 38 家较大的市政府，公开了 2019 年政协委员提案办理复文全文，占比分别达到 69.38%、74.19% 和 77.55%。

2. 评估发现的问题

（1）部分国务院部门建议提案办理结果公开不全面

评估发现，部分国务院部门建议提案办理信息公开不全面。如国家中医药管理局、生态环境部、中国人民银行、应急管理部和国家体育总局等部门虽然在门户网站上设置了人大代表建议和政协委员提案办理结果的相关栏目，但栏目内并未发布 2019 年人大代表建议和政协委员提案办理的总体情况、办理复文全文等信息。中国民用航空局、国家税务

总局、外交部、教育部等部门只公开了 2019 年人大代表建议办理复文全文，未公开 2019 年政协委员提案办理复文全文，也未公开本评估对象 2019 年度人大代表建议和政协委员提案办理的总体情况。建议完善建议提案办理的公开机制，提升建议提案办理的公开程度。

（2）县（市、区）政府建议提案办理复文信息公开比例不高

评估发现，有 71 家县（市、区）政府未公开 2019 年人大代表建议办理复文全文或摘要信息，比例高达 56.80%。此外湖北省武汉市江岸区仅公开了人大代表建议办理复文摘要信息，未做到全文公开。有 67 家县（市、区）政府未公开 2019 年政协委员提案办理复文全文或摘要信息，比例高达 53.60%。湖北武汉市江岸区和吉林农安县 2 家评估对象仅公开 2019 年政协委员提案办理复文摘要，未做到全文公开。

（3）建议提案办理总体情况公开不佳

评估发现，建议提案办理总体情况公开的比例较低，有 46 家国务院部门、22 家省级政府、41 家较大的市政府和 111 家县（市、区）政府，未公开本评估对象 2019 年度人大代表建议和政协委员提案办理总体情况信息，占比分别高达 93.88%、70.97%、83.67% 和 88.80%。在公开了总体办理情况的评估主体中，也普遍存在信息公开不规范的问题，如乌鲁木齐市建议、提案公开栏目中发布的 12 条信息，全部为各市政府工作部门建议、提案办理的简报信息，没有公开全市整体办理情况。

（三）权力清单公开

《中央编办法制办关于深入推进和完善地方各级政府工作部门权责清单制度的指导意见》要求推行地方各级政府工作部门权力清单制度，这是党中央、国务院部署的重要改革任务，是巩固和拓展"放管服"改革成果的有效手段，也是推进国家治理体系和治理能力现代化的重要基础性制度。2019 年度，项目组继续评估各级政府部门公开本级政府权力清单及进行动态调整的情况，主要考察政府网站是否发布权力清单，权力清单内容是否根据新职能做了调整（1. 各级政府最新版清单中是否有医保局、退役军人事务局权力清单；2. 各级政府最新版清单中卫生健康委、应急管理局、生态环境局的评估对象名称及权力事项是

否调整）。其中权力清单包含行政审批、行政处罚、行政强制、行政奖励、行政给付、行政确认、行政征收、行政裁决等清单。

1. 评估发现的亮点

（1）省、市、县三级政府权力清单公开情况较好

评估发现，有31家省级政府、45家较大的市政府、117家县（市、区）政府网站直接公开了近两年的权力清单或跳转到政务服务网显示的动态更新的权力清单栏目中，占比分别达到100%、91.84%和93.6%，省、市、县三级政府权力清单公开情况较好，公开率均达到了90%以上。各级政府政务服务网上发布的权力清单大多未注明发布时间，考虑其显示的权力清单是直接读取的系统后台数据，原则上政务服务网上的权力事项应与单个权力事项变动情况同步调整，因此此处测评过程中将政务服务网集中显示的权力清单默认为2019年最新版本。例如陕西省政府既在本级政府门户网站中"政策"栏目设置了"权责清单"专栏发布2019年权力清单，又在"陕西政务服务网"设有"事项清单"专栏发布相关信息，便于群众在不同渠道查阅。省、市、县三级政府权力清单公开情况与往年对比来看，省级政府权力清单公开率由96.77%上升至100%，较大的市政府权力清单公开率由2018年的95.90%下降至91.84%，县（市、区）政府的公开率由2018年的94.00%下降至93.60%，下降的原因一是与2018年相比，2019年进一步扩大了评估主体的范围，部分新纳入评估范围的县级主体公开意识还有待提升，二是受机构改革的影响，部分评估对象权力清单陈旧，又未能及时公开最新的权力清单，从而在整体上影响了权力清单的公开率，同时也有部分地区仅发布个别部门权力清单，不能算为当地政府完整的权力清单。

（2）权力清单设置专栏集中展示

除青海省政府门户网站中"政务公开"—"权责清单"专栏在测评周期内相关链接始终无法打开外，其余96.87%的省级政府均设置了相关专栏，集中展示了权力清单。其中部分省级政府既在其门户网站中设置了专栏，也在本省政府服务网中设置了专栏，同时发布权力清单，例如陕西省、北京市、天津市等。100%的较大的市政府及98.4%的县（市、区）政府也设置了相关专栏，各级政府对权力清单的集中展示情况较好，方便公众查询。

2. 评估发现的问题

（1）权力清单动态调整情况不理想

为适应各级政府机构改革职能划转和行政执法体制改革需要，进一步推进权责清单编制工作、完善清单制度体系，各级政府需及时开展权责清单动态调整工作。2019年，项目组根据部门新成立或名称变化的原则，重点考察了各级政府的医保局、退役军人事务局、卫生健康委、应急管理局、生态环境局的权力清单事项是否调整。评估发现，在31家省级政府、49家较大的市政府、125家县（市、区）政府中，有54%的评估对象仅调整了部分部门的权力清单，15%的评估对象相关部门权力清单均未做出调整，另有5家评估对象相关部门未发布权力清单。例如，山西省、黑龙江省、浙江省、湖北省、湖南省、广东省等省份权力清单中未包含新成立的医疗保障部门，广西壮族自治区、海南省等省份权力清单中未包含退役军人事务管理部门和医疗保障部门；吉林省长春市、内蒙古自治区呼和浩特市、新疆乌鲁木齐市水磨沟区、安徽黄山市徽州区等地方政府权力清单中，未包含退役军人事务管理、医疗保障、应急管理等新成立的部门，也未及时调整卫生健康、生态环境等部门的机构名称；青海省、甘肃省酒泉市肃州区、黑龙江省东宁市、黑龙江齐齐哈尔市龙沙区、吉林省农安县等地方政府未发布本级政府权力清单。

及时调整各部门权责事项，与部门实际权力运行情况保持一致，方不失编制权力清单的意义。但评估发现，有部分地区在本级政府门户网站和政府服务网中均发布了权力清单，但两处权力清单调整情况存在不一致的现象。如甘肃省在政府门户网站【政府工作部门权责清单】专栏中未包含退役军人事务管理部门和医疗保障部门的权力事项，但在甘肃政务服务网发布的相关部门权力清单包含了该信息；河南省洛阳市在门户网站【洛阳市市级行政权责清单】专栏中未包含退役军人事务管理、医疗保障、应急管理等部门的权力事项，但在河南政务服务网的【行政权力】栏目发布的清单中包含该信息。

（2）国务院部门权力清单公开情况不佳

国务院部门中，仅有4家公开了2019年完整的权力清单，公开率仅为8.16%，分别是国家林业和草原局、国家铁路局、国家药品监督管理局、国家税务总局。其中，国家林业和草原局、国家铁路局、国家药品监督管理局的权力清单相关栏目中，仅有"行政许可"一种权力事项清单，清单中的权力事项类型发布不全。有58%的评估对象仅设置了一种或几种权力事项类别的栏目，由于没有发布本部门的完整权力清单，无法判断栏目设置是否完整。如国家粮食和物资储备局仅设置了"行政许可、行政奖励"两类行政权力专栏，公安部仅设置了"行政许可事项服务"一类专栏。部分国务院部门相关权力事项更新不及时。例如，交通运输部仅有2017年行政处罚、行政检查、行政审批事项清单，水利部仅有2017年行政许可事项目录及清单。国务院部门应积极加强权力清单的动态梳理和更新发布工作，确保权力在阳光下运行。

（四）政务服务信息公开

国务院印发《进一步深化"互联网＋政务服务"推进政务服务"一网、一门、一次"改革实施方案》，要求以习近平新时代中国特色社会主义思想为指导，牢固树立和贯彻落实新发展理念，深化"放管服"改革，进一步推进"互联网＋政务服务"，加快构建全国一体化网上政务服务体系，推进跨层级、跨地域、跨系统、跨部门、跨业务的协同管理和服务，推动企业和群众办事线上"一网通办"（一网），线下"只进一扇门"（一门），现场办理"最多跑一次"（一次），让企业和群众到政府办事像"网购"一样方便。政务服务平台已成为提升政务服务水平的重要支撑，对推动政府治理现代化、深化"放管服"改革、优化营商环境、便利企业和群众办事创业发挥了重要作用。

对政务服务信息公开情况的评估主要考察政府门户网站公开政务服务事项目录、确需保留的证明事项清单、政务服务事项办事指南、行政审批结果的公开情况，其中对省、市、县（市、区）政府还考察了按个人全生命周期和企业全生命周期集中展示办事指南的情况。

1. 评估发现的亮点

（1）政务服务事项目录的公开情况较好

《关于加快推进"互联网＋政务服务"工作的指导意见》明确要求，要依据法定职能全面梳理行政机关、公共企事业评估对象直接面向社会公众提供的具体办事服务指南，编制并公开政务服务事项目录。评估发现，43家国务院部门和所有的省、市、县（市、区）政府均公开了政务服务事项目录，其中与上一年度的评估结果相比，国务院部门的公开率由 84.00% 提高到 87.76%，省、市、县（市、区）政府由74.19%、51.02%、57.00% 全部提升到 100%，首次实现了政务服务事项目录编制和公开比率省、市、县（市、区）全覆盖，全国范围内大力推进"互联网＋政务服务"建设，各地网上政务服务大厅或服务分厅全部上线，取得了阶段性成效。

（2）多数评估对象集中展示"全生命周期"办事服务事项

《国务院办公厅关于印发 2019 年政务公开工作要点的通知》要求，推行市场主体和个人"全生命周期"的办事服务事项集成式、一站式公开。对"全生命周期"办事服务事项集中展示的评估，主要考察省、市、县三级政府通过专题、专栏、专门图解、指南汇编等方式集成展示情况，由于国务院部门办事事项与部门职责密切相关，无法覆盖市场主体或个人的全生命周期办事事项，因此不考察该项指标。评估发现，有26 家省级政府、42 家较大的市政府、125 家县（市、区）政府能够集中展示市场主体（企业）"全生命周期"办事服务事项，占比分别为83.87%、85.71%、100%；有 21 家省级政府、35 家较大的市政府、124 家县（市、区）政府能够集中展示个人"全生命周期"办事服务事项，占比分别为 67.74%、71.43%、99.20%，"全生命周期"的办事服务事项集成式展示程度较高。其中，部分评估对象对"全生命周期"的办事服务事项的归类科学、清晰，便于快速锁定，如北京市在法人全生命周期分类中，按照开办企业、申领资质、投资立项、扩大生产、引进人才、办理社保、申请专利、纳税缴费、申请贷款、申请破产、其他事项等 11 类事项分类展示，每个子类又可以分部门查阅；宁夏回族自治区对个人全生命周期办事服务事项，从生育收养到死亡殡葬，按照时间周期顺序细分 29 类集中展示，分类细致，查阅方便。

（3）部分评估对象服务事项归类清晰便于查阅

对在线服务事项进行科学归类、分类展示，有助于办事群众快速查找服务事项，减少网络检索的不便，提高群众网上办事效率、提升网上政务服务的满意度。评估发现，部分评估对象对各类服务事项进行了细化分类，如国家机关事务管理局按照服务部门、服务内容归类展示事项办理入口；农业农村部按【行政许可】【品种管理】【进出口服务】

【鉴定认证】【其他事项】等栏目划分政务服务事项，在【行政许可】栏目下进一步细分【许可类别】【承办主体】等栏目，便于群众办事查询；民政部按社会团体、基金会等5类不同的办事主体细分板块，每类主体栏目板块下均按办事类型细分【成立登记】【变更登记】【章程核准】【注销登记】【其他】等栏目，栏目归类清晰；多数省、市、县三级政府能够按照个人办事、法人办事事项进一步细化事项分类，并提供按部门查询和按个人/法人办事事项查询功能。

（4）部分评估对象办事指南公开要素更细化、更便民

评估发现，部分评估对象在严格按照政务服务事项办事指南的内容要素进行公开的基础上，添加了更加详细和人性化的信息，如国家林业草原局、国家统计局、国家文物局、国家知识产权局、生态环境部、湖北省、贵州省、吉林省长春市、贵州省贵阳市、河北省唐山市等评估对象不仅有明确的办事地点，而且有交通指引，提供了乘车路线或地图导航链接；国家粮食和物资储备局、国家能源局、国家外汇管理局、国家药品监督管理局、国家广播电视总局、国家移民管理局、国家发展和改革委员会、人力资源和社会保障部、民政部等评估对象提供了常见问题解答、常见错误示例等功能，便于群众办事时参考阅读，集中解答群众办事疑惑，减少申请材料和申请表错误导致无法办理的情况，提升服务效能。

（5）部分评估对象梳理并公开了确需保留的证明事项

《国务院办公厅关于做好证明事项清理工作的通知》要求，要贯彻落实党中央、国务院关于减证便民、优化服务的部署要求，做好证明事项清理工作，切实做到没有法律法规规定的证明事项一律取消；各地区、各部门要对法律、行政法规设定的证明事项进行梳理，逐项提出取消或保留的建议。同时《国务院办公厅关于印发2019年政务公开工作要点的通知》要求，加大各类证明事项清理减并力度，对确需保留的证明事项实行清单管理并向社会公开。评估发现，有7家国务院部门、10家省级政府、19家较大的市政府、21家县（市、区）政府梳理并公开了确需保留的证明事项清单，各级政府已陆续开展了相关清理工作，并公开了确需保留的证明事项清单。

2. 评估发现的问题

（1）个别评估对象仍未按要求梳理并公开政务服务事项目录

评估发现，国家中医药管理局、国家医疗保障局、国家民族事务委员会、国务院国有资产监督管理委员会等 4 家国务院部门未梳理并公开本部门政务服务事项目录。

（2）政务服务事项办事指南的公开程度较差

《慈善法》第十条规定，设立慈善组织，应当向县级以上人民政府民政部门申请登记，民政部门应当自受理申请之日起 30 日内作出决定。符合本法规定条件的，准予登记并向社会公告，本次评估抽查了慈善机构设立登记（不含慈善机构认定）办事指南，以此考察各省、市、县政府政务服务指南公开情况及公开质量。评估发现，仅有 7 家省级政府、10 家较大的市政府、7 家县（市、区）政府公开了慈善机构设立登记事项的办理指南，其余 181 家地方政府均未公开相关事项办理指南，这说明，目前各地政府梳理发布的政务服务事项目录仍不够精确，在线政务服务不能覆盖全部办事事项，给群众查阅信息，办理相关事项带来障碍。在公开了慈善机构设立登记事项办理指南的 24 家评估主体中，有 1 家未公开办事依据，占比 4.17%，10 家单位申报条件不够明确，存在"其他条件"等模糊性兜底条件，占比 41.67%，1 家单位存在兜底性材料要求，占比 4.17%，8 家单位未提供空白表格/格式文本，占比 33.33%，12 家单位未提供样表或填报说明/填写参照文本，占比 50%，2 家单位未提供办理地点或地点描述不明确，占比 8.33%，服务指南公开质量有待提升。

（3）确需保留的证明事项清单公开率较低

《国务院办公厅关于做好证明事项清理工作的通知》要求，各地区、各部门自行设定的证明事项，最迟要于 2018 年年底前取消。按照该文件的时间进度要求，2019 年各地区、各部门均应已完成自行设定的证明事项清理工作。然而，评估中各类主体确需保留的证明事项公开率均未超过 50%，参与评估的国务院部门、省级政府、较大的市政府、县（市、区）政府的公开率分别仅为 39.13%、32.26%、38.78%、16.80%。部分评估对象虽然已经公开了确需保留的证明事项清单，但还存在清单更新不及时，发布不规范的问题，如国家铁路局、中国人民银行等 11 家国务院部门只发布了 2018 年或 2019 年度确需保留的证明事项清单征求意见稿，未发布征求意见后定稿正式确定的清单；重庆、广西仅公开了全市（自治区）范围内村（社区）证明事项保留清单；河北省、河北省石家庄市、河南省郑州市、山东省济南市等地仅公开了 2018 年甚至 2017 年的清单，未公开 2019 年度最新的清理结果；山东省淄博市只公开了住房和城乡建设局的保留证明事项目录清单，四川省成都市仅公开了 2017 年市卫计委的保留证明事项目录清单，这些评估对象未能全面梳理并集中公开本地所有部门的证明事项目录清单，不利于集中清理、集中查阅、集中监管。

（五）"双随机"监管信息公开

《国务院办公厅关于推广随机抽查规范事中事后监管的通知》要求建立"双随机"抽查机制，严格限制监管部门自由裁量权。国务院办公厅印发《2019 年政务公开工作要点》也要求持续加强"双随机、一公开"监管，检查结果及时通过政府门户网站和企业信用信息网向社会公开。

"双随机"监管信息公开主要考察有双随机监管职能的 34 家国务院部门网站是否设置双随机栏目、公开本部门随机抽查事项清单、清单内容、抽查结果和查处情况；31 家省级政府、49 家较大的市政府、125 家县（市、区）政府网站是否有双随机专门或相关栏目、是否发布了随机抽查事项清单、随机抽查事项清单的内容是否完整（是否包含抽查依据、抽查主体、抽查内容、抽查方式）、是否发布了 2019 年做出的随机抽查结果和查处情况。其中，省、市、县（市、区）政府统一抽查环保部门随机抽查清单内容的抽查结果和查处情况。

1. 评估发现的亮点

（1）部分评估对象设置了"双随机"专栏

评估发现，34 家国务院部门、31 家省级政府、49 家较大的市政府、125 家县（市、区）政府评估对象中有 96 家政府门户网站集中设置了"双随机"专栏。例如，财政部在门户网站【放管服改革专栏】下设立了双随机一公开专栏，集中发布了随机抽查相关信息。门户网站发布了本部门随机抽查事项清单（包含抽查依据、抽查主体、抽查内容、抽查方式）；甘肃省人民政府门户网站设置了双随机相关栏目，在【省政府信息公开目录】—【重点领域信息公开】—【监管信息公开】公开了双随机抽查事项清单、双随机抽查结果、查处情况；安徽省黄山市徽州区人民政府门户网站设置了双随机一公开专栏，在【区政府信息公开目录】—【行政权力】栏目下设置了双随机一公开发布了双随机抽查信息。"双随机"专栏，集中展示了各部门随机抽查事项清单并公开"双随机"相关信息，方便公众查阅。

（2）部分地方政府发布随机抽查事项清单的部门数量较多

评估发现，部分地方政府在门户网站发布随机抽查事项清单的部门数量较多，公开情况较好。例如，贵州省 39 个部门发布了随机抽查事项清单；四川省 38 个部门发布了随机抽查事项清单；湖北省武汉市 41 个部门发布了随机抽查事项清单；内蒙古自治区呼和浩特市 40 个部门发布了随机抽查事项清单；山东省烟台市龙口市 27 个部门发布了随机抽查事项清单；浙江省金华市义乌市 43 个部门发布了随机抽查事项清单。

2. 评估发现的问题

（1）随机抽查事项清单内容不全

评估发现，部分评估对象公开的随机抽查事项清单未完全覆盖抽查依据、抽查主体、抽查内容、抽查方式等要素。在公开了随机抽查事项清单的 22 家国务院部门中，有 2 家的随机抽查事项清单中未包含抽查依据，6 家未包含抽查主体，1 家未包含抽查内容，7 家未包含抽查方式。在所有已公开环保部门随机抽查事项清单的省、市、县三级评估对象中，有 1 家省级政府、1 家较大的市政府、7 家县（市、区）政府的随机抽查事项清单中未包含抽查依据，有 2 家省级政府、9 家县（市、区）政府未包含抽查主体，有 2 家省级政府、3 家县（市、区）政府的随机抽查事项清单中未包含抽查内容，有 7 家省级政府、9 家较大的市政府、18 家县（市、区）政府的随机抽查事项清单中未包含抽查方式。

（2）2019 年随机抽查结果和查处情况公开不理想

评估发现，各评估对象的随机抽查结果和查处情况公开程度不高。25 家国务院部门未在本部门门户网站、信用中国或国家企业信用信息公示系统发布本部门 2019 年的随机抽查结果和查处情况，28 家省级政府、29 家较大的市政府、75 家县（市、区）政府未在政府门户网站、生态环境部门网站、信用中国或国家企业信用信息公示系统发布 2019 年生态环境部门的抽查结果和查处情况。

部分评估对象 2019 年度随机抽查结果和查处情况信息发布少，信息公开不及时。例如，江苏省南京市玄武区全年生态环境部门只公开了 4 月和 7 月的抽查结果，且抽查结果仅描述了抽查的基本情况（统计数字），未明确列出抽查对象、抽查主体、抽查事项、每个抽查主体的具体情况等详细信息；江苏省宿迁市沭阳县环保部门随机抽查结果、查处情况公布的信息比较少，时间不连续；辽宁省葫芦岛市建昌县抽查结果、查处情况只公布了第一季度和第二季度的相关信息。

（3）部分评估对象双随机相关信息查找不便

评估发现，部分评估对象随机抽查事项清单难以查找。例如，福建省福州市双随机一公开栏目下的信息没有细分化，栏目信息混乱。辽宁省鞍山市生态环境局 2019 年度随机抽查结果和查处情况信息发布是汇总统计表，每一项随机抽查结果和查处情况的信息内容不详细。

（六）行政执法统一公示平台建设

国务院办公厅印发《2019 年政务公开工作要点》和《国务院办公厅关于全面推行行政执法公示制度执法全过程记录制度重大执法决定法制审核制度的指导意见》等文件分别对全面推进行政执法公示制度提出了要求，包括要按照"谁执法谁公示"原则，严格落实行政执法公示制度，规范行政执法行为；利用统一的执法信息公示平台，集中向社会依法公开行政执法职责、执法依据、执法程序、监督途径和执法结果等信息；探索建立群众意见反馈互动机制和执法信息公示平台管理维护机制，强化行政执法社会监督。2019 年，项目组评估了各级政府部门公开本级政府行政执法平台的情况，主要考察 31 家省级政府、49 家较大的市政府、125 家县（市、区）政府网站是否设置行政执法平台统一公示执法信息。

1. 评估发现的亮点

部分评估对象行政执法平台公开情况较好，如广东省建设了覆盖省、市、县（市、区）、镇四级行政执法信息的【行政执法信息公示】

平台，公示信息范围覆盖行政处罚、行政强制、行政检查、行政征收征用、行政许可等各类行政执法行为，平台中分为【行政执法信息事前公开】和【行政执法信息事后公开】两个子栏目，【事前公开】分为执法主体、执法事项、执法人员、执法流程、执法文书、政策法规、执法清单等事前应公开的信息板块，【事后公开】分为执法结果和年度数据板块。湖南省长沙市设置【行政执法公示】平台，专栏中分为【事前公示】和【事后公开】两个子栏目，【事前公示】分为行政执法职责、行政执法事项清单、行政执法依据与制度文件、行政执法人员信息、行政执法服务指南、行政执法行为流程图、行政执法文书样本、重大执法决定法治审核目录、随机抽查事项清单等板块，【事后公开】分为行政许可、行政处罚、行政监察三个板块，栏目内信息有序发布，便于查看。

2. 评估发现的问题

大多数部门行政执法平台建设情况不佳。评估发现，29 家省级政府、43 家较大的市政府和 117 家县（市、区）政府未按国务院文件要求设置符合规范的行政执法平台统一公示执法信息，占比高达 93.55%、87.76% 和 93.60%。其中，部分省级政府已设有全省统一的双随机监管平台或双公示平台，但与《国务院办公厅关于全面推行行政执法公示制度执法全过程记录制度重大执法决定法制审核制度的指导意见》文件中的最新公示要求还有一定的差距。如江西省建设运行的江西省行政执法服务网，能够将全省各评估对象的双随机一公开信息集中在平台展示，但不能覆盖其他的行政执法类信息，仍有改进提升空间。

（七）行政处罚信息公开

做好行政处罚信息公开，促进严格规范公正文明执法，自觉接受社会监督，有利于规范行政执法，保障公民、法人和其他组织的合法权益。新修订的《中华人民共和国政府信息公开条例》中明确规定行政机关应主动公开本行政机关实施行政处罚、行政强制的依据、条件、程序以及本行政机关认为具有一定社会影响的行政处罚决定。《中共中央办公厅、国务院办公厅印发〈关于全面推进政务公开工作的意见〉的通知》以及《国家发展和改革委员会关于认真做好行政许可和行政处罚等信用信息公示工作的通知》等也对行政处罚信息公开有明确要求。

据此，2019年项目组继续对行政处罚信息公开进行评估。行政处罚信息公开指标主要考察45家有行政处罚权的国务院部门、31家省级政府、49家较大的市政府、125家县（市、区）政府门户网站、部门网站或企业信用信息网是否公开行政处罚事项清单，清单处罚依据是否明确，是否公开2019年行政处罚结果的情况，处罚结果要素是否完整。其中，就行政处罚结果公开指标，针对31家省级政府、49家较大的市政府、125家县（市、区）政府，抽取的是市场监督管理部门。

1. 评估发现的亮点

（1）各级政府行政处罚事项清单公开情况较好

按照要求，各地区各部门应结合"权力清单"和"责任清单"，按照"应归尽归、应示尽示"的要求，全面梳理编制本地区本部门行政许可和行政处罚事项目录，并动态更新。评估发现，绝大多数评估对象公开了行政处罚事项目录。31家省级政府、47家较大的市政府、116家县（市、区）政府网站集中公开了各部门的行政处罚事项目录，公开比例分别达到100%、95.92%和92.80%。其中27家省级政府、31家较大的市政府、63家县（市、区）政府单独公开了各部门的行政处罚事项目录，未包含在权力清单目录中，更加方便公众浏览和查询。

绝大多数评估对象公开的行政处罚事项清单依据明确。评估发现，在公开行政处罚事项清单的政府中，有29家省级政府、46家较大的市政府、102家县（市、区）政府的行政处罚事项清单依据明确，占比分别达到93.55%、97.88%、81.60%。

（2）各级政府市场监督管理部门行政处罚结果公开较好

公开行政处罚结果既是对行政机关行使行政处罚权的监督，也是在发挥政府信息对市场主体的规范和服务作用。评估发现，28家省级政府、43家较大的市政府、105家县（市、区）政府公开了2019年度处罚结果，公开率分别达到90.32%、87.76%和84.00%。

（3）设置专栏公开行政处罚结果

部分评估对象设置专门栏目集中公开行政处罚结果。例如，国家统计局、国家税务总局、生态环境部、交通运输部、民政部、国家知识产权局、国家市场监督管理总局等将处罚结果公开在门户网站相应栏目。

其中，国家统计局设置"行政处罚信息公示"栏目集中公开了该部门的行政处罚信息，每条信息以被处罚者名称命名，以表格形式列出处罚的重点内容，公开要素全面，清楚明晰。甘肃省人民政府在其信息公开栏目中设置了"行政处罚信息"专栏，专栏分为处罚事项目录与依据和 8 个省重点部门行政处罚结果公示，其中"处罚事项目录与依据"点击后可直接跳转到甘肃政务服务网，里面公布了甘肃省各个部门的处罚事项目录与依据，8 个省重点部门"行政处罚结果公示"可直接链接到相关部门网站的行政处罚栏目，供群众分部门查询行政处罚结果，清楚明确，内容全面。安徽省六安市金寨县设置了行政处罚专栏，处罚结果按处罚类别按月发布，便于查看。

2. 评估发现的问题

（1）国务院部门行政处罚信息公开情况较差

评估发现，参与评估的 45 家国务院部门中，有 91.11% 未公开行政处罚事项清单，82.22% 未公开 2019 年行政处罚结果。仅税务总局、交通运输部、民政部、水利部 4 家部门公开了行政处罚事项清单；仅 8 家部门公开了 2019 年行政处罚结果，其中部分评估对象处罚结果内容要素公开不完整，有 4 家部门未公布被处罚者机构代码，1 家部门未公开主要违法事实、处罚依据，3 家部门行政处罚信息未在作出行政决定之日起 7 个工作日内上网公开，2 家部门无法判断行政处罚信息上网时间。

（2）部分政府评估对象行政处罚结果内容要素不完整

评估发现，部分评估对象公开的 2019 年行政处罚结果缺少被处罚机构代码、主要违法事实、处罚依据、处罚结果等要素，部分评估对象公开处罚结果不及时。在公开 2019 年行政处罚结果的 28 家省级政府、43 家较大的市政府、105 家县（市、区）政府中，有 6 家县（市、区）政府未公开被处罚者信息，11 家省级政府、15 家较大的市政府、8 家县（市、区）政府公开的被处罚者信息未列明其机构代码；有 1 家县（市、区）政府未公开主要违法事实；有 2 家较大的市政府、4 家县（市、区）政府未公开处罚依据；有 1 家较大的市政府、8 家县（市、区）政府未公开处罚结果；有 4 家省级政府、15 家较大的市政府、54 家县（市、区）政府未在作出行政决定之日起 7 个工作日内上网公开行政处罚信息，另有 1 家省级政府、2 家较大的市政府、9 家县（市、区）政府无法判断其行政处罚信息上网日期。

（3）部分评估对象全年行政处罚结果公开数量较少

评估发现，部分评估对象全年公布的行政处罚信息量较少。例如，甘肃省市场管理部门 2019 年仅发布了 4 条处罚信息；贵州省市场监督管理部门 2019 年仅发布了 1 条处罚信息；北京市 2019 年仅发布了 2 条处罚信息，行政处罚栏目下集中公布的是北京市各区的处罚信息。行政处罚信息数量也侧面反映了行政处罚机关规范化行使行政处罚权的情况，若行政处罚机关勤于执法，但确无可处罚事件，则应以适当方式进行说明。

（4）部分评估对象未常态化公开行政处罚结果

评估发现，部分评估对象公开的行政处罚信息时间间隔过久。例如，四川省市场监督管理局处罚信息长期不更新，网站相关栏目最新公布的行政处罚信息都是 2019 年 2 月的信息，信息滞后半年以上；河北省市场监督监督管理部门 2019 年度只在 10 月发布了处罚信息，信息未能常态化维护更新，没有形成行政处罚结果公开的常态化机制；重庆奉节县 2019 年 2 月之后也未再公开行政处罚信息。

（5）部分评估对象行政处罚结果过度披露当事人个人信息

评估发现，部分评估对象公开的 2019 年行政处罚结果未注意对个人隐私信息进行处理，过度披露当事人个人身份信息。如山东烟台市龙口市披露了当事人完整的个人身份证号等身份信息；新疆乌鲁木齐天山区披露了完整的个人身份证号、联系方式等信息。这不符合《国家发展和改革委员会关于认真做好行政许可和行政处罚等信用信息公示工作的通知》等文件中的要求。

（6）部分地区处罚信息机构名称不规范

评估发现，部分地区的市场监督管理部门处罚信息中的处罚机构或处罚机关名称不规范，仍为机构改革前的名称。例如，山东省在"临沂益瑞中药饮片有限公司"行政处罚信息中标明处罚机关为山东省药品监督管理局；国家企业信用信息公示系统（四川）的行政处罚公告栏目中，2019 年公开的行政处罚结果信息中均标明处罚机关为四川省工商行政管理局。

（八）审计结果公开

《国务院关于加强审计工作的意见》中明确要求，深化审计结果公开，做好党中央、国务院重大政策措施落实情况跟踪审计结果公开，尤其要加大问题典型和整改公开力度，促进政策落地生根；加强审计机关审计计划的统筹协调，优化审计资源配置，开展好涉及全局的重大项目审计。因此，项目组评估了 31 家省级政府门户网站、49 家较大的市政府门户网站、125 家县（市、区）门户网站及其审计部门门户网站公开审计信息的情况。本次评估的内容包括：（1）2019 年审计计划，包括财政审计、专项审计相关计划安排；（2）2018 年本级政府预算执行情况和其他财政收支审计结果公告，包括基本情况、审计发现的主要问题、审计意见建议、整改情况；（3）2019 年专项审计报告，包括基本情况、审计发现的主要问题；（4）2019 年政府重大政策措施落实情况跟踪审计报告，包括基本情况、审计发现的主要问题。

1. 评估发现的亮点

（1）审计信息相关栏目设置情况较好

评估发现，有 27 家省级政府设置了专门栏目集中发布审计信息。例如，广东省审计厅信息公开目录设置了【审计公告、报告及解读】栏目集中公开了广东省各项审计信息的公告及相关报告解读信息；江西省审计厅信息公开目录设置了【审计结果公告】栏目集中公开了江西省各项审计的结果公告，其中包括"2019 年 13 个国外贷援款项目审计报告及整改情况"，并全文发布每个项目的完整审计报告。此外，国家审计署网站开设了【地方公告及解读】栏目，集中公开各省预算执行情况和其他财政收支审计结果报告及相关解读信息，便于公众查找阅读。例如，西藏自治区在国家审计署网站发布了向人大报告的《关于2018 年度西藏自治区本级预算执行和其他财政收支的审计工作报告》，但未在自治区政府网站或审计厅网站发布审计结果公告。

（2）省级政府审计结果报告公开情况较好

评估发现，30 家省级政府公开了 2018 年度本级预算执行情况和其他财政收支审计结果公告，公开率达到 96.77%；24 家省级政府公开了2019 年专项审计报告，公开率达到 77.42%。

（3）部分评估对象政府审计信息公开较为全面

评估发现，公开 2018 年本级财政审计报告的 30 家省级政府、31 家较大的市政府、21 家县（市、区）政府中，98.78% 的评估对象的审计报告内包含了基本情况和审计发现的主要问题，92.68% 的评估对象的报告包含了审计意见建议，62.2% 的评估对象的报告中包含了问题整改情况。公开 2019 年专项审计报告的 24 家省级政府、17 家较大的市政府、22 家县（市、区）政府中，98.41% 的评估对象的审计报告内包含了基本情况，所有评估对象的报告中包含了审计发现的主要问题，个别政府发布的 2019 年专项审计报告中还包括了审计的意见建议和问题的整改情况，如四川、北京、湖北等。

2. 评估发现的问题

（1）审计计划信息公开率较低

评估发现，2019 年度财政审计计划和专项审计计划公开率较低。其中 23 家省级政府、35 家较大的市政府、92 家县（市、区）政府均未公开上述两项信息，分别占 74.19%、71.43% 和 73.60%。

（2）部分地方政府审计信息公开程度有待提升

第一，部分评估对象未公开 2018 年本级财政审计报告。评估发现，1 家省级政府、18 家较大的市政府、104 家县（市、区）政府的审计机关未公开 2018 年本级预算执行情况和其他财政收支审计结果公告，分别占 3.23%、36.73% 和 83.20%，相较而言，县（市、区）政府审计结果公开情况最差。部分政府审计信息公告栏目中，往往会将审计署的审计报告放在自身网站中，但本级审计信息发布较少甚至不发。如湖北省武汉市审计局部门网站开设的审计结果公告栏目中，2019 年所发布的 5 条信息全部为转发国家审计署发布的重大政策措施落实情况跟踪审计相关信息，没有发布本地的财政审计、专项审计、政策措施落实情况跟踪审计等信息。

第二，部分评估对象未公开单独的专项审计报告。评估发现，7 家省级政府，32 家较大的市政府，103 家县（市、区）政府的审计机关未单独公开 2019 年专项审计结果报告。省级政府、较大的市政府、县（市、区）政府的审计机关公开 2019 年专项审计报告的比例分别为 77.42%、34.69% 和 17.60%，公开率随着政府层级的降低而相应降低。部分政府虽发布了专项审计报告，但存在报告发布相对较少的情况，如安徽省政府信息公开平台审计结果公开栏目中，除了财政审计结果公告和重大政策措施落实情况跟踪审计结果报告外，仅仅公开了 5 份专项审计结果，而该省列入 2019 年审计计划的项目数量为 25 个。

（3）重大政策措施落实情况跟踪审计报告公开情况不佳

评估发现，2019 年各级政府重大政策措施落实情况跟踪审计报告公开率较低。其中 26 家省级政府、47 家较大的市政府和 118 家县（市、区）政府未公开重大政策措施落实情况跟踪审计结果，分别占83.87%、95.92% 和 94.40%。而辽宁、吉林和湖南等省份是按季度公开 2019 年政府重大政策措施落实情况跟踪审计报告，内容包含基本情况、审计发现的主要问题、问题的整改情况，有助于全面接受群众监督，可资借鉴。

（4）部分政府网站公开审计信息不规范

评估发现，部分评估对象存在审计信息公开不规范现象，未设置专门栏目集中发布审计信息，将审计信息发布在规划计划、重点领域、信息公开、政务公告、政府重点工作、通知公告等栏目中，栏目功能定位混乱，信息查找不便。例如，山东省济南市审计厅信息公开目录设置了【发展规划】栏目，将审计结果公告、部门工作动态、重大项目建设情况等各类信息全部放置在一起；辽宁省沈阳市审计局将审计计划、审计报告等信息发布在政务公开重点工作栏目下，与信息公开指南、信息公开工作年度报告、内设机构、负责人信息、人大代表建议等各类信息杂糅在一起，信息杂乱无章，难以查找。

（九）法治政府建设年度报告

中共中央办公厅、国务院办公厅印发的《法治政府建设与责任落实督察工作规定》要求，每年 4 月 1 日之前，各省（自治区、直辖市）党委和政府、国务院各部门应当向党中央、国务院报告上一年度法治政府建设情况；地方各级政府和县级以上政府部门的法治政府建设年度报告，除涉及党和国家秘密的，应当通过报刊、网站等新闻媒体向社会公开，接受人民群众监督。2019 年度，项目组继续评估各级政府部门公开本级政府法治政府建设年度报告的公开情况，评估内容包括 2018 年法治政府建设年度报告发布情况、发布时间、发布平台、是否设置专栏发布年度报告、是否披露 2018 年法治政府建设工作存在的问题、是否披露 2019 年法治政府建设的重点与方向（如改进措施、下一步工作打算等）。

1. 评估发现的亮点

（1）省级、较大的市政府发布法治政府建设年度报告情况较好

法治政府建设年度报告不仅要编写、报送有关部门审核，更要在排除涉密事项后对社会发布，其目的是向社会展示上一年度的法治政府建设进展，接受公众监督。评估发现，分别有 31 家省级政府、43 家较大的市政府发布了 2018 年度法治政府建设年度报告，公开率达到100%、87.76%。

（2）部分评估对象设置了法治政府信息公开专栏

编制和发布法治政府建设年度报告是各级政府的年度性工作，历年的法治政府建设年度报告连续发布，有助于对其法治政府建设情况进行纵向比较分析。为了便于集中展示历年年度报告，方便公众查询，有必要在门户网站设置专门栏目。评估发现，有 3 家国务院部门、3 家省级政府、5 家较大的市政府、5 家县（市、区）政府在本级政府门户网站上设置了专栏，1 家国务院部门、1 家省级政府、4 家较大的市政府在本级政府司法行政部门网站设置专栏，如湖北省政府门户网站在"信息公开目录"栏目下设置了"法治政府建设"专栏，安徽省政府门户网站在"省政府信息公开目录"下设置了"法治政府"专栏。江苏省司法厅网站则在"依法治省"栏目下设置"法治政府"子栏目，集中发布省本级及各地市历年的年度报告。

（3）部分评估对象年度报告内容全面、翔实

法治政府建设涉及方方面面内容，法治政府建设年度报告应对上一年度各方面情况进行梳理、总结和分析，以全面展示本地区本部门的法治政府建设成效与面临的问题，否则挂一漏万，会令公众无从知晓所遗漏事项的进展情况，也会给人未开展有关工作的印象。评估发现，部分评估对象的年度报告内容紧扣《法治政府建设实施纲要（2015—2020年)》所列的法治政府建设各项任务，逐一分类描述上一年度的法治政府建设所开展的工作、取得的成效。有 7 家国务院部门、20 家省级政

府、31 家较大的市政府、36 家县（市、区）政府发布的年度报告披露了 2018 年法治政府建设存在的问题，19 家国务院部门、23 家省级政府、36 家较大的市政府、36 家县（市、区）政府发布的年度报告披露了 2019 年法治政府建设的重点与方向。如司法部公开的 2018 年法治政府建设年度报告中，先用多项数据描述了 2018 年部门的九大工作成效，根据现实基础总结了司法部在推进法治政府建设上面临的一些困难和挑战，最后据此做出六大工作打算以纵深推进法治政府建设。类似这样的报告方式内容翔实度、可信度较高，也反映出相关评估对象的法治政府建设实效。

2. 评估发现的问题

（1）国务院部门、县（市、区）政府发布法治政府建设年度报告情况不理想

评估发现，部分国务院部门和县（市、区）政府未公开上年度法治政府建设年度报告。有 26 家国务院部门、77 家县（市、区）政府均未在其门户网站或其政府法制部门网站公开 2018 年度法治政府建设年度报告，其中个别评估对象发布了年度报告，但报告网页打不开，无法考察内容，如吉林省长春市南关区。

（2）部分评估对象报告发布不及时

按照《法治政府建设实施纲要（2015—2020 年）》要求，各级政府及其部门应在每年 4 月 1 日前制作完成报告，毫无疑问，按时对社会发布该年度报告是各级政府及其部门必须做到的。但评估发现，仅有 5 家国务院部门、4 家省级政府、28 家较大的市政府、34 家县（市、区）政府在 4 月 1 日前对外发布了本地区的法治政府建设情况报告。

（3）发布平台不够统一

规范且按照相对统一的平台发布年度报告，有助于提升查询报告的便利程度，持续发布并接受公众的监督，有助于纵向比较法治政府得失。为了便于公众查询到年度报告，理应规范其发布平台。但年度报告的发布平台普遍较为混乱。部分评估对象未在本级政府门户网站发布年度报告。法治政府建设年度报告是一级政府上一年度法治政府建设的总结，理应通过该级政府门户网站对外发布。但除未发布年度报告的评估

对象外，有 1 家国务院部门、4 家较大的市政府、14 家县（市、区）政府既未在本级政府门户网站发布，也未在本级政府司法行政部门网站发布报告，项目组通过百度搜索发现在其他平台发布；还有 1 家省级政府、8 家较大的市政府、3 家县（市、区）政府仅通过本级政府司法行政部门网站发布报告，未在本级政府门户网站发布。此外，也有部分评估对象如宁夏、贵州等地，既在本级政府门户网站发布，也在本级政府司法行政部门网站发布，方便群众查看。

（4）部分评估对象的报告内容不够全面

《法治政府建设与责任落实督察工作规定》要求，法治政府建设年度报告应该包括上一年度推进法治政府建设存在的不足和原因，以及下一年度推进法治政府建设的主要安排，总结不足和原因有助于督促各级政府部门反思并改进，进而总结教训并安排下一年工作计划。

评估发现，在发布了 2018 年度法治政府建设情况报告的评估对象中，有 19 家国务院部门、11 家省级政府、12 家较大的市政府、12 家县（市、区）政府未公开披露 2018 年法治政府建设存在的问题。个别评估对象虽披露了 2018 年法治政府建设存在的问题，但不够细致。如北京市、河南省发布的问题过于简单、空泛，广西壮族自治区发布的问题较为笼统。

评估也发现，在发布了 2018 年度法治政府建设情况报告的评估对象中，有 7 家国务院部门、8 家省级政府、7 家较大的市政府、12 家县（市、区）政府未公开披露 2019 年法治政府建设的重点与方向，个别评估对象虽披露工作计划，但不够细致。如江苏省、陕西省、河南省、湖南省发布的下一年工作规划过于简单、空泛。

（5）部分评估对象报告名称不规范

法治政府建设年度报告应使用规范、统一的名称，以提升报告的严肃性和辨识度。评估发现，部分评估对象所采用的年度报告的名称不规范。《法治政府建设实施纲要（2015—2020 年）》及《法治政府建设与责任落实督察工作规定》使用了"法治政府建设年度报告"的表述，但评估发现，个别评估对象未使用规范的名称，如贵州省发布的报告名称为"贵州省 2018 年度法治政府建设工作综述"。

（十）规范性文件公开

规范性文件的清理和备案是有效监督行政机关依法行政的渠道之一。《国务院办公厅关于加强行政规范性文件制定和监督管理工作的通知》要求，及时公开发布规范性文件，且健全行政规范性文件动态清理工作机制，根据全面深化改革、全面依法治国要求和经济社会发展需要，以及上位法和上级文件制定、修改、废止情况，及时对本地区、本部门行政规范性文件进行清理。

本次评估对除国务院行政法规、决定、命令以及部门规章和地方政府规章外的规范性文件的清理、备案情况和规范性文件有效性标注情况进行了观测。评估对象包括 49 家国务院部门、31 家省级政府、49 家较大的市政府、125 家县（市、区）政府门户网站或其政府法制部门网站是否公开 2019 年规范性文件备案信息（国务院部门除外），近三年规范性文件清理信息（以 2019 年为起算点），以及是否对已公开的规范性文件进行有效性标注。

1. 评估发现的亮点

（1）政府规范性文件清理结果情况较好

及时对本部门的规范性文件进行清理，是从源头上规范行政管理和执法依据的重要措施，对增强政府公信力、建设公众满意的服务型政府具有十分重要的作用。评估发现，发布了规范性文件清理结果信息的有以下三种情况：第一，发布了现行有效规范性文件列表；第二，在信息公开栏目中列明单个文件的修改废止情况；第三，在栏目中设置了有效规范性文件栏目和修改废止文件栏目，通过分设栏目来发布规范性文件清理结果。

评估显示，31 家国务院部门、26 家省级政府、42 家较大的市政府、68 家县（市、区）政府门户网站或其政府法制部门网站发布了近 3 年本机关或者本级政府的规范性文件清理信息。其中，发布了 2019 年规范性文件清理信息的有 16 家国务院部门、21 家省级政府、28 家较大的市政府、38 家县（市、区）政府。部分评估对象设置了规范性文件清理栏目，例如，哈尔滨市松北区政府门户网站设置了【已废止文件】栏目；郑州市人民政府门户网站设置了【规范性文件清理结果】栏目；

上海市普陀区政府门户网站设置了【备案信息】和【清理信息】；海南省政府门户网站设有【废止文件】栏目，集中发布废止的文件。

（2）部分评估对象标注了规范性文件的有效性

评估发现，对规范性文件进行有效性标注有以下几种情况。第一，在文件中直接标注文件有效。例如，广西壮族自治区人民政府发布的规范性文件，在文件"是否有效"的效力状态中，直接标注"有效"。第二，在文件中标注该文件于某年某月某日废止或失效。例如，国家税务总局在文件中标注了文件何时失效。第三，在文件中标注该文件有效期限。例如，邯郸市人民政府发布的规范性文件中"自发布之日起实施，有效期两年"。第四，设置文件有效性栏目，栏目集中发布文件的有效和废止情况。例如，上海市徐汇区政府门户网站设置的【规范性文件】中设置了【文件有效性】栏目，对栏目中的文件进行有效性标注。

评估显示，12家国务院部门、14家省级政府、26家较大的市政府、50家县（市、区）政府的政府门户网站政府信息公开目录、规范性文件栏目所公开的规范性文件标注了有效性或有效期。其中，部分规范性文件标注了有效性的有2家国务院部门、2家省级政府、3家较大的市政府、8家县（市、区）政府。

（3）部分评估对象定期公开规范性文件备案信息

评估发现，规范性文件备案分为以下几种备案形式。第一，按月备案，即每月都对规范性文件进行备案审查，如北京市、海南省、广西壮族自治区南宁市、辽宁省葫芦岛市建昌县等。第二，按季度备案，即每个季度都对规范性文件进行备案审查，如海南省海口市、山东省淄博市、黑龙江省齐齐哈尔市龙沙区、安徽省六安市金寨县、安徽省宿州市灵璧县、山东省威海市荣成市、浙江省宁波市江北区、山东省青岛市、江西省南昌市、黑龙江省哈尔滨市、山东省济南市、黑龙江省、河南省。第三，每半年对规范性文件进行一次备案审查，如宁夏回族自治区银川市。第四，按年备案，即每年对规范性文件进行一次备案审查，多数评估对象是按年备案。

此外，部分评估对象不定期发布备案信息。例如，安徽省淮南市发布的是1—4月规范性文件备案信息和4—10月规范性文件备案信息；广东省设有备案查询栏目，不定期发布规范性文件备案信息；大连市不定期对规范性文件进行备案。

评估显示，8 家省级政府、11 家较大的市政府、10 家县（市、区）政府的政府门户网站及其政府法制部门网站公开了 2019 年的规范性文件备案审查信息。其中，齐齐哈尔市龙沙区规范性文件备案目录中要素比较齐全，目录包括规范性文件名称、备案文号、发文字号、文件属性、备案报告、起草说明、文件制定依据、发文日期、报送部门、是否按时报备等要素。上海市普陀区政府规范性文件备案信息包括序号、文件名称、文件编号、制定时间、生效时间、有效期至、备案结果、备案文号、起草单位等信息。

2. 评估发现的问题

（1）仍有部分评估对象未发布规范性文件清理结果信息

根据《国务院办公厅关于加强行政规范性文件制定和监督管理工作的通知》针对当前机构改革，强调要协调做好政府机构改革过程中行政规范性文件清理和实施的衔接工作，新组建或者职责调整的部门要对本部门负责实施的行政规范性文件进行清理。而评估发现，18 家国务院部门、5 家省级政府、7 家较大的市政府、57 家县（市、区）政府未发布规范性文件清理结果信息。

（2）大多数评估对象的规范性文件仍未进行有效性标注

完善行政规范性文件制发管理制度，充分发挥政府督查机制作用。规范性文件有效性标注是行政规范性文件制发管理过程中不可或缺的步骤，是规范性文件备案审查工作衔接的环节，能够保证文件制发工作规范有序进行。评估显示，37 家国务院部门、17 家省级政府、23 家较大的市政府、75 家县（市、区）政府发布的规范性文件未标注有效性。仅仅在文件中表述"自公布之日起执行"或"自公布之日起施行"，没有说明文件失效时间的，不认定是对规范性文件作了有效性标注。此外，有 3 家国务院部门和 2 家县（市、区）政府未在 2019 年发布规范性文件。

（3）规范性文件备案审查信息发布情况有待改善

行政机关要按照规定程序和时限，及时将行政规范性文件报送有关机关备案，主动接受监督，要做到有件必备、有备必审、有错必纠。在规范性文件备案审查过程中，及时发现并依法纠正违宪违法的规范性文件，以防止权力滥用，保障人民群众权益不受侵犯，实现规范性文件有备必审。评估显示，23 家省级政府、38 家较大的市政府、113 家县（市、区）政府未发布 2019 年规范性文件备案审查信息。

（4）部分栏目未充分发挥设置功能

甘肃省兰州市政府门户网站在【信息公开】—【规范性文件】栏目中，设置了【规范性文件备案信息】和【规范性文件清理信息】栏目，但【规范性文件备案信息】未发布 2019 年兰州市政府规范性文件备案信息，并且栏目中发布的内容杂乱，与规范性文件备案信息无关的信息也发布在该栏目中。湖北省荆州市监利县政府门户网站设置的规范性文件栏目中未发布规范性文件信息。

（十一）地方政府债务领域信息公开

中共中央办公厅、国务院办公厅《关于进一步推进预算公开工作的意见》要求，增强地方政府债务信息透明度，自觉接受监督，能更好地防范地方政府债务风险。国务院办公厅印发的《2019 年政务公开工作要点》要求，推进全国统一的地方政府债务信息公开平台建设，由地方政府定期公开其债务限额、余额、债务率、偿债率以及经济财政状况、债券发行、存续期管理等信息。财政部印发的《地方政府债务信息公开办法（试行）》规定，地方政府债务信息包括预决算公开范围的地方政府债务限额、余额等信息以及预决算公开范围之外的地方政府债券发行、存续期、重大事项等相关信息。

2019 年度，项目组评估了 31 家省级政府门户网站、49 家较大的市政府门户网站、125 家县（市、区）政府门户网站及其财政部门门户网站公开 2018 年政府债务的情况。其主要包括：各类债务信息是否集中公开，是否公开了 2018 年政府债务的债务限额、债务余额、债务率、偿债率、债务种类（如专项债务、一般债务）、债务期限结构、债务资金使用情况等。

1. 评估发现的亮点

（1）部分评估对象政府债务集中公开情况较好

评估发现，除西藏自治区日喀则市南木林县等 3 家政府未公开 2018 年本级政府债务信息和山西省太原市万柏林区等 6 家评估对象

2018年无政府债务外，剩余196家政府中有97家评估对象的政府债务信息做到了集中发布，方便公众查找，占比接近50%。例如，湖北、湖南、海南等省份设置了政府债务专题，集中发布每项债务发生情况；甘肃、青海等省设置政府债务信息专栏，不仅公开了省本级的政府债务信息，还用一张表汇总公开全省所有市、县债务限额、债务余额等情况。

（2）债务限额、债务余额、债务结构信息公开率较高

除2018年无政府债务发生的6家评估对象外，共175家评估对象公开了债务限额，总体占比达87.93%，其中，省级政府、较大的市政府和县（市、区）政府分别为28家、47家和100家，分别占90.32%、95.92%和84.03%。共180家评估对象公开了债务余额，总体占比90.45%，其中，省级政府、较大的市政府和县（市、区）政府分别为30家、47家和103家，占比分别达到96.77%、95.92%和86.55%。共179家评估对象公开了债务种类，总体占比89.95%，其中，省级政府、较大的市政府和县（市、区）政府分别为30家、48家和101家，占比分别达到96.77%、97.96%和84.87%。

（3）部分评估对象在预决算公开报告中集中公开政府债务信息

部分评估对象在预决算公开报告中集中公开了债务限额、债务余额、债务种类、债务使用情况、债务偿还情况等信息，如宁夏回族自治区在2018年度政府决算报表公开时，集中公开了38张分项表格，与政府债务相关的表格包括《2018年全区政府一般债务限额和余额情况表》《2018年自治区本级一般债务限额和余额情况表》《2018年各市县政府一般债务限额和余额情况表》《2018年政府一般债务分地区余额表》《2018年新增一般政府债券项目安排情况表》《2018年全区政府专项债务限额和余额情况表》《2018年自治区本级政府专项债务限额和余额情况表》《2018年各市县政府专项债务限额和余额情况表》《2018年政府专项债务分地区余额表》《2018年新增专项政府债券项目安排情况表》等10张分项表格，信息发布翔实，便于群众集中查找。

（4）个别评估对象政府债务使用情况公开较好

个别评估对象在公开政府债务使用情况信息时，能够细化到具体使用的项目，逐个项目列出基本情况及使用的具体债务额度，账目清晰规

范，有利于对使用政府债务的项目进行监管。如石家庄市在《石家庄市2018年市本级和全市财政总决算报表》的附表《2018年石家庄市本级新增地方政府债券使用情况表》中逐个项目公开了政府债务分配使用到项目的情况，涵盖176个不同项目，并明确列出项目名称、所属领域、主管部门、实施评估对象、债券性质、发行时间等信息，内容详尽规范，便于查阅。

2. 评估发现的问题

（1）政府债务的债务率、偿债率和债务期限结构信息公开率较低

除2018年无政府债务发生的6家评估对象外，共有175家评估对象未公开2018年度的债务率，总体占比高达87.94%，其中省级政府、较大的市政府和县（市、区）政府分别为21家、42家和112家，占比67.74%、85.71%和94.12%。有196家评估对象未公开2018度政府债务的偿债率，总体占比98.49%，其中省级政府、较大的市政府和县（市、区）政府分别为30家、49家和117家，占比96.77%、100%和98.32%。有153家评估对象未公开债务期限结构，总体占比76.88%，其中省级政府、较大的市政府和县（市、区）政府分别为21家、33家和99家，占比67.74%、67.35%和83.19%。债务率可以反映一个地区的债务违约风险，偿债率可以衡量一个地区的偿债能力，建议各级政府在已有的数据基础上增加公开内容，建立"政府性债务风险预警机制"，公开"债务率"和"偿债率"，并设定警戒线，给政府性债务戴上"紧箍咒"。债务期限结构可以衡量政府短中长期债务资金的构成和相互之间的比例关系，及时公开地方政府债务期限结构，方便各地根据项目资金状况、市场需求等因素实行动态调节，合理安排债券期限结构。总体看来，大部分政府未合理分析地方政府债务数据，债务信息公开不够细致。

（2）政府债务资金使用情况的公开有待加强

财政部印发的《地方政府债务信息公开办法（试行）》中要求，县级以上地方各级财政部门（以下简称"地方各级财政部门"）应当随同预决算公开地方政府债务限额、余额、使用安排及还本付息等信息；随同调整预算公开当年本地区及本级地方政府债务限额、本级新增地方政府债券资金使用安排等；随同决算公开上年末本地区、本级及所属地区

地方政府债务限额、余额决算数，地方政府债券发行、还本付息决算数，以及债券资金使用安排等。披露政府债务的使用情况，有利于规范地方政府的债务管理，充分发挥对政府债务的公众监督作用，提升政府债务资金的使用效益。评估发现，除6家没有发生政府债务的评估对象外，共有84家评估对象未公开2018年本级政府债务具体使用情况信息，总体占比42.21%，其中有13家省级政府、10家较大的市政府和61家县（市、区）政府，分别占比41.94%、20.41%和51.26%。建议各级政府及时完善债务管理制度，适时公开债务资金使用情况，能更好地防范风险、规范管理、接受监督，提高资金使用效益。

（十二）义务教育领域信息公开

全面推进义务教育领域信息公开是深化校务公开、促进依法治教、保障教育公平、提高管理水平的重要举措。做好中小学的信息公开工作，关系到中小学的教育教学质量和管理水平，关系到人民群众对教育工作的满意度，关系到教育系统信息公开工作的整体成效。因此，项目组依据《教育部办公厅关于全面推进政务公开工作的实施意见》《教育部办公厅关于做好2019年普通中小学招生入学工作的通知》《义务教育领域基层政务公开标准指引》等文件要求，对125家县（市、区）政府的义务教育信息公开情况进行了评估。

2019年度的评估内容包括当地的义务教育招生入学政策、义务教育阶段入学政策咨询电话、2019年义务教育招生范围、2019年义务教育招生条件、2019年义务教育招生结果中心学校情况及学校招生简章。主要评估各县（市、区）政府门户网站、同级教育行政部门或者招生考试主管部门网站以及上一级教育行政部门网站评估有关信息的公开情况。

1. 评估发现的亮点

（1）义务教育阶段招生入学政策、招生范围、招生条件公开情况较好

评估发现，125家评估对象中，有91家公开了本地2019年义务教育阶段入学工作文件（如招生工作实施方案），占72.80%。有73家公开了本地义务教育阶段入学政策咨询电话，占58.40%。有69家公开

了小学招生范围，占 55.20%。有 65 家公开了初中招生范围，占 52.00%。有 90 家公开了普通学生入学条件，占 72.00%。88 家公开了随迁子女入学条件，占 70.40%。

（2）部分政府门户网站设置义务教育信息公开专栏

评估发现，被评估对象普遍在政府门户网站设置了义务教育信息公开专栏或在醒目位置设置了查询链接。如北京市朝阳区门户网站设置【教委】专栏，在【教委】专栏内公开 2019 年小学、初中朝阳区居住地对应学校查询系统以及招生考试平台快速入口。

（3）部分设区市集中展示行政管辖区范围内所有县（市、区）的义务教育信息

通过集中展示义务教育信息，方便家长、学生高效查询各县（市、区）信息。评估发现，部分评估对象通过市、县、区政府网站集中展示义务教育信息。例如广州市教育局义务教育学校招生报名系统【招生政策】栏目公布了广州市各个区的招生政策；【快速通道】栏目提供了公办小学、民办小学、民办初中的报名入口。合肥市教育局提供市区 2019 年义务教育阶段招生入学报名信息登记系统入口，集中公开合肥市各区义务教育政策、政策解读等信息；【中小学教育】栏目公开了小学、初中、高中学校基本情况一览表；合肥市教育云平台——【市民服务系统】　【小学初中报名】集中公开合肥市各区义务教育政策、政策解读等信息，【优质特色学校展示平台】集中展示了各学校情况。

（4）部分对象采用图文、图表结合的形式公开义务教育信息

评估发现，部分对象尝试采用图文、图表结合的形式公开义务教育信息。例如上海市教育局提供市区 2019 年义务教育阶段招生入学报名信息登记系统入口，集中公开上海市各区义务教育政策、政策解读等信息，在【中小学教育】栏目中，采用了一览表的形式展示上海市小学、初中、高中学校基本情况，用图文结合的方式展示上海市小学、初中入学流程。北京市通州区人民政府通过通州区幼儿园、小学、中学的学校地图，形象化可视化地展示了通州区义务教育学校位置、学区等信息。

（5）部分对象将义务教育信息与学习平台融合

评估发现，部分对象尝试通过网站学习平台发布义务教育信息。例

如齐齐哈尔市龙沙区民航路小学学校创客教育空间为学校学生提供了一个很好的小学生创作平台，鼓励学生创新激发学生创作潜力，提高学生综合素质。荆州市监利县监利教研网为县（市、区）小学、初中提供优质的教研信息，为义务教育学生提供优秀的学习平台，将义务教育信息与学习平台融合，让学生及家长在平台学习娱乐的同时，了解最新的义务教育公开信息。

2. 评估发现的问题

（1）部门政府义务教育信息公开程度较低

评估发现，部分县（市、区）义务教育信息公开内容较少。例如河南省汤阴县、河南省开封市祥符区、黑龙江省东宁市、辽宁省沈阳市浑南区、山西省孝义市和四川省仁寿县等县（市、区）门户网站未公开本地2019年义务教育阶段入学工作文件（年度招生工作方案），未公开本县（市、区）义务教育阶段入学政策咨询电话、2019年每所小学的招生范围（学区划分情况）、2019年每所小学的计划招生人数、2019年每所初中的招生范围（学区划分情况）、2019年每所初中的计划招生人数、2019年随迁子女入学条件、2019年小学招生结果和区域内学校情况等信息。

（2）评估对象普遍未公开2019年义务教育招生结果

评估发现，125家评估对象中有117家未公开2019年小学招生结果，有118家未公开2019年初中招生结果。另外，河北唐山市迁安市、浙江省宁波市江北区仅公开小学、初中招生结果统计数据信息，未公开学生名单。

（3）学校基本情况和学校招生简章信息公开比例较低

对于125家县（市、区）评估对象，项目组分别在每1家评估对象随机抽查1所公办小学，考察是否公开了学校基本情况和学校招生简章公开信息。评估发现，在学校基本情况公开方面，公开了学校简介，并能够完整覆盖办学性质、办学地点、办学规模、办学基本条件、联系方式等要素信息的评估对象仅有10家，占比仅为8.00%。在学校招生简章信息公开方面，在被抽查到的学校中，仅有4家公开了学校招生简章，占比仅为3.20%。

（十三）政策解读

政策解读作为政府信息公开的重要组成部分之一，公开程度是否良好也是评价政府是否做到"透明、公开"以及政府服务水平高低的一个重要标准。

2019 年，对政策解读情况的评估主要涉及各评估对象的政策解读栏目设置，政策解读发布情况、政策解读形式、政策解读内容、主要负责人解读情况等。其中，针对政策解读信息，评估采取了较严的标准，必须是本机关对自身政策的解读；而主要负责人解读则采用了相对较宽的标准，不是仅仅局限于评估对象的主要领导，而是放宽到该机关的相关负责人即可。

1. 评估发现的亮点

（1）政策解读栏目设置普遍

政策解读专栏的设置方面，45 家国务院部门，31 家省级政府，49 家较大的市以及 121 家县（市、区）在其门户网站中均设置了专栏，开通率达到了 96.85% 以上，各评估对象基本上均设立了政策解读栏目，对相关政策进行解读和公开，整体的解读栏目设置情况良好。尤其是省级政府以及较大的市全部设置了政策解读专栏，设置率达到了 100%，这样就便于公民在网站中寻找政策文件和解读文件。125 家县（市、区）政府中，也有 121 家设置了专门的政策解读专栏，整体情况也是较好的。

（2）政策解读内容中要素较为完整

在政策解读的内容方面，44 家国务院部门、29 家省级政府、49 家较大的市以及 95 家县（市、区）在发布的政策解读内容中均列出了解读的背景以及核心内容。解读内容较为完善，而且在解读材料的内容中不仅仅只是照搬文件原文而是对其中的一些核心内容进行了更为简洁明了的解释，使得较为艰涩的政策文件内容变得通俗易懂，进而便于公民对于相关政策的理解和运用。

（3）解读形式多样

评估发现，包括湖南省在内有 37 家国务院部门、30 家省级政府、41 家较大的市以及 68 家县（市、区）使用了除文字外的其他解读方式，包括图解、视频解读等。而且绝大多数评估对象已经做到了使用多种方式对政策进行解读，实现了解读方式的多样化。多种形式的解读为群众正确理解政策文件提供了便利，也为公民正确运用政策文件提供了指引。如湖南省人民政府的解读涵盖了多种方式的解读，不仅如此湖南省还将政策解读的内容放置在专门的网页中，在网站中设置了政策文件、会议图解、政策图解、专题解读、部门解读、视频解读以及 H5 解读栏目，对政策文件以各种方式进行解读，便于公民对政策的理解。除此之外，湖南省对政策文件的解读主体也实现多样化，除部门外还确定了媒体解读。湖南省政府在网站中设置媒体解读专栏，对政府文件以媒体视角进行解读，实现政策解读的多主体解读。

2. 评估发现的问题

（1）多家评估对象没有将政策解读专栏设置进行分类

有 35 家国务院部门、12 家省级政府、26 家较大的市以及 96 家县（市、区）虽然设置了政策解读专栏，但却并没有对设置的专栏进行分类，总体占比为 66.54%。这些评估对象只是设置了一个政策解读的总栏目，并没有按照一定标准对专栏设置进行分类。尤其是 125 家县（市、区）中有 96 家县（市、区）在网站中虽然设置了专门的政策解读栏目进行政策文件的解读公开，但是却并没有进行分类，而是将所有的解读信息进行了集中公开。这不仅不利于公民了解政策还会给公民寻找相关的政策带来不便，使得公民对网站的使用体验较差。

（2）多家评估对象仍存在信息定位不准确的问题

有 22 家国务院部门、6 家省级政府、14 家较大的市以及 37 家县（市、区）在政策解读栏目下放置非政策解读类信息的内容。如在政策解读信息栏目下放置新闻类信息或者任免类信息等。

（3）政策解读与政策发布同步性情况不佳

在政策发布与政策解读的同步性方面，国务院部门有 28 家评估对象未同步发布或者仅有部分的政策解读是同步发布的，而省级政府中有 23 家评估对象未同步或者没有全部进行同步发布；较大的市中有 24 家评估对象存在未同步发布、部分同步发布的现象；县（市、区）则有 62 家评估对象存在未同步发布、部分同步以及因未标注日期而无法判断是否同步的现象。政策发布和政策解读不同步发布会容易使公民对政策文件的理解产生误差，进而出现误解误读现象，进而造成负面影响。

（4）主要负责人解读情况不佳

评估发现，11 家国务院部门，11 家省级政府，28 家较大的市以及 120 家县（市、区）没有发布主要负责人解读政策的信息，总体情况不佳，总体占比达 66.93%。尤其是县（市、区）一级的评估对象，125 个评估对象中有 120 个评估对象没有主要负责人解读政策的信息，占比达到了 96%。可见，要加强县（市、区）主要负责人的解读情况，优化解读方式，增加解读主体，实现对政策文件的全方位、多角度解读，进而使政策文件更加便于公民理解。

（十四）政府公报

《国务院办公厅关于做好政府公报工作的通知》《2019 年政务公开工作要点》都提出，要优化服务功能，加强公开平台建设，推进政府公报创新发展。办好政府公报电子版，实现电子版与纸质版同步发行，逐步推行政府公报移动端展示。本次评估中，政府公报指标主要考察各评估对象在门户网站设置专门的政府公报栏目的情况，以及电子版政府公报发布情况。本项指标只涉及省级政府、较大的市政府和县（市、区）政府门户网站，不涉及国务院部门。

1. 评估发现的亮点

在栏目开设方面，有 30 家省级政府、42 家较大的市政府和 67 家县（市、区）政府在其门户网站开设了政府公报栏目，分别占 96.77%、85.71% 和 53.6%，省级政府、较大的市政府网站政府公报栏目开通率较高。其中，29 家的省级政府、42 家较大的市政府和 58 家县（市、区）政府逐年发布电子版政府公报，分别占 93.55%、85.71%、46.4%。

评估中发现，有的政府网站在新媒体平台关联了专门的政府公报栏目，便于公众获取相关信息。例如，云南省人民政府在其官方微信公众号菜单栏"政务公开"中设置有专门的"政府公报"栏目；贵州省人民政府官方微信公众号在菜单"指尖政府"栏目下开设"省政府公报"栏目，公众可直接点击查阅政府公报内容。此外，部分评估对象开设了专门的政府公报微信公众号，例如，宁波市人民政府开设微信公众号

"宁波市人民政府公报"，集中发布政府公报内容。

2. 评估发现的问题

根据《国务院办公厅关于做好政府公报工作的通知》，地方人民政府所属部门制发的规范性文件应及时送本级人民政府办公厅（室），供本级政府公报刊登。评估发现，部分评估对象政府公开内容不够丰富，极少通过政府公报发布同级政府部门的规范性文件。如河北、山西、福建、广西、新疆等省份的 2019 年度各期政府公报中主要公开的是省政府和省政府办公厅文件，未涉及省级政府部门的规范性文件。部分省份纳入政府公报的省级部门规范性文件较少，如青海 2019 年全年 23 期公报中仅有 2 篇为省政府部门规范性文件。

（十五）网站互动

网站互动是互联网时代及时了解群众诉求、加强政民有效沟通的重要途径。国务院办公厅印发的《〈关于全面推进政务公开工作的意见〉实施细则》明确要求，要积极探索公众参与新模式，不断拓展政府网站的民意征集、网民留言办理等互动功能，积极利用新媒体搭建公众参与新平台，加强政府热线、广播电视问政、领导信箱、政府开放日等平台建设，提高政府公共政策制定、公共管理、公共服务的响应速度，增进公众对政府工作的认同和支持。2019 年评估中，政府网站互动功能主要考察各评估对象网站是否设置了政民互动平台（咨询、建议等），以及互动平台是否可用。

1. 评估发现的亮点

（1）网站普遍设置有互动平台

评估发现，评估对象网站互动平台形式多样，如领导信箱、在线咨询、阳光信访、智能问答等，公众可通过多渠道反映问题。各评估对象中，有 48 家国务院部门、31 家省级政府、49 家较大的市政府和 124 家县（市、区）政府门户网站开设了互动平台，总体开通率达99.21%。

（2）多个途径及时回应公众诉求

通过实际问询检测发现，92.13% 的评估对象网站能够对公众提出的问题给予及时回复，部分评估对象还通过电话、短信等途径，在三个工作日内对公众诉求进行答复反馈。例如，江西省南昌市南昌县不仅通过电话回复，还通过发送短信息的方式实时向公众反馈办理进度；安徽省淮南市、海南省海口市、辽宁省瓦房店市等均通过电话及时回应公众诉求办理情况。

（3）部分评估对象网站开设有智能回复

部分评估对象在网站设置有智能问答系统，公众的在线咨询可通过智能系统迅速查询到相关问题及回复。例如，福建省厦门市人民政府网站开设的"互动交流知识库"，公众在网站进行咨询时，智能系统会即时提示知识库中相同或者相近的问题，便于公众快速、准确引用提问；北京市人民政府网站设置有"京京"在线咨询服务智能机器人，为公众提供 7×24 小时在线咨询服务；江西省贵溪市在网站开设有"贵溪在线"QQ 在线咨询窗口，回应公众关切。

2. 评估发现的问题

评估发现，部分评估对象网站互动平台不可用。有 8 家国务院部门、3 家省级政府、2 家较大的市政府和 7 家县（市、区）政府网站互动平台不可用。通过对各评估对象网站进行留言测试发现，部分评估对象未及时对公众诉求进行回复。此外，部分评估对象在网站公开的公众留言回复中，回复时间超出 5 个工作日。

（十六）政府网站平台建设

政府网站是各级政府机关面向社会及时发布信息、提供服务和互动交流的重要渠道，是展示政府机关形象的重要窗口。但评估发现，部分评估对象的政府网站和政务新媒体等公开平台的建设水平仍有待提升。

1. 评估发现的亮点

多数网站布局规范化程度较高。《政府网站发展指引》对政府网站布局提出，政府网站页面布局要科学合理、层次分明、重点突出，一般分为头部标识区、中部内容区和底部功能区，并对相应的功能区布局设置提出了细化标准。项目组重点观察了"是否按照头部标识区、中部内容区和底部功能区设置网站布局""底部功能区至少要列明党政机关网站标识、'我为政府网站找错'监督举报平台入口、网站标识码、网站主办评估对象及联系方式、ICP 备案编号、公安机关备案标识和站点地图等内容"。结果发现，多数评估对象网站布局符合规范，底部功能区要素放置齐全，符合《政府网站发展指引》的要求。在所有评估对象中，有198个网站信息放置规范性指标情况较好，总体占比77.95%，这些网站页面布局合理，党政机关网站标识、ICP备案编号、公安机关备案标识等要素齐全。值得一提的是，31家省级政府网站全部符合网站信息放置规范性指标要求。

2. 评估发现的问题

（1）个别评估对象网站栏目存在重复设置或功能重叠的情况

通过逐一查看政府网站信息发布、解读回应、办事服务、互动交流等栏目发现，在所有评估对象中，有23个网站存在栏目设置重叠的情况。重复栏目主要集中在通知公告、政策法规等。如：国家中医药管理局在网站首页开设有2个通知公告栏目；北京市人民政府网站开设的"政策文件""热门政策""政策解读""热门解读"栏目有较大的重叠性。

（2）个别评估对象政府网站布局不符合规范

评估发现，个别评估对象仍然存在政府网站布局不规范的情况。有1家较大的市政府网站和2家县（市、区）政府网站首页未按头部标识区、中部内容区和底部功能区设置。通过对网站底部功能区进行排查发现，有1家县（市、区）政府网站未添加党政机关网站标识；有4家国务院部门网站未添加网站标识码；4家国务院部门网站、7家较大的市政府网站和7家县（市、区）政府网站未添加网站主办单位及联系方式；有12家国务院部门网站、1家较大的市政府网站和10个县级部门网站未添加公安机关备案标识和站点地图。

（3）部分网站搜索功能亟待提升

一是个别县（市、区）政府未在政府门户网站设置搜索功能。如辽宁大连市瓦房店市人民政府、西藏日喀则南木林县人民政府。

二是部分网站搜索功能无法使用，有3家国务院部门、2家省级政府、2家较大的市政府和1家县（市、区）政府设置有搜索功能但可用性差。

三是个别评估对象搜索结果排序混乱，用户体验差，其中，检索结果未按一定规则排序的涉及2家国务院部门、1家省级政府、5家较大的市政府、11 家县（市、区）政府。

四是部分评估对象未提供高级检索（或精准搜索）功能。精准（高级）检索是网站检索功能的一项必备服务，其目的在于为用户提供更加准确、更加符合需求的搜索结果。评估发现，有 9 家国务院部门、5 家省级政府、11 家较大的市政府、45 家县（市、区）政府网站未提供高级检索（精准搜索）功能。

五是部分评估对象搜索功能与政务服务的融合较差，有 35 家国务院部门、15 家省级政府、28 家较大的市政府以及 95 家县（市、区）政府都无法搜索在线服务入口。

（十七）政务新媒体建设

政务新媒体是移动互联网时代党和政府联系群众、服务群众、凝聚群众的重要渠道，是加快转变政府职能、建设服务型政府的重要手段，是引导网上舆论、构建清朗网络空间的重要阵地，是探索社会治理新模式、提高社会治理能力的重要途径。为此，国务院办公厅还专门发布了《国务院办公厅关于推进政务新媒体健康有序发展的意见》，以规范政务新媒体建设。

近年来，各级政府部门积极运用政务新媒体推进政务公开、优化政务服务、凝聚社会共识、创新社会治理，取得了较好成效。本次评估重点考察了政务新媒体开设情况、更新情况，政府网站与政务新媒体关联情况，重要信息政务新媒体与政府网站信息同步发布情况等。

1. 评估发现的亮点

（1）政务新媒体开设和更新情况良好

评估发现，在政务新媒体开设情况方面，42 家国务院部门、31 家省级政府、47 家较大的市政府和 106 家县（市、区）政府开设了政务新媒体。在政务新媒体更新情况方面，42 家国务院部门、31 家省级政府、46 家较大的市政府和 97 家县（市、区）政府的政务新媒体更新情况不低于一周一次。其中，31 个省份全部开设了政务新媒体，并保持不低于一周一次的更新频率。

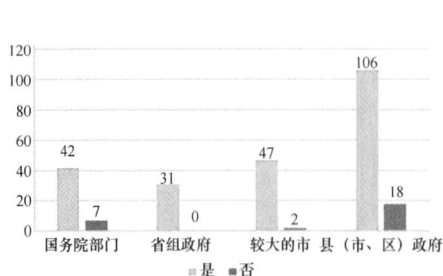

图1　开设有政务新媒体情况统计

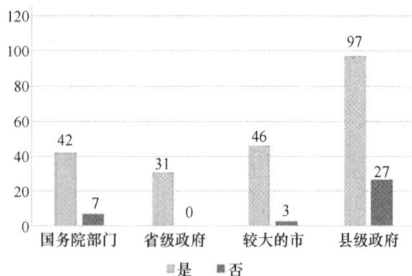

图2　政务新媒体更新不低于
一周一次情况统计

（2）多数部门积极推动政府网站与政务新媒体融合发展

一是打通平台之间的链接。评估发现，有40家国务院部门、30家省级政府、44家较大的市政府和95家县（市、区）政府网站提供本级政府的新媒体二维码入口或链接入口。有29家国务院部门、22家省级政府、31家较大的市政府和50家县（市、区）政府的政务新媒体提供本级政府网站二维码入口或链接入口。二是实现信息同步发布。通过抽查各评估对象政务新媒体发布的涉及群众切身利益政务公开信息发现，有41家国务院部门、31家省级政府、42家较大的市政府和82家县（市、区）政府的政务新媒体信息与政府网站同步发布。

2. 评估发现的问题

（1）个别评估对象仍未开设政务新媒体

根据《国务院办公厅关于推进政务新媒体健康有序发展的意见》的要求，县级以上地方各级人民政府及国务院部门应当开设政务新媒体，其他评估对象可根据工作需要规范开设。评估发现，有7家国务院部门、2家较大的市政府和18家县（市、区）政府未开设政务新媒体。

（2）部分评估对象政务新媒体与本级政府网站关联度不高

评估发现，有9家国务院部门、1家省级政府、5家较大的市政府和29家县（市、区）政府网站未提供本级政府的新媒体二维码入口或链接入口。有20家国务院部门、9家省级政府、18家较大的市政府和74家县（市、区）政府的新媒体未提供本级政府网站二维码入口或链接入口，政府网站和政务新媒体未相互关联。

（3）县（市、区）政府政务新媒体与网站信息发布不同步情况较普遍

虽然政务新媒体与政府网站信息同步发布的情况较 2018 年有明显改善，但从评估结果看，县（市、区）政府政务新媒体与网站信息发布不同步的问题依然存在。仅有 66% 的县（市、区）政府政务新媒体发布信息在对应的政府网站上发布，信息发布不同步情况较为普遍。

（十八）依申请公开

依申请公开是政府信息公开制度的重要组成部分内容，是保障公民知情权的重要实现方式。2019 年，项目组对全国 125 家县（市、区）政府进行了依申请公开情况的评估。项目组从 2019 年 8 月 27 日至 12 月 20 日，陆续通过在线申请和信函申请的方式进行了验证，在线方式采取通过政府网站平台或者电子邮件发送申请的方式，信函申请则采取了邮寄挂号信的方式。评估的重点为 125 家县（市、区）政府的依申请渠道的畅通性和依申请公开答复的规范化程度。

1. 评估发现的亮点

（1）申请渠道普遍畅通

在线申请和信函申请是 125 家县（市、区）政府信息公开指南里提交申请的重要渠道。项目组分别通过网站平台或者电子邮件的方式向县（市、区）政府提交了申请，其中提供该渠道且渠道畅通的有 93 家。对于没有在线申请渠道或在线申请渠道不畅通的剩余的 32 家县（市、区）政府，则采用了信函申请的方式，结果显示该渠道均畅通，中国邮政给据邮件跟踪查询系统显示，项目组以挂号信方式发出的申请函件均被各个评估对象签收。

（2）部分评估对象通过短信提醒申请信息办理进度

项目组通过网络平台和电子邮件方式提交政府信息公开申请时发现，共收到 10 家县（市、区）政府的短信提醒，提示了申请进度。例如福建省泉州市晋江市、泉州市石狮市在申请提交成功到受理以及最后的处理完毕，全程都有短信提醒，方便申请人了解自己申请信息的每一个进度。

（3）不少县（市、区）政府出具的答复内容齐全规范

部分评估对象的答复内容比较齐全，有的地方政府还联合涉及申请

内容的其他部门，尽可能满足申请人信息需求。例如北京市通州区政府不仅出具了完整规范的答复告知书，而且给申请人邮寄了北京市地方标准的《公共厕所建设规范》，还附了固定公厕的台账。宁夏回族自治区固原市彭阳县人民政府办公室在收到依申请件后，及时与县住建局、文广局联系，提供了相关的文件和数据，经过整理统计得出最后的数据，给申请人提供了详细的数据和标准材料。

（4）依申请公开栏目功能更加多样

验证发现，各县（市、区）政府的依申请栏目功能更加丰富，不仅有传统的在线申请提交和查询功能，还可以进行在线投诉，且公布了政府信息公开申请案件受理和处理的数量。

2. 评估发现的问题

（1）部分评估对象存在指南内容错误、不明确等现象

政府信息公开指南是群众利用政府信息公开制度，尤其是申请公开政府信息的指引，规范、准确地发布指南是依申请公开运行畅通的基本要求。然而，部分评估对象存在未公开指南以及指南内容错误、内容不明确等问题。

首先，个别评估对象政府信息未公开指南。有3家县（市、区）政府无法查到其政府信息公开指南，占2.4%。

其次，部分评估对象的政府信息公开指南内容与新《条例》规定不符。新修订的《政府信息公开条例》对主动公开和依申请公开的规定有所变化，这就要求各级政府机关参照新条例的规定，及时修改调整自身的指南。但评估发现，仅有49家县（市、区）政府的指南做了更新，仅占39.2%。有51家县（市、区）政府的指南所描述的依申请公开的答复时限与新《条例》不符。

再次，指南关于依申请公开的表述不明确。一是部分评估对象指南的要素有所缺失，指南里并没有列明申请方式、依申请答复期限和监督救济渠道。如海口市美兰区人民政府指南无申请方式、依申请答复期限和监督救济渠道；广东省惠州市博罗县指南无依申请的答复期限。二是个别评估对象的指南中明确申请表见附件，但根本找不到申请表，如山西省太原市杏花岭区政府。

最后，部分评估对象公开指南内容有误。一是所发布的不是本部门

信息公开指南，错把国家的法律法规当作本地信息公开指南进行发布。如甘肃兰州市永登县政府信息公开指南内容为《中华人民共和国政府信息公开条例》。二是指南内公开的依申请公开邮寄地址、联系电话错误。如项目组在给西藏拉萨市城关区政府进行邮寄申请时，快递员反馈说地址、电话均不正确；黑龙江哈尔滨市松北区政府的指南中所列的电话不是政务公开部门的电话。三是公开指南内容与实际情况不一致。如安徽黄山市徽州区的指南中指明电子申请方式只有电子邮件一种，但其实际提供了在线申请平台。又如山西省太原市万柏林区的指南中告知有网页平台发送方式，但是却找不到该页面。

（2）部分对象办理申请过程存在平台障碍和程序性障碍

首先，部分评估对象网络平台申请不顺畅。一是系统无法提交。如南京市玄武区政府在线申请平台在不同时间段多次显示提交失败；葫芦岛市建昌县的在线申请平台提交时显示需填写校验码，但校验码根本无法显示；广西壮族自治区百色市平果县政府网站无法上传身份证，无法收到验证码。二是存在非必需的强制填写事项。如广西壮族自治区玉林市博白县政府、贵州省贵阳市南明区政府等要求必须填写固定电话号码、传真号码或工作单位等信息。三是申请平台注册程序复杂，如辽宁省大连市瓦房店市。四是部分评估对象在线申请平台只支持向具体政府部门提交，不支持向本级政府提交，申请渠道不完整，如甘肃省酒泉市肃州区政府。五是部分评估对象在线申请平台不支持查询申请结果或查询办理结果功能出现问题。如河南省开封市祥符区、河南省洛阳市洛龙区等地，在平台显示发送成功后，未反馈查询码或查询编号，无法查询答复进度。个别评估对象在线申请平台的查询功能出错，存在无法找到查询入口或通过查询编码查询后显示网页乱码的情况。如江西省南昌市南昌县政府和湖南省株洲市渌口区在线申请平台没有查询入口，无法知晓是否做出答复；内蒙古自治区通辽市科尔沁区的查询答复结果页面提示"连接已重置"；甘肃省天水市甘谷县的申请结果查询页面显示的标题出现乱码。

其次，部分评估对象对电子邮件申请的办理程序不规范。一是部分评估对象未对电子邮件申请进行确认。修订后的《政府信息公开条例》第三十六条对于电子渠道的申请增加了确认环节，以申请双方确认日期作为收到申请之日，但是现实中，多数评估对象未主动联系申请人确认是否收到申请。二是部分评估对象确认电话不畅通。如四川省绵阳市涪城区政府的指南说明电子邮件发送后需要打电话确认，但是项目组在不同时间拨打预留的电话，均无法接通。约两个月后，项目组收到该评估对象电话，工作人员表示一直在等项目组的电话确认申请，并询问是否还需要信息。三是部分评估对象未使用官方办公邮箱进行答复。评估发现，多数基层政府在答复依申请公开信息时所使用的邮箱为个人邮箱，而非官方办公邮箱，一些私人邮箱的不恰当昵称会影响政府信息公开的规范化程度。四是个别评估对象在答复邮件中未注明所属机关名称。如四川绵阳市涪城区政府在答复中，虽然使用了 gov 后缀的政府邮箱，但未在邮箱或答复内容中注明机关名称，也未出具正式的答复告知书。

（3）部分评估对象未答复、超期答复、答复内容不规范

第一，部分评估对象未答复或超期答复。《政府信息公开条例》规定，行政机关收到申请时，能当场答复的，应当当场答复；不能当场答复的，应当自收到申请之日起 20 个工作日内予以答复。截至本报告发布时，项目组未收到答复的涉及 32 家县（市、区）政府，占 25.6%，有 13 家县（市、区）政府未在法定期限里答复申请，占 10.4%。

第二，部分评估对象答复格式不规范。一是没有使用官方邮箱进行答复。截至 12 月 20 日，在电子邮箱答复件中，使用答复的邮箱域名为 gov.cn 的仅有 13 家，使用非官方邮箱答复的有 41 家，是使用官方办公邮箱答复数量的 3.15 倍。二是没有出具正式的答复告知书。有 9 家评估对象未提供正式的答复告知书。如广西壮族自治区百色市平果县使用电子邮件做出的答复虽然内容比较详细，但是没有出具正式的答复告知书。又如贵州省黔西南州贞丰县通过网络平台做出的答复内容很完整，但也未出具正式的答复告知书。

第三，部分评估对象未在答复中告知救济渠道。根据《政府信息公开条例》，行政机关作出对申请人不利的答复（部分公开、不予公开、非政府信息、信息不存在、非本机关政府信息的公开的范围等）时，应当告知申请人法律依据、理由和救济渠道。评估发现，部分县（市、区）政府未在答复书中告知救济渠道或列全救济渠道。在已回复的 93 家县（市、区）政府中，仅有 22 家评估对象完全列明了所有的复议机

关和诉讼法院的具体名称，占 23.66%。同时，在作出不利于当事人的回复中，有 5 家评估对象完全未告知救济渠道；有 3 家县（市、区）政府在作出不利于当事人的回复中告知了其有提起诉讼或者申请行政复议的权利，但没有说明向哪个机关寻求救济。

第四，部分评估对象通过平台做出的答复中没有显示答复时间。部分平台未显示答复时间；有的平台一直显示为未受理的状态；有的平台虽然显示已经做出答复，但无法查到具体内容，仅有"已回复"几个字；有的平台虽然显示已经做出答复，但未显示答复时间也未告知当事人。

第五，部分评估对象通过网络平台做出的答复书无法下载。如山东省济南市历下区平台内有下载答复告知书的方式，但是在下载告知书时，无法下载，网页显示"无附件"。

第六，部分县（市、区）政府对政府信息公开申请设置不合理条件。有的评估对象表示需要申请人是利害关系人或本地人才会答复申请人，有的评估对象表示需要申请人提供与自身有关的材料或科研立项书等证明材料，才会答复申请人。例如山西省吕梁市柳林县、甘肃省兰州市城关区。

第七，个别评估对象作出截然不同的两份答复。如山东省烟台市龙口市政府对于同一申请先后两次通过电子邮件作出答复，但内容却截然不同，一份答复告知书表明不属于本机关公开，另一份答复告知书则告知了申请人所需的信息。

四　政务公开发展展望

党的十九大报告指出，转变政府职能，深化简政放权，创新监管方式，增强政府公信力和执行力，建设人民满意的服务型政府。全面深化政务公开在其中发挥着不可或缺的作用，使政府权力运行更加规范有序，令广大人民群众能参与、可监督并真正享受到深化改革的红利。

第一，树立对政务公开的正确认识。政务公开工作人员正确的积极的公开意识是做好政务公开工作的关键。在推进政务公开过程中必须不断适应形势，明确为什么公开、为谁公开、公开什么等问题。因此，政务公开培训应常抓不懈，注重加强对政务公开形势的宣讲，让政务公开工作人员明白，政务公开不仅仅是行政机关单向性的主动公开信息和被动的依申请公开信息，更是要充分发挥信息的管理和服务作用，推动简政放权、放管结合、转变政府职能，也是让社会大众参与到政府决策和社会治理过程中来，构建良好的政民关系，打造共建共治共享的社会治理格局。

第二，理顺公开工作机制，加强部门间的协同合作。政务公开不能仅仅依靠公开部门自身的努力，政府部门间就公开工作明确职责分工，协同合作是政务公开和谐统一的重要保障。因此，建议充分理顺工作机制，加强政务公开牵头部门间的协同合作。充分发挥政务公开领导小组的统筹协调作用，尤其要协调各部门间对同一公开事项的标准，避免因多头管理造成的对外公开不统一、不一致、不同步等现象。同时，充分发挥政府法制办的"参谋"作用，以保证对外公开信息的质量，并防范可能存在的风险。

第三，注重总结和推广经验。根据国务院办公厅印发的《开展基层政务公开标准化规范化试点工作方案》，全国各地都在开展基层政务公开标准化规范化试点工作，试点工作将在 2018 年收官。应当以此为契机，全面总结政务公开工作经验，在一定领域的公开工作中形成细化且具备可操作性的工作机制和公开标准。

第四，注重处理好公开与不公开的关系。既要依法逐步扩大公开范围，满足公众知情需求，也要注意公开限度。注重公开方式方法，注意个人隐私保护，避免不当公开引发对其他当事人、行政管理秩序的消极影响。

第五，以大公开理念推动政务公开工作。应当按照公开、解读、回应一体化的理念推动公开工作，公开信息应当根据社会形势、舆情状况做好舆情及社会风险评估，并应当配合解读工作等，确保公开信息的准确、全面，消除被误解误读误判的风险。对于形成的舆情及其他社会关切，建立快速反应机制，作出内容妥当的回应。

第六，加强政府网站的信息化建设。众所周知，政府网站是政府信息公开的第一平台，其建设的好坏直接影响政务公开的效果，但政府网站上信息的对外展示依托于网站和信息的后台管理，后者显得更为重要。因此，建议加强政府网站的信息化建设，建设完善的后台管理系统，依据制定好的主动公开目录设定内容要素，使行政机关履职过程中的每个环节都可以在后台管理系统中留痕，同时产生政府信息，并且该政府信息要满足内容要素的要求，该政府信息可经过内部保密审查程序后自动推送到外网。同时，加强网站栏目设置的规范化建设，提升网站使用的友好性。

第二编

政务公开的系统推进

北京市政务公开精准服务的实践探索

北京市政务服务管理局[*]

摘　要： 北京市准确把握新时代政务公开工作职责定位，坚持以人民为中心的发展思想，始终把人民群众满意度作为衡量工作成效的重要标准，以"精准公开、凝聚共识"为引领，全面提升政务公开质量实效，通过打造政务公开全清单、政务开放日、基层政务公开全流程规范、"市民对话一把手"节目、一体化网上政府建设等系列政务公开品牌工程，深入推进公开、解读、参与、平台一体联动的工作格局，充分发挥公开促规范、促落实、促服务的作用，助力优化营商环境和首都治理体系治理能力现代化，助推法治政府、创新政府和服务型政府建设。

关键词： 政务公开　经验做法　工作体会　新形势　应对举措

全面推进政务公开工作，是党中央、国务院和市委、市政府的重要决策部署。党的十八大以来，北京市政务公开工作深入贯彻以人民为中心的发展思想，围绕"四个中心"功能建设，不断提高"四个服务"水平，坚持首善标准，强化法治思维、服务思维、创新思维，坚持群众导向、问题导向，着力推进决策、执行、结果、管理、服务"五公开"，构建公开、解读、参与、平台一体联动工作格局，充分发挥公开促规范、促落实、促服务的作用，有力促进了法治政府、创新政府和服务型政府建设。

---

* 执笔人：宋大伟，北京市政务服务管理局政务公开处处长；杨晓阳，北京市政务服务管理局政务公开处副处长；张帆，北京市政务服务管理局政务公开处干部。

近年来，随着我国经济社会发展和移动信息技术的进步，人民群众对物质文化、民主法治、公平正义、安全环境等方面需求日益增长，更加注重知情、表达、参与、监督等权利行使。政务公开作为政府与群众沟通联系的桥梁纽带，承载着新期待，面对着新挑战，肩负着新使命。如何进一步提升政务公开质量和实效，如何让每一条政府信息体现出它的应用价值，让每一次公开行为体现出应有的态度温度，已成为当前政务公开工作面临的主要课题。

为做好新时代政务公开工作，全面提升政务公开质量和实效，北京市坚持以企业群众需求为出发点落脚点，坚持把企业群众满意度作为衡量政务公开效果的重要标准，以"精准公开、凝聚共识"为引领，以打造政务公开品牌工程为抓手，着力做好政府信息主动公开、依申请公开、政策解读、公众参与、平台建设等重点工作，助力深化"放管服"改革、优化营商环境、城市精细化管理，为促进经济持续健康发展和社会大局稳定发挥积极作用。

一 总体情况：完善政务公开五大工作体系

（一）依法规范、运转顺畅、监督有力的基础管理体系

强化制度建设，完善新修订《政府信息公开条例》相关配套制度，修订涉及依申请公开、信息发布、考核评议等十余项制度规范。注重顶层设计，制发年度政务公开工作要点，安排部署年度重点工作。完善政务公开考核标准，制定政务公开考评细则，提升考评权重，强化激励引导。开展政务公开第三方评估，坚持以评估促规范促落实。组织全市各级政务公开工作机构开展全员培训，基本实现全员轮训。强化公开机构建设，市、区、街道（乡镇）三级组织管理体系逐步完善。

（二）全面覆盖、持续深化、标准明确的信息公开体系

全年主动公开政府信息92.5万余条，办理政府信息公开申请3.3万件。大力推进重大项目批准实施、公共资源配置、社会公益事业、财政预决算、民生保障等重点领域信息公开。全面推进基层政务公开标准

化规范化，制发基层政务公开全流程规范；组织编制政务公开全清单，建立政务公开地方性标准，为深化决策、执行、管理、服务、结果"五公开"提供了示范。

（三）重点突出、主题鲜明、受众广泛的发布解读体系

健全完善重要文件、重大政策、重要会议议题同步解读工作办法。组织编写《北京市政府重点工作情况汇编》系列白皮书，深度解读政府工作报告。组织开展"市民对话一把手"全媒体直播节目 11 期，邀请市级部门和区政府主要负责同志权威解读政府工作。全市各级政府网站开设"政策解读"专栏，充分利用报纸、广播、电视、网络、政务新媒体等传播渠道，实现重大政策宣传解读同步研究、同步部署、同步推进。

（四）民需汇集、民计采纳、民意监督的互动参与体系

建立重大决策预公开机制，对提交政府常务会议审议的涉及群众切实利益、需要社会广泛知晓的重大行政决策，在决策前向社会公开决策草案、决策依据，决策作出后同步公开征集采纳情况和未采纳情况。推行重大民生决策事项民意调查和公众建言建议反馈，将公众参与和专家咨询机制纳入市政府工作规则。充分利用互联网新技术和大数据资源，依托政务开放日等政民互动平台，创新公众参与模式，扩大公众参与范围，增进政府与公众的沟通。

（五）全媒融合、及时畅通、服务便捷的渠道平台体系

打造覆盖政府网站、广播电视、报纸报刊、"两微一端"、政府公报等全方位公开平台。全市 3 级 7 类 632 个政府信息公开服务场所，接待公众咨询查阅 62 万余人次。强化公开第一平台作用，推进全市政府网站集约化建设，依托全市统一信息资源库，实现市区两级集约化平台对接互联，数据互认共享。优化网上公报功能，推动政府公报新媒体传播，将电子公报推送到公众的"指尖"上，方便公众获取政策信息。

二 经验做法：打造北京公开特色品牌

（一）编制发布政务公开全清单

推动政务公开制度化、标准化、规范化建设，组织全市 49 个市级部门、16 个区、709 个区级部门、179 个街道、146 个乡镇编制政务公开全清单、发布政府信息主动公开全清单，涵盖 13477 种业务事项、21179 条政府信息、86464 项内容标准，进一步增强了各级行政机关政务公开工作水平，基本实现了"公开工作有规范、公开任务可量化、公开考核有标准、公开监督有参照"的工作目标。"一单"到底，分级定标准。按照"层级明确、标准清晰、有序深化"的原则，政务公开全清单从市级部门延伸到基层一线，覆盖市、区、街道（乡镇）三个行政层级，建立各级机关政务公开指导性、操作性、实用性标准，推进了行政机关公开工作有章可循、规矩明晰、简便易行，避免因人员岗位变动影响公开工作持续推进。"一单"到边，信息全覆盖。全清单基本实现行政权力运行全流程、管理服务全过程的全覆盖。各单位对照"三定方案"规定的全部工作职责，梳理与各项职责有关的全部业务工作，列明在开展各项业务工作中产生的全部政府信息，对这些信息全部明确主动公开、依申请公开、不予公开等公开属性，摸清政府信息"底数"，批量解决难点问题，消除公开"模糊地带"。"一单"好管，照单抓落实。全清单中每一条信息均包含了信息类别、公开属性、属性依据、内容标准、公开主体、公开时限、公开形式等多种公开标准要素，加强了各单位内部政务公开工作的基础管理，本单位有哪些政府信息、由哪个部门掌握、是否应当公开、谁来负责公开、什么时间公开，从源头上进行明确，做到清楚明了。强化了各单位内部的公开意识，从产生政府信息开始，即明确该信息的公开属性，做到政务公开、人人有责。建立了政务公开快捷查询"字典"，各岗位人员能知晓任何一条信息是否公开、如何公开。

（二）编制基层政务公开全流程规范

聚焦解决"基层政务公开程序规范化"问题，进一步明确公开、解读、回应、互动、平台等程序要求，构建基层政务公开职责清晰、运转协调、保障有力的制度规范体系，编制《北京市基层政务公开全流程规范》，作为基层行政机关开展政务公开的工作指引和操作指南。一是全领域覆盖，细化基层政务公开各项任务要求。本着构建严谨规范、简便易行的基层政务公开程序标准，系统完善主动公开、依申请公开、政策解读、回应关切、公众参与、平台建设、组织保障七方面制度和流程，基本覆盖政务公开全部任务。比如，主动公开方面，涉及公文公开属性源头管理、政府信息发布协调、政务公开全清单动态管理、政府信息公开指南及专栏管理五方面要求，既涵盖政府信息的产生、发布及管理，又突出对《政府信息公开条例》法定公开内容的保障。二是全链条管理，夯实基层政务公开各环节工作基础。规范依申请公开办理、政策解读程序、政务开放日、政府网站与政务新媒体管理、政务公开考核评估、业务培训、政府信息公开年报编制发布等28项公开工作程序和环节。比如，在依申请公开办理方面，设置受理、办理、答复、送达、归档等5个工作环节，明确了受理的审查、登记及时间起算，办理的甄别、核实及确定标准，答复的期限、类型及信息提供形式，送达的方式、渠道，归档的证据留存等15个操作步骤，并在重要工作环节增设注意事项，注明相关法律规定。三是量化操作，既指导提升基层政务公开水平又避免增加工作负担。为每项制度配套制作操作流程图共28个，量化政务公开程序标准，贴近基层工作实际，基层政府可直接参照使用，不需再做细化完善。比如，在政策解读程序方面，设计制定了政策性文件解读方案及解读材料报批审签流程图，对以政府或政府办公室名义印发和以政府部门名义印发的政策性文件报批流程进行了有效区分，并明确了政策解读的6种方式和12类具体渠道，方便公开机构和人员准确把握，便于操作。

（三）组织开展市、区、街道（乡镇）三级政务开放日

2019年，为进一步深化"不忘初心、牢记使命"主题教育，以

"初心·同行"为政务开放日主题，围绕市委、市政府中心工作，聚焦公众关切和重点民生事项，组织 11 个市级部门、165 个区级部门及街道（乡镇）共 176 个开放点，集中开展系列政务开放日，邀请市民走进行政机关，与市民座谈交流，进一步增强政府工作透明度，增强企业群众认同感获得感。政务开放连民心。坚持"民意连接"和"民声回应"导向，推进重要民生事项全面政务开放，重点选取优化营商环境、城市管理服务、科技创新、民生保障等 4 个专题，开放平时看不到、不熟知、想参与的办公场所和工作场景，实现政务开放对政府运转流程、管理服务过程的全覆盖。政务开放集众智。坚持"请市民看"和"听市民说"并重，市政府部门"一把手"与市民座谈交流，作为政府与社会沟通互动的重要平台，精心制作市民留言册和意见卡，广泛收集市民需求反映和意见建议，问需问计问效，访民意、听民情、解民忧、汇民智。政务开放促共识。坚持"全面深入"和"真诚真实"目标，一方面请市民全面了解政府为民服务的积极努力和主要成效，另一方面请市民深入感受首都人口、资源、环境等问题的复杂性、艰巨性、长期性，坦陈政府工作面对的困难、压力和挑战，通过零距离、面对面真诚沟通互动，增进群众对政府工作的理解和支持，促进社会共识、响应和协同，为工作向好发展营造良好社会环境。政务开放树形象。坚持"统一标准"和"各具特色"协调，充分展现各行业特点和工作特色，展现了勤政务实、公开透明的政府风采和优良作风。

（四）打造"市民对话一把手"政民互动平台

围绕全市中心工作，定期策划组织"市民对话一把手"系列直播访谈节目，邀请 29 位市政府部门和区政府主要负责同志走进直播间，与市民深度沟通对话，主动解疑释惑，正面回应民生关切，实现"对话增进认同、沟通凝聚共识"的目的，进一步树立公开透明、直面问题、为民担当的政府形象。一是解读议题紧扣群众关切，以实际行动践行初心使命，生动展现主题教育丰硕成果。坚持群众导向，增加市民街头采访、一把手现场回应环节，寻求政府工作重点、市民关心焦点的"最大公约数"。充分利用大数据分析聚焦民生热点话题，通过线上开通征集专栏，线下采访收集民意，综合运用大数据进行深度分析，选取社会关注度高、群众反映强烈的内容作为互动话题。二是聚焦首都治理体系治理能力现代化，积极号召广大市民参与社会共治。深入解读城市精细化治理、基层社会治理、完善"接诉即办"机制各项政策措施，引导广大市民融入共建、共治、共享的发展格局。突出对城市生活的改善和市民生活品质的积极影响，针对一些公众容易误解的问题充分解疑释惑，并提出对策深度回应。三是全媒融合矩阵传播，传递政府公开透明的声音，广泛宣传首都优化营商环境重大进展。深入解读优化营商环境总体情况、措施成效、挑战对策，详细阐释"放管服"改革各项工作举措。通过北京电视台新闻频道、北京城市广播进行直播，首都之窗进行视频和图文直播，综合运用纸媒、电视、广播、网络、微博、微信、手机客户端等平台融合传播，扩大解读的传播范围和到达率。

（五）创新政策精准公开服务

加强政府信息精准化分众化推送，提高惠民便民政策信息知晓度应用度，提升政务公开服务实效，推动政策查询从"看整份文件"向"看具体问题"的转变，信息推动从"群众找信息"向"信息找群众"的转变，政务咨询从"有问找答案"向"未问有答案"的转变。一是开通政策公开导航服务。2019 年市"两会"期间，在市政府门户网站"首都之窗"开通"我要找政策"专题栏目，为企业市民提供个性化、定制化、专属化政策查询服务。设置企业政策、个人政策两个查询板块，汇总归集国家及本市法规文件信息 6000 余条，细化 7 类企业服务和 10 类个人服务，实现 17 个生命周期以及 57 个主题事项的快速便捷查询。二是编制《北京市政务公开便民服务手册》。以"政务情系千万家、贴心服务你我他"为主题，聚焦群众"七有""五性"需要，选取教育、就业、民政、居住、户政、出行、健康、税务等 8 个日常生活场景，将我市近期需求热度较高的政策咨询事项及解答信息予以整理编辑，共梳理简明问答 552 个，制定流程图表 25 个，向各级各类政务服务中心和街道（乡镇）、居委会（村委会）发放，纳入政府网站、市民服务热线政务知识库。三是编制优化营商环境政策 2.0 导航手册（中英文版）。收集本市优化营商环境最新政策文件、政策解读、"一图读懂"

共 228 个，分送各级政务服务大厅、企业协会商会、外国驻华机构等，帮助企业群众更好地了解政策、理解政策、用好政策。四是制作优化营商环境天天讲微视频。围绕优化营商环境政策和企业群众办事的高频事项，组织 23 个单位的 52 位宣讲人录制微视频 79 个，有效提升了政策的到达率和知晓度。

（六）推进一体化网上政府建设

按照"全国领先、国际一流、亲民便民"的标准打造全市"一张网"，以"集约、体验、响应、智能、融合"为建设理念，推动全市政府网站一体化跨越式发展，打造更加全面的政务公开平台、更加权威的政策发布解读和舆论引导平台、更加及时地回应关切和便民服务平台。"一网通查、精准获取"，建设一体化政府信息发布平台。改版门户网站，升级服务体验，打造覆盖全市、统一渠道、发布及时、展现多样、分类科学、查询便捷的信息公开第一平台。统筹信息归集，加强发布力度，使分散、孤立的数据成为汇集综合的数据，使公开的信息成为可应用、可服务的信息。优化搜索功能，强化"搜索即服务"，实现政府信息"找得到、找得快、找得准、看得懂、用得上"。"一网通答、高效响应"，打造一体化互动交流平台。开设统一的网上政民互动入口，建设统一的政务知识库，建设统一的即时智能问答系统，建立高效的互动响应保障机制，打造联动的政府网站"人工客服"，健全闭环的网民评价反馈机制，实现网上答复时限大幅压缩、答复质量大幅提升、答复体验大幅改进，实现群众与政府的网上互动交流"有回应、回得快、回得好、回得贴心"。"技术集约、管理一体"，推进政府网站集约化建设。按照国务院办公厅关于推进政府网站集约化试点工作的要求，强化标准化建设，构建统一信息资源库，实现"技术集约建设、资源集约管理、服务集约管控、安全集约防护、品牌集约塑造"，打造规范高效、协同联动的全市"一张网"。"开放共享、共创共建"，推动政府网站融合开放发展。打通网站各功能模块，融合政府内部各业务板块，实现与"一门、一窗、一网、一号、一端"的融合协同、标准统一、数据同源、服务一体；加强政府网站与公共搜索引擎、新媒体平台、第三方支付平台的对接合作，实现技术兼容、资源共享、服务统筹。

三　推进政务公开工作体会

（一）政务公开有益于促进以人民为中心发展思想的落实

党的十九大报告指出，人民是历史的创造者，是决定党和国家前途命运的根本力量。政务公开在党和政府与人民群众之间搭起了沟通联系的桥梁纽带，一方面是从群众中来，了解人民群众所思所想所盼，听取意见建议，从人民群众中获取智慧力量；另一方面是到群众中去，让人民群众全面了解国家发展状况、政府工作情况，更好参与和监督政府施政。北京市政务公开工作紧紧围绕"人民对美好生活的向往就是我们的奋斗目标"的主线，持续推出"市民对话一把手"政民互动平台、政务开放日、政务公开惠民便民地图等一系列惠民便民举措，增强了人民群众的获得感认同感，有力推动了服务型政府建设。

（二）政务公开有益于加快推进法治政府建设

加快建设法治政府，是落实全面依法治国部署、加强政府自身建设的重要内容。公开透明，既是建设法治政府的有效途径，也是衡量法治政府的重要标尺。北京市政务公开工作坚持以贯彻落实《政府信息公开条例》法定义务为根本，深化重点领域信息公开，推进政务公开地方性标准建设，严格政府信息公开办理程序。对政府信息公开复议诉讼案件中发现的依法行政问题，及时研究分析、加强督促整改，强化了对权力运行的制约和监督，提高了政府工作的透明度。

（三）政务公开有益于巩固发展社会主义民主政治基础

发展社会主义民主政治，就要体现人民意志、保障人民权益，用制度体系保证人民当家作主。推进政务公开，就是要引导人民群众有序政治参与，保障人民群众依法行使知情权、参与权、表达权、监督权，不断增强政府的公信力和执行力。北京市在推进基层政务公开标准化规范化工作中，西城区积极开展区政府常务会视频直播、政府向公众报告工作、民生工作民意立项等新做法，打造基层政民互动新模式，拉近了政府与公众的距离，增进了公众对政府工作的信任和支持。

（四）政务公开有益于提升国家治理体系治理能力现代化水平

党的十九届四中全会提出了"推进国家治理体系和治理能力现代化"的重要主题，社会协同、公众参与、共治共享共建这些工作都离不开政务公开，通过政务公开促进"共知共商共管"，让社会各界更好地了解制度运行情况，及时发现问题和不足，从而推动制度不断优化，执行力持续提升。在北京市政务公开实践中，东城区坚持"像绣花一样管理城市"的理念，通过政务公开引导公众参与首都功能核心区精细化管理，在街巷规划、环境整治工作中积极推行责任规划师、"家门口的提案屋"、"街道—社区—楼宇"三级议事等活动，充分发挥了政务公开在汇聚众智、凝聚共识、形成合力、推动解决问题等方面的积极作用。

四　政务公开工作面临新形势

（一）如何进一步树立"阳光政府"形象，为政府工作赢得更为广泛的信任和支持，广泛凝聚社会共识

随着广大市民群众的公开需求日益增长，参与经济社会事务管理的意识越来越强，对政府工作公开透明的期望越来越高，政务公开在满足企业群众信息需求、方便办事上还有差距，在增强企业群众获得感方面仍有提升空间。特别在面对席卷全球的突发公共卫生事件的严峻形势下，各级行政机关能否坚持公开透明，多层次、高密度发布权威信息，及时回应群众关切，对坚定全社会信心、战胜疫情至为关键。实践中，我们的政策解读和回应关切与公众期待和需求还有一定差距，政策解读存在信息数量不足、质量不高、针对性不强等问题，回应关切存在不够及时、不够主动、不够精准等问题。

（二）如何进一步打造"公开监督"利器，为提升行政效能拓展更多方法和途径，增强政府执行力

公开是社会力量的整合器，是依法行政的推进器，内涵是公开透明，外延是大众监督。从制度上保障了公众对政府工作的监督权，将行政权力置于阳光透明环境下，将政府部门的计划制订、政策推行、施政效果置于群众监督下，制约着暗箱操作、权力滥用和行为失范，促进着依法行政和政府自身建设，考验着政府的执行力和行政效能，体现着政府的服务质量和管理水平。实践中，我们通过公开手段促执行、促落实、促提升的作用发挥得还不够，还存在就公开论公开的问题，还有待在政府履职中引入更多的群众参与和监督。

（三）如何进一步构建"社会沟通"桥梁，为社会治理现代化奠定更为扎实的群众基础，提升政民互动的及时性和有效性

政务公开工作已成为政府开展群众工作的重要途径。《政府信息公开条例》实施以来，北京市重点贯彻落实政府信息主动公开和依申请公开的法定要求，但在公众参与、政民互动等方面与群众需求相比还有较大差距。公开工作在畅通政民沟通互动、问需问计问效于民、引导公众积极参与城市治理等方面的作用发挥得不够明显，公众参与范围和事项比较有限，参与渠道和形式比较单一，参与的实效有待提高。

（四）如何进一步推进"信息数据"开放，为首都经济高质量发展培育更多新型增长点，激发持续发展新动能

信息技术和经济社会的交汇融合引发了数据迅猛增长，数据已成为国家基础性战略资源。随着大数据时代的到来，政府已成为最大的数据资源生产者和拥有者，政府数据蕴含着巨大的经济和社会价值，开放政府数据还将带来大量的创新，推动经济发展。加快政府数据开放利用，已成为推动政府治理能力现代化的内在需要，是培育高端智能、新兴繁荣产业发展新生态的重要基础。北京市政府数据开放利用的推进速度与社会需求差距较大，政府信息的数据化、信息化不足，政府数据开放程度不高，影响了政府数据共享利用。

五　政务公开工作应对举措

2020 年，北京市将深入学习贯彻党的十九大精神和十九届二中、三中、四中全会精神，深入贯彻党中央、国务院关于全面推进政务公开的系列部署，紧紧围绕市委市政府中心工作，以"精细管理、精准公开、精心服务"为主题，坚持全过程推进政务公开、全方位回应社会关切、全流程优化公开服务、全链条加强信息管理、全环节完善制度机制，强化公开理念、服务意识和创新思维，切实提升政府公信力执行力，助推群众满意的服务型政府建设，助力实现国家治理体系和治理能力现代化。

（一）推进政策查询便利高效，拓展利企便民"最先一公里"

打造全面权威集成融合的政策文件库。围绕优化营商环境，加大涉企政策文件归集力度，优化充实政策文件库储备，为企业市民查询应用做好基础支撑。建立政策文件问答式解读机制，在"首都之窗"开通专栏，将常见问答作为政策解读必要形式，并线上线下纳入政务知识库。优化"首都之窗"政务公开板块，整合政策导航、政策解读、常见问答、办事指南、便民服务、利企服务等信息资源，丰富信息查询场景化应用。加强政务公开咨询服务，强化对业务咨询电话的管理，建立完善政务公开咨询解答"口径库"。创新政府信息传播机制，加强与新闻媒体的沟通联系，不断提高借助新闻媒体讲好北京故事的能力。加强政府网站与新闻媒体、新闻网站、商业网站的联动，充分运用新媒体手段拓宽信息传播渠道，不断扩大受众群体覆盖率，切实增强信息发布、政策解读的传播力和影响力。

（二）推进行政决策公开透明，畅通民意连接"最近一公里"

完善重大决策预公开机制，在"首都之窗"开通专栏，实行政府规章、行政规范性文件集中公开征求意见，建立重大决策事项目录，加强决策公开的监督管理。建立政策吹风机制，在重大政策公开征求意见阶段主动对接服务，组织承办部门、专家、媒体策划制定政策解读方案，扩大政策知晓度和共识度。出台北京市深化政务公开扩大公众参与工作办法，规范公众参与程序标准，扩大公众参与范围领域，利用新媒体、新技术积极探索公众参与新模式、新方式，完善民意汇集机制。完善政府及部门会议开放机制，明确会议开放、议题确定等程序和范围。建立政策执行公开机制，在"首都之窗"开通专栏，实行政府工作报告重点任务、重要民生实事项目、政府绩效任务等执行情况向社会主动公开。

（三）推进信息推送精准深入，打通政策获得"最后一公里"

建立政策信息融合推送机制，加强互联网科技企业的合作，集成制作适合手机端传播的政策信息，广泛应用政务新媒体渠道，向相关企业和市民精准推送，增强政务公开的到达率和亲和力。建立政策公开答疑机制，加强与商会协会、基层社区的合作，按季度组织政策答疑会，搭建多部门与企业群众的沟通平台，送政策公开服务上门，面对面解决办事难题。推广基层政务公开标准化规范化，严格落实国办《关于全面推进基层政务公开标准化规范化工作的指导意见》相关要求，全面推广本市基层政务公开试点经验，深入分析基层群众个性化、多样化公开需求，进一步健全完善基层政务公开工作机制、公开平台、专业队伍。实行市、区、街道（乡镇）三级政务开放日常态化，将其作为信息发布、政策解读、政民互动的重要平台。

（四）推进数据平台集约整合，打造一体化最优"网上政府"

深化"一网通"建设，持续强化网站功能，不断推动公开、办事、互动一体均衡发展。完善市区集约化平台功能建设，进一步强化"一网通查、一网通办、一网通答、一网通管"。结合网站热点搜索事项，整合全市政府网站资源，推出100余类场景化主题搜索服务，聚类展现集办事、查询、问答等于一体的搜索结果，推动实现"即搜即用"统一政府信息资源库应用，为市区政府门户网站创新发展和各部门网站个性化内容建设提供支撑。加强政府信息资源统筹管理，积极探索政府信息数据化及其运用，进一步规范信息内容发布标准，方便公众搜索和获取，有效发挥政府数据在产业升级、创业创新、社会生活中的服务功能。

山东省政务公开工作的实践与思考

山东省人民政府办公厅政务公开办公室[*]

摘 要： 近年来，山东省深入贯彻落实党中央、国务院关于政务公开工作的系列部署要求，坚持"以公开为常态、不公开为例外"，积极探索、开拓创新，突出重点、主动作为，政务公开的标准化规范化水平明显提升，发布、解读、回应衔接配套的公开格局逐步健全。本文从依申请公开、政民互动、基层政务公开实践、政务公开工作的思考四个方面，对山东省政务公开工作进行了阐述。

关键词： 依申请公开 政民互动 政务公开

公开透明是法治政府的基本特征。全面推进政务公开，打造法治政府、创新政府、廉洁政府和服务型政府，助力国家治理体系和治理能力现代化，是党中央、国务院的一项重要决策部署。近年来，山东省认真贯彻落实党中央、国务院关于全面推进政务公开的工作部署，践行以人民为中心的思想，坚持"以公开为常态、不公开为例外"，积极探索、开拓创新，突出重点，全面推进决策、执行、管理、服务、结果"五公开"，政务公开的标准化规范化水平明显提升，发布、解读、回应衔接配套的公开格局逐步健全。

---

* 执笔人：郑耀武，山东省人民政府办公厅政务公开办公室主任；庄同君，山东省人民政府办公厅政务公开办公室副主任；张志收，山东省人民政府办公厅政务公开办公室副主任；王林泉，山东省人民政府办公厅政务公开办公室三级主任科员。

一　坚持规范引领，推动依申请公开提质增效

随着群众民主意识、法治意识的提高，依申请公开件呈快速上升趋势。2019年全省共办理依申请公开案件25785件，同比增加17.9%，因依申请公开引发的行政复议案件和行政诉讼案件也逐年增多。新修订的《中华人民共和国政府信息公开条例》施行后，按照省政府主要领导"抓紧提出贯彻落实意见"的要求，省政府办公厅和省司法厅、省高院、济南中院等多次召开学习研讨会，加深对新条例的理解，把握好落实的方向和措施。

（一）强化制度建设，完善办理程序

一是实现了流程的规范化。在总结多年来依申请公开办理经验的基础上，修订了《山东省人民政府办公厅政府信息依申请公开工作规定》，明确了从登记管理到存档等12个环节的程序、标准和责任划分，并规定了接收移交、审理、调查办理等环节的办理时限，完善了审签程序。规定实施以来，依申请公开办理的效率和质量明显提升，平均办理时限较实施前缩短了2—3个工作日。二是实现了答复的标准化。针对协查工作中暴露出的回复不及时、内容不准确等个别问题，印发《山东省人民政府办公厅关于加强和规范政府信息依申请公开协查工作的通知》，加强和规范协查工作。指导全省及时更新信息公开指南、信息公开目录，邀请省高院相关人员和法律专家，通过一问一答形式编制《政府信息公开工作问答》，及时印发《政府信息公开标准文书样本》，在全省范围内对29类依申请公开文本进行规范，并根据新的形势要求进行动态的调整更新。目前，全省各级政府各类信息公开告知书均按照事实认定准确、法律适用正确、各类要素齐全、答复格式规范的标准进行制作。三是实现了会商的常态化。针对具体工作中事实认定和法律适用要求越来越高、办理难度越来越大的现状，建立了三个层面上的会商机制。具体工作处室定期开展业务会商交流，研讨遇到的新问题，共同探讨解决方案。对于同一申请事项涉及多个部门、涉及重大项目建设、制

发信息主体变更等申请件，启动部门间会商机制，召集有关业务部门及省政府法律顾问进行专题会商。

（二）强化业务指导，提高能力水平

一是加强业务培训。定期举办厅、处、科三级干部培训班，邀请相关领导、国内知名专家及法律工作者对依申请公开进行培训。联合省法制办，围绕政府信息公开行政复议行政应诉典型案例，定期开展研讨培训，提升工作人员依法履职的水平。依托党校等培训机构，将依申请公开作为政务公开的重要内容，开展专题培训。近年来共培训干部3000多人次。二是打造交流平台。建立了"山东省政府信息公开交流微信群"，为各市及省政府各部门提供了业务交流、问题解答、政策咨询的沟通平台，通过交流统一了工作标准、规范，有效避免了同类申请件答复不一致的问题。目前已有470余位信息公开工作人员加入，交流解决各类复杂疑难问题3000余个。在省政府网站首页设置"政务公开看山东"，专栏设置了工作动态、理论研究、政策解读、案例分析、基层试点、公开监督等板块。开通并坚持用好"政务公开看山东"微信公众号，与省政府门户网站"政务公开看山东"专栏同步更新，目前已发布政务公开经验做法1900余篇，成为全省政务公开工作的竞赛擂台、经验做法的展示舞台和能力素质的提升平台。三是编制工作指引。由于政府信息公开涉及法律法规规章较多，领域分布广，省政府办公厅汇总国家及省政府有关信息公开的法规、政策及法律解释、典型案例，编制了《政府信息公开文件汇编》，方便工作人员查阅使用。会同省法制部门，认真梳理政府信息公开工作中遇到的普遍性和疑难性问题，在借鉴兄弟省市做法、研究相关法律政策的基础上，对政府信息公开中的重点问题进行解释说明，编辑形成了《政府信息公开工作必读》，成为各级各部门政府信息公开工作的有力参考。

（三）强化考评督导，促进依法行政

一是纳入考核评估。把依申请公开工作纳入全省政务公开考核和第三方评估，分数占比超过30%。通过审查各市各部门已做出的政府信息公开告知书和委托第三方真实模拟申请等方式，发现依申请公开中存

在的问题点，并逐条进行反馈，2019 年反馈整改 100 余条。二是建立依申请公开向主动公开转化机制。针对依申请公开中发现的较为集中、涉及范围广或者需要社会广泛知晓的信息，可转为主动公开的，在答复的同时主动公开，以主动公开作为减少依申请公开压力的有效手段。比如，针对涉及征地事项政府信息公开申请较多的情况，省政府办公厅积极会同省自然资源厅，通过联合调研、实地座谈等方式，制定了农村土地分配、农地征用、征地补偿等方面信息公开的措施。一方面扩大公开范围，推动各市县自然资源局在"征地信息"专栏中，将上级征地批文、"一书四方案"、征地补偿安置方案等内容全部纳入主动公开的范畴。另一方面减少未公开的存量信息，对 2008 年以来形成的征地、供地信息积极开展补充公开工作。目前，山东省已开通运行全国首个省级征地信息公开查询系统，将全省拟征收土地公告、拟征收土地补偿安置方案、批后征地信息等内容集中统一公开展示。

（四）强化宗旨意识，提供温情服务

一是丰富告知内容。坚持既讲法理也讲情理，在信息公开告知书中尽力讲清调查检索过程、申请内容的情况，对于申请的信息不属于本机关公开范围的，告知公开机关和联系方式，将告知书变为生动的"明白纸"。对于较为复杂的申请件，主动与申请人沟通，了解群众需求，讲清法律规定、职责边界和事实情况，避免因误解引起行政复议或诉讼。二是畅通沟通渠道。充分运用"互联网＋"，完善电子化申请渠道，极大地方便了人民群众，目前全省 16 市都开通了包含市直部门和县区政府在内的政府信息公开平台。同时省政府办公厅开通政府信息公开咨询热线，向群众宣传解释有关法律法规知识，并建立值班制度，确保工作日无漏接，开通以来累计接听电话 2000 余次。三是提供精细服务。对于申请需求较大的申请人，指定专人负责，确保了工作开展的连续性。定期开展满意度回访，详细了解申请人需求是否切实得到解决，认真倾听对这项工作的意见建议，耐心解答有关政策问题，回访满意度连续三年都在 95％以上。

二　坚持政民互动，不断提升公开实效

全省各级各部门坚持以人民为中心理念，不断推进法治政府、创新政府、廉洁政府和服务型政府建设，充分保障公众知情权、监督权和参与权。

（一）强化公众参与

一是推进会议公开。对各级政府全体会议和常务会议讨论决定的事项、政府及其部门制定的政策，除依法需要保密的以外，及时进行公开，并建立利益相关方、公众代表、专家、媒体等列席政府有关会议制度。2019 年，全省各级政府、部门共举办社会代表和利益相关方列席市政府有关会议等活动 900 余场。积极开展"政府开放日"活动，邀请市民走进政府机关，现场了解政府机关运行和工作开展情况，2019 年全省各级政府、部门共开展教育、环保、警务、统计、市场监管等民生领域"政府开放日"活动 1200 余次。聊城市公开征集 30 名市民代表，成立"市民代表库"，全年举办"政府开放日"系列活动 118 次。青岛西海岸新区创新开展"透明政府""透明工厂""透明社区"双向互动模式，邀请群众参与，实现开门决策，使民意真正转化为政府的科学决策。二是积极搭建公众参与平台。运用电视台、广播电台、报刊等传统媒体，广泛使用政务微博、微信、手机 APP 客户端等数字化新媒体，发布政策法规、预警信息、公示公告等政府信息，与公众进行实时互动交流。潍坊市开发"体验潍坊政务公开"微信小程序，泰安市在网站和各大媒体开设"向社会承诺让人民满意"专栏，枣庄市政府制定《关于实现"开门决策"制度化的十二条措施》等诸多创新举措。三是全力打造 12345"政府大客服"。制发《山东省政务服务热线管理办法》，开发建设全省热线大数据分析展示平台，建立不合理诉求工单库，进一步规范热线办理工作。2019 年省级热线共受理 99.89 万件，其中直办 70.47 万件，转办 29.42 万件，发出书面督办单 92 个，处理疑难、推诿工单 550 余个，来电人对热线事项办理过程的满意率为 95.77%，结果满意率为 89.55%。

（二）加强政策解读

发布政策解读目录，按照"谁起草、谁解读"的原则，将政策解读与政策制定同步进行，运用图片、图表、图解、视频等可视化方式，把政策措施的背景依据、目标任务、主要内容、涉及范围、执行口径、新旧政策差异等说清楚，让群众明白，使公开的信息更加可读、可视、可享。例如，省政府办公厅在完成《2018 年政府信息公开年度报告》发布的同时，综合运用图解、动漫等方式进行解读，并在大众日报、山东新闻联播上进行解读，扩大了政务公开的影响力。省生态环境厅采用生动简洁的短视频、"表情包"、"一张图"、"一图看懂"等方式表达生态环境专业内容。省市场监督管理局策划编发《市场监管故事》《市场监管科普》等系列专题，制作《股东的那些事儿》《企业失信寸步难行》等微动画、微视频。省科技厅开展阳光政务热线活动，将省政府科技人才政策现场对听众进行深层次解读。青岛市城阳区制作《一枚印章的故事》《医疗机构依法执业》等 20 余个微视频、微动漫，生动形象地解读了办事流程和惠民举措。

（三）开创电视问政节目

根据省委、省政府部署，加大公开监督力度，山东广播电视台自 2019 年 3 月 3 日起，每周开播一期《问政山东》节目，全年开播 42 期，33 个部门的主要负责同志接受了问政，直接解决了群众关心的住房、医疗等 33 个领域 400 项具体问题，通过在网络设立问政专区解决了 2000 余项具体问题，带动烟台、泰安等 12 市推行电视问政，相关视频点击量超 6 亿次，约 5 万名网友在微博留言对电视问政工作表示欢迎，有力推动了省委、省政府重点工作落实。

（四）推动重大事项公开承诺

2019 年年初，山东省印发《重点任务公开承诺事项的通知》，要求 16 市和 34 个省直部门（单位）主要负责同志对年度重点工作作出公开承诺，公布完成时限和责任人，便于党委、政府更好地接受人民群众的评判、监督,更好地履职尽责。公开承诺事项在省主要媒体《大众日报》的 11 个版面向社会公开,同步在省政府门户网站、大众网等平台发布,接受全社会监督,以公开促落实、促规范、促服务。重点任务公开承诺事项的开展,有力推动了全省民生大事的落实落地,取得明显的社会成效,塑造了山东阳光政府、透明政府的形象。

三　坚持探索创新,扎实推进基层政务公开标准化规范化

从2017 年开始,根据国办基层政务公开标准化规范化试点政策,山东省选取 30 个试点县,在全国率先自主开展25 个领域的试点工作,抓好目录制定、流程优化、标准编制三个环节,蹚出了一条适合基层政务公开的新路子,总结出一批可复制、可考核、可推广的基层政务公开的"山东标准",试点工作取得预期成效。2019 年,进一步扩大示范效应,在其他县(市、区)也进行了基层政务公开标准化规范化探索。一是工作力量不断加强,大部分县(市、区)政府办公室都设立了政务公开科,明确专职人员专抓政务公开工作,切实发挥了政府办公室牵头抓总作用。二是探索出了一批便民利企新举措,东营市垦利区在数字电视终端设立"政务公开"频道,菏泽市郓城县围绕企业需求编制企业全生命周期政务公开套餐,滨州市博兴县设立政务公开"大体验区"公开企业许可、审批流程,临沂市兰陵县公开发布"便民二维码"等,诸多惠民政策深受群众欢迎。三是依申请公开工作专业化水平显著提升。烟台市制作政府信息公开规范答复"七要素",威海市编发《典型案例汇编》并发放至镇、街一级,日照市创新依申请公开"现场办理"模式,滕州市聘请法律顾问团队等做法,均成为依申请公开的有益借鉴。

四　关于政务公开工作的几点思考

随着信息化社会的普及,公众越来越多地运用信息公开维护自身权

益，社会各方面越来越注重把信息公开作为衡量政府工作好坏的重要标尺。近年来，我省政务公开工作在快速发展的同时，也面临着一些实际问题，特别是基层政府存在的公开随意性大、公开内容质量不高、公开平台不统一、解读回应不到位、办事服务不透明等问题，如果不加以解决，将严重影响政务公开的标准化规范化建设，甚至成为制约经济社会发展的短板。

（一）政务公开意识需进一步提高

部分基层政府对新形势下的政务公开工作认识不足不准、不深不细，没有认识到政务公开是一项全局性工作，工作能动性不强，存在"不敢、不愿、不会"公开的保守思想："不敢"主要是担心部分敏感信息公布后引发舆论关注，造成社会负面影响；"不愿"主要是主动公开的观念意识还不够强，错误地认为政务公开是额外增加的工作任务，多一事不如少一事；"不会"客观上是各地具体情况迥异、依申请公开答复难度较大，主观上也担心由此引发的行政复议、诉讼败诉风险。

（二）政务公开力量需进一步加强

各地政务公开机构建设和人员力量仍然不足，目前，大多数市、县设置了专职政务公开工作机构和工作人员，但仍有个别县（市、区）没有专职政务公开工作机构，工作人员以兼职居多，且更换频繁，专职工作人员更少，专业化的公开人才匮乏，面对日益繁重的任务和压力，政务公开工作得不到有效开展。推进政务公开的平台和抓手依然较为分散，部分地区网站管理、新闻发布、新媒体、热线、微博、微信等管理职能分布在不同处（科），再加上分别由不同领导分管，协调难度较大，严重制约了公开职能的发挥。

（三）政务公开水平需进一步筑牢

各级各部门因领导重视程度、工作人员能力等差异，政务公开工作水平有较大差距。有的市、县一味追求公开数量，没有把群众真正关心、真正需要的信息公开出来，公开红头文件多、公开政策解读少，造成公众需要的信息未公开、公开的信息公众不需要，公开随意性大、公开内容质量不高，不务实、不实用现象较为突出；有的市、县公开方式单调，渠道少，调动不起公众的积极性，未达到与群众互动的效果；有的市、县开展政务公开的学习培训少，"走出去、请进来"的学习交流少，工作人员能力提升速度与日新月异的政务公开工作需求不对称。

　　针对上述问题，未来仍需加强制度建设，明确及细化公开标准，重视政务公开业务培训，提升全员公开意识。

以标准化引领基层政务公开规范化

——四川省探索构建省级政务公开标准体系实践

冯 雪 唐 琼[*]

摘　要：政务公开制度体系是基层治理体系的重要组成部分，推进基层政务公开标准化规范化将有力促进基层治理能力水平提升。四川持续深化试点工作成果、主动加快创新步伐，探索构建基于政务公开管理、运行、实施、监督活动特点的"全链条管理"工作标准体系，力求破解政务公开"最后一公里"问题。

关键词：政务公开　标准化　规范化　四川

一　四川构建基层政务公开标准体系的基本考量

《中华人民共和国政府信息公开条例》（以下简称《条例》）施行十余年来，依法保障了公众获取政府信息的权利，增进了政民之间的良性互动，但政务公开在工作机制、工作平台、专业队伍建设等方面依然还有薄弱之处。2017 年，国务院办公厅选择 15 个省（区、市）的 100 个县（市、区），围绕集体土地征收等 26 个领域开展基层政务公开标准化规范化试点。四川作为试点省份，在围绕集体土地征收补偿等 9 个领域完成试点任务的同时，总结形成了一批经验和做法，为推进基层政务公开工作制度化规范化奠定了现实与理论基础。

2019 年，国务院办公厅积极转化推广试点成果，出台全面推进基

---

* 执笔人：冯雪，四川省人民政府公报室副主任；唐琼，中共四川省委党校期刊社副编审。

层政务公开标准化规范化工作的指导意见，提出到 2023 年基本建成全国统一的基层政务公开标准体系，并要求基层政府在 2020 年内完成 26 个试点领域标准指引编制工作。要真正发挥目录对基层政务公开工作的规范指导作用，不仅要严格对照目录"按图施工"，还应着眼于政务公开管理、运行、实施、监督的活动特点，构建"全链条管理"的政务公开标准体系，完善相关工作机制，优化工作流程，健全工作制度，促进政务公开工作可持续发展。

政务公开标准的制定、实施，有助于政务公开活动达到更佳秩序和效益，从而进一步提升政府的依法行政能力和现代化治理水平，促进行政权力和政务服务阳光透明运行。对于政务公开工作主管部门来说，标准有助于跟踪评估政务公开工作落实情况、理顺领导体制、填补制度空白、完善公开短板；对于具体承办公开业务的行政机关来说，完善的工作流程、业务及管理标准有助于其保持政务公开工作的稳定性和连续性；对于社会公众来说，政务公开标准有助于保护其依法获取政府信息的正当权益、规范行政机关政务公开活动和行为，提升政务服务质量水平、提高行政权力运行透明度，避免行政机关的不作为、慢作为。

二　四川构建基层政务公开地方标准　体系的主要做法

2019 年，四川在总结巩固试点工作成果基础上，组织编写了《政务公开组织管理规范》等 9 项工作规范（DB51-T2655Y2019 至 DB51-T2663Y2019）。标准体系于 2019 年 12 月 30 日发布，2020 年 2 月 1 日正式施行。

（一）做好总体规划，分步有序推进

高起点规划是确保标准化工作高标准实施的基础。四川按照内容全面、结构完整、统一精简、协调优化的要求，科学制定标准体系编制方案。方案充分考虑四川标准体系建设现状和政务公开未来改革发展趋势，根据政务公开组织、实施、运行、监督、评价特点，从建立健全标

准体系总体架构、指导思想、编制原则、实施计划、进度安排、统筹协调、保障措施等方面提出具体要求。根据方案规划，标准体系架构由政务公开组织管理、主动公开基本目录编制、主动公开、依申请公开、政府信息公开指南编制公布、政府信息公开工作年度报告编制发布、主动公开平台建设、绩效考核规范、社会评价9项工作规范构成。

（二）突出四个强化，提升工作规范

标准全面贯彻落实《条例》精神，围绕当前政务公开工作的关键环节和难点问题展开，主要从四个方面加以强化。一是强化主体责任。进一步明确政府、政府办公厅（室）职责任务以及政务公开工作机构设置规范，力求抓实每个层级、每个领域、每个部门的政务公开工作。二是强化规范操作。围绕信息发布、政策解读、回应关切、公众参与、依申请公开等工作，优化工作流程，明确工作要求，进一步解决属性认定不准确、信息审查不全面、政策解读不及时、回应关切针对性不强、申请办理答复不规范等突出问题。三是强化服务功能。对政府网站、政务新媒体、政府公报等各类公开平台载体的规划建设、组织保障、健康发展、安全管理等作出详细规定，进一步解决"内容更新不及时、信息发布不准确、交流互动不回应、服务信息不适用"等问题。四是强化考核评估。明确绩效考核、第三方评价等工作要求，注重对效果的跟进，推动形成内外结合、自我监督、自我完善的长效管理机制。

（三）完善两项制度，强化支撑保障

主动公开和依申请公开是政务公开的核心，关乎群众的切身利益。四川在编制标准过程中，从梳理公开属性源头认定、依申请公开工作流程入手，不断完善工作机制，为有关标准的编制提供支持和保障。一是出台《四川省人民政府（办公厅）公文公开属性认定办法》。明确公文公开属性源头认定的原则、类型、标准、流程、发文、存档以及责任追究等要求，进一步完善信息发布流程的前置审查环节。二是修订四川省人民政府办公厅依申请公开工作规范。建立健全政府信息公开申请登记、审核、办理、答复、归档制度，全面梳理政府信息公开申请件收件时间、办理起算时间和办理期限等关键环节，绘制依申请公开办理流程

图，进一步提高依法办理水平。

（四）落实三个责任，提高编制水平

通过建立健全标准化主管部门、政务公开工作机构、专家等方面组成的工作管理体系，落实各方面职责分工，构建责任明确、协调有序的良好工作格局。一是落实标准化主管部门责任，保证标准出台的权威性。加强与省市场监管局沟通合作，完善标准制定程序，组织评审、验收，发布地方标准。二是落实政务公开工作机构责任，保证标准出台的有效性。组织部分省直部门和市（州）、社会监督评议员代表参与集中研讨、修改，并广泛征求使用单位意见。三是落实审查专家责任，保证标准出台的严谨性。充分发挥专家咨询把关作用，组织高校、科研院所及行业内有较大影响力的专家，参与地方标准的咨询和审查工作。

三 四川政务公开标准体系的主要特点

构建政务公开标准体系，就是结合四川实际，把标准的理念、思维和方法融入政务公开工作中，使全省范围内同一层级行政机关的政务公开工作达到基本统一的状态，促进政务公开工作机构、管理人员、工作人员自我提升和不断创新，实现政务公开工作的可持续发展。在标准编制过程中，四川始终坚持问题导向、目标导向、结果导向，以建立最佳工作秩序、取得最佳管理效果为目标，遵循统一、协调、简化和优化基本原则，使标准体系符合实际工作需要。

（一）具有较强的整体性

政务公开标准体系由9项独立的标准构成，这9项标准既在不同领域发挥各自的功能与作用，又相互联系、相互补充、相互约束，从而构成一个覆盖政务公开组织、运行、监管的闭合管理体系。因此，政务公开标准体系的效应，既依靠单个标准作用的发挥，还需要从标准的相互作用中得到，并非功能的简单叠加。

（二）具有较好的灵活性和适用性

作为推荐性标准而非强制性标准，省级标准体系为地方政府在制定新的细化标准上留足了空间，避免基层因实际工作条件等原因难以实施，从而降低了标准的普遍适用性。

（三）具有较强的可操作性

标准编制注重运用流程图、样表、示例、参考文本等直观展现形式，使管理人员和工作人员能够更好地了解工作全貌、岗位职责和步骤环节，确保"一看就懂、拿来能用"。

四　四川运用标准提升基层政务公开
工作质效的预期目标

标准体系自 2019 年 12 月 30 日颁布以来，四川各级行政机关结合实际认真对照梳理工作中存在的短板和问题，进一步加强制度建设，完善工作流程和办理程序，以期工作质效得到全面提升。

（一）促进政务公开领导体制机制进一步理顺

《条例》明确规定，县级以上地方人民政府办公厅（室）是本行政区域的政府信息公开工作主管部门。这意味着，政务公开工作主管部门是确定并且是唯一的。然而，部分地方政务公开工作主管部门职责在本轮机构改革中（新《条例》颁布前）被划出政府办公厅（室），导致对本行政区域政务公开工作的统筹力度减弱，出现统不起、推进难、运转慢等问题。对此，相关标准中规定，各级人民政府应确定一位政府领导分管政务公开工作，同时细化了政府办公厅（室）主管部门职责，确定了工作机构必须"向内指定"的基本原则，将有利于政府加强对政务公开工作的领导统筹力度。

（二）促进基层政务公开实效进一步增强

在拓展主动公开范围方面，标准规定主动公开事项必须覆盖《条例》规定的法定主动公开内容以及本级政府权力清单、责任清单和公共服务事项清单，并明确公开事项名称、内容、依据、主体、渠道、对象，等等，力求以"可量化"的方式打通政务公开"最后一公里"，有力贯彻了《条例》"以公开为常态，不公开为例外"的精神。标准还规定，目录应广泛征求和吸收公众意见，并通过政府网站、政务新媒体等多种渠道向社会公布。这些要求，使群众获取政府信息权利得到有效保障，让公开不再随意、任性。在规范公开程序方面，标准针对保密审查、属性认定、文字错误等方面的共性问题和常见错误，重新梳理了信息从制作到审查再到发布的具体操作流程，加强对公开属性认定工作的指导，细化拟发布信息内容的审查要点，有助于进一步提高政府信息发布质量，降低相关风险。在增强公开效果方面，标准梳理了解读回应工作的有关要求和工作流程，将有助于政府政策在基层落地，促进政民良性互动，提高对社会热点和公众关切回应的针对性、有效性。此外，标准还细化了公众参与重大行政决策制定、列席政府会议有关议题、在线交流等工作要求，将有助于基层治理能力和行政决策民主化科学化水平提升。

（三）促进平台载体有序健康发展

标准进一步明确了政府网站、政务新媒体、政府公报、政府信息公开查询点四类主要公开平台载体的建设规范，梳理优化了平台开设、管理、运维、功能规划、数据库建设等工作流程，将促进平台载体的规范性、安全性和服务能力有效提升。在全省基本实现平台载体建管分离的情况下，标准将帮助平台管理单位和建设单位进一步厘清各自责任，明确监管单位在平台审批、管理、检查、考核等方面的职责，加强对平台建设单位的工作指导，促进形成统筹推进、上下联动、协作共享的平台监管机制，切实解决"内容更新不及时、信息发布不准确、交流互动不回应、服务信息不适用"问题和"僵尸""睡眠"问题，使群众获取政府信息更加便捷。

（四）促进基层政务公开工作持续改进

标准对政务公开绩效考核的组织领导、考核内容、考核实施、结果运用作出细化规定，明确了绩效考核工作的原则和方向，将成为基层政府推动、指导、监督本行政区域政务公开工作的有力抓手。标准还鼓励引入机构、个人代表、群众等第三方参与政务公开工作成效的评估评价，明确第三方的"权力"与责任，围绕涉及公众利益调整、需要公众广泛知晓或者需要公众参与决策的政府信息公开的及时性、准确性、实用性和易懂性，群众获取政府信息和申请政府信息公开的便捷性，回应群众关心关切和诉求的及时性和有效性，群众参与政府工作渠道方式的多样性等方面细化评估清单，体现了政务公开工作的需求导向和群众满意度导向，避免只追求结果而忽视过程，形成完善的评估反馈体系。

五　关于下一步推广应用政务公开标准体系的思考

2020 年是国家全面推进基层政务公开标准化规范化工作的开局之年，四川将紧抓这一重要契机，结合新《条例》的学习贯彻，通过加强宣传培训、强化标准应用、督促完善制度、检查落实情况等一系列举措，让标准体系在政务公开工作中得到广泛的应用，从而提高政务公开的管理水平和工作水平，提升基层政务公开工作实效。

（一）加强宣传培训

结合新《条例》普法宣传，分层级开展形式多样、内容丰富的培训，鼓励制作一系列关于政务公开标准的教材及培训宣传资料，培训内容涉及标准化知识、政务公开制度、标准使用指南，等等，最大限度加强标准体系的推广力度。依托标准培训培养一批专业强、素质高的政务公开工作队伍，充实储备队伍人才。

（二）　强化标准应用

结合 2020 年政务公开重点工作安排，推动标准在拓展主动公开范围、编制政务公开事项标准目录、统一设置政府信息公开专栏、提升解读回应质量、加强平台载体建设等重点工作中的落地实施，切实提高标准使用水平，确保标准的效用落到实处。对于关系人民群众切身利益的标准，加大推广力度，引导公众了解符合标准的工作要求，强化标准的社会公众监督作用，增强标准的约束力和执行力。

（三）　督促制度完善

结合标准应用，督促各级行政机关进一步完善信息公开内容审查、属性认定、协调发布、信息动态管理等工作机制，优化政府信息公开申请登记、审核、办理、答复、归档等工作流程，健全重大文件、重要会议政策解读长效机制，建立工作考核、社会评议和责任追究制度，推动形成完善的政务公开制度体系。

（四）　检查落实情况

强化标准的实施评估，组织开展政务公开标准执行情况的检查，通过日常监测、第三方评估、年末考核等相结合的方式，客观评价政务公开工作成效，检验标准应用效果。广泛听取标准使用单位、社会群众和评议员代表等方面对标准编制和实施提出的意见和建议，持续完善和改进标准体系。

努力打造高质量公开的深圳样本

深圳市人民政府办公厅

摘　要： 深圳市全面贯彻落实党中央国务院关于推进政务公开工作决策部署和省委省政府有关工作要求，坚持以公开为常态、不公开为例外，遵循公正、公平、合法、便民的原则，全力打好公开战"疫"，持续完善公开内容、保障公开质量、优化公开方式、拓展公开深度、提升公开实效，推动新时代政务公开不断向纵深发展。

关键词： 抗疫　政务公开　公开方式

做好新时代政务公开工作，就是要全面提升政务公开质量和实效，让公开成为自觉，让透明成为常态，以公开促进法治政府、创新政府、廉洁政府和服务型政府建设。2019年以来，深圳市聚焦新时代政务公开，认真落实党中央国务院决策部署和省委省政府有关工作要求，着力从公开内容、公开质量、公开方式、公开深度、公开实效等五大方面发力，特别是强化做好疫情期间的信息公开，全市政务公开工作迈上新台阶。

一　全方位统筹调度，打好公开战"疫"

新型冠状病毒疫情发生以来，深圳市始终把做好信息公开作为抗击

---

* 执笔人：许伟明，广东省深圳市人民政府办公厅职能转变协调处处长；龚君君，广东省深圳市人民政府办公厅职能转变协调处一级主任科员。

疫情的重要工作，实施立体化、全方位、多维度信息公开，为打赢疫情防控阻击战提供了有效支撑。

（一）法治化战"疫"，推进依法公开

1月25日和2月3日召开的两次中共中央政治局常委会会议都强调，要及时准确、公开透明发布疫情信息。深圳市严格按照中央部署，以法治建设保障疫情公开。做到有法可依。深圳市人大常委会专门制定《关于依法全力做好当前新型冠状病毒肺炎疫情防控工作切实保障人民群众生命健康安全的决定》，率先明确了此次疫情要"公开透明"的法治原则。做到有法必依。为真正从源头上防范重大公共卫生风险，切实保障人民群众的生命健康安全，深圳市制定出台《深圳经济特区全面禁止食用野生动物条例》，及时公布可食用动物名单，以清单式公开达到清晰准确、指引性强的管理效果。做到执法必严。发布《关于依法严厉打击新型冠状病毒感染的肺炎疫情防控期间违法犯罪的通告》，对拒不配合依法开展疫情防控工作的人员，依法严厉进行查处和打击。同时，公布疫情防控重点领域行政执法工作指引，第一时间为执法机关更新执法"导航图"。

（二）制度化战"疫"，推进规范公开

深圳市委常委会会议暨市新冠肺炎防控领导小组（指挥部）会议、市政府常务会议多次要求加大常态信息发布力度，及时、准确、全面发布疫情信息。深圳市在疫情防控初期即制定出台《关于规范疫情防控信息发布工作的通知》，以及时、规范、有效发布的疫情防控信息，推动全市疫情防控工作规范高效开展。一是做好信息发布的分级分类。坚持特事特办，涉及紧急信息发布的，第一时间请示汇报，确保信息发布时效性。涉及重大信息发布的，充分酝酿、科学评估社会影响，确保发布的政策措施精准恰当。涉外和涉港澳台等属上级事权事项，不得自行发布；确需发布的，严格按程序报上级有关部门批准。二是做好信息发布的隐私保护。严格落实《传染病防治法》要求，保护个人隐私和个人信息安全。除因疫情防控需要，向卫生健康等部门提供有关信息外，不得向其他机构、组织或者个人泄露有关信息，不得擅自在互联网散播相

关信息，造成严重后果的将依法追究责任。三是做好信息发布的有序引导。主动提供防疫信息咨询服务，通过密集发布告知书、倡议书、公告等方式，动员和引导广大市民、在深企业、在深人士和各级侨联组织、海内外侨胞、慈善组织、外商投资企业协会等社会力量参与全市疫情防控工作，做到全面部署、全域动员、全民行动，形成联防联控、群防群控的工作局面。

（三）立体化战"疫"，推进硬核公开

深圳市一手抓防疫信息，一手抓复工复产政策，打出制定政策、政策解读、发布指引等公开组合拳，努力破解疫情防控和经济社会发展"两难"问题。及时制定并发布《关于统筹推进疫情防控和经济社会发展工作的若干措施》和《关于深圳市应对新型冠状病毒感染的肺炎疫情支持企业共渡难关的若干措施》（以下简称"十六条"），重点围绕房租、用电、税收、社会保险、金融、人力资源管理、出口等方面，助力企业渡难关、谋发展，预计可为企业减负 600 亿元以上。为推动"十六条"惠企政策落地见效更快更实，深圳市及时开展政策解读，发布《深圳市属国企物业免租降费工作指引》《中小微企业贷款贴息项目实施办法》等多项实施细则，推出《深圳中小科技企业抗疫产品供应目录》，市财政公开发布安排疫情防控资金 19 亿元等，受到广大中小微企业的关注和响应。围绕提升中小企业复工复产期间的防疫防控水平，分类分批发布防控指引 60 余项，指导各类企业特别是中小企业落实疫情防控和安全生产两个主体责任，全面落实全员信息登记、重点人员管控、全员培训、应急处置等工作。

（四）数字化战"疫"，推进智慧公开

深圳市依托智慧城市和数字政府建设成果，将政府门户网站作为信息公开"第一平台"，全面运用微信、微博、APP、数据开放、热线服务、广播电视等各类公开平台，充分发挥大数据技术的数据统计处理功能，以高效畅通的信息提升整体防控能力。集成化功能。在"深圳政府在线"门户网站开设"抗击新冠肺炎深圳在行动"专区，集中展示防疫政策指引、疫情快讯、疫情动态等信息。开发上线"深 i 您—自主申

报”系统，在全国率先推出"深 i 您—健康码"，实时获取市民旅居、健康信息。依托"i 深圳"平台，集成开发"深 i 企"、口罩预约申领、平安在家及密接人员、病例轨迹查询等多种服务，实现"政策精准送、服务在线办、咨询智库帮"三大功能，全方位保障生产生活。数字化分析。开发"深圳市疫情大数据分析系统""深圳市新型冠状病毒疫情防控实时态势系统""深圳市疫情防控复产复工系统"，开展人口流入流出、疫情态势、联防联控、物资保障、复工复产等数据实时分析研判，实现信息全时态智慧管理。矩阵式平台。在深圳市政府数据开放平台上线全省首个地市级政府"疫情数据开放专区"，开发运行"深圳市抗击新型冠状病毒肺炎专利情报共享平台""深圳市创业创新金融服务平台'战疫'专区"，以矩阵式平台加强信息开放共享，最大限度满足了社会公众对疫情防控信息的需求。

（五）网格化战"疫"，推进精准公开

深圳市充分发挥基层治理和社会网格管理优势，全力推进疫情防控信息精准公开。横向＋纵向。围绕构建市、区、街道、社区、小区五级防控体系，出台《关于建立健全社区联防联控机制的若干措施》，通过设立宣传专栏、张贴海报、电子屏、微信群、手机信息推送等方式，把防控措施公开到社区小区"最后一公里"，实现了对全市 4882 个住宅小区、1880 个城中村围合封闭管理，全市未出现一例社区小区疫情扩散事件。同时，以网格为基础，精准服务区域人员，开展疫情防控"安心行动"、线上法律咨询等活动，及时准确把疫情防控的法律、政策、知识送达每个居民，形成"横向到边、纵向到底"的公开格局。一方面做到高频次发布，每日 9∶10、16∶10 两次通报疫情发展情况，并针对网传个案进行及时回应，政府信息几乎与网络信息"零时差"传播，挤压恐慌性言论空间。另一方面做到内容详细、病例翔实，每日通报内容包括新增病例、累计病例、重症数量、死亡数量、出院数量、密切接触者数量，以及确诊病例性别统计、各区分布、病例发病史和旅行史、病例间亲属关系等，纾解公众恐慌情绪。精准＋速度。在这场与病毒、与时间赛跑的战役中，深圳展现出先行示范区的责任担当，在保障疫情信息权威、准确的同时，创造了信息发布"深圳速度"，在全国率先详细发布确诊病例个案信息，率先公布病例发病期间曾经活动过的小区和场所，首次确诊省内新冠肺炎患者，首次发现省内"人传人"病例，首次在省内公布新冠肺炎临床诊疗方案，努力以响应速度取得制胜先机。

（六）定制化战"疫"，推进有效公开

深圳市充分利用信息化公开，全面推行线上政务服务，切实做到了疫情期间"政府不打烊，服务不断档"。明确"总基调"。印发《优化政务服务倡议书》，引导广大市民和企业更多通过广东政务服务深圳站、粤省事"小程序"、"i深圳APP"等非接触式办理方式，最大限度减少人员流动和聚集。打好"服务牌"。大力推行"不见面服务"，推行排污许可业务受理审核全流程无纸化，落实"五项业务远程办、六大功能新上线"的"非接触式"办税举措，在全市自助服务终端上线公安出入境、交警、户政、社保等44项社保业务等。化身"知心人"。深圳市12345政务服务热线开通"疫情防控专席"，累计受理涉新型冠状病毒肺炎问题工单约14万件，为市民、企业提供24小时全流程、个性化政策解读、咨询等服务。发布《关于做好在深工作外国人防控新型冠状病毒感染工作的温馨提示》，公布英、德、法、俄、日等多语种服务信息。

（七）社会化战"疫"，推进全面公开

信息发布是安定民心的最好方式。深圳市及时发布权威信息，回应群众关切，营造强信心、暖人心、聚民心的战"疫"氛围。媒体联动、突出效度。通过搭建央媒、省媒、本市媒体等多层次平台，强化战疫情、稳经济宣传报道，凝心聚力、提振信心。截至3月底，中央和省主要媒体刊播深圳疫情防控报道4000多篇（条），本市报纸刊发9000多篇，广播电视播发2万多条。全市各平台共开设相关专题话题43个，转载、发布有关信息约25万篇（条）。发布权威、突出力度。定期组织卫生防疫专家接受媒体采访，通报防疫工作进展情况。针对企业复工复产、深圳积极参与抗疫国际合作、严防境外疫情输入等社会关注热点，策划组织"深圳各区复工复产工作""深圳支持国际社会共同加强疫情

防控""学生返校专场""防控疫情境外输入工作"等疫情防控工作新闻发布会，掌握舆论主动权，及时协调处置涉疫情有害信息万余条。同时，重视政民互动、突出信度。开展多种形式的疫情防控知识宣传工作，引导市民增强防护意识，做好自我保护。同时，充分调动人民群众参与疫情防控的主动性、积极性，开设了公众申报和提供疫情线索等多种渠道，强化公众参与、社会监督。

二　全过程动态管理，完善公开内容

党的十八届四中全会通过的《中共中央关于全面推进依法治国若干重大问题的决定》，明确要求推进决策公开、执行公开、管理公开、服务公开、结果公开"五公开"。深圳市坚持以制度安排把政务公开贯彻政务运行全过程，确保权力运行到哪里，公开就延伸到哪里，推动政府运转更加阳光、透明、高效。

在决策环节，严格落实重大行政决策公众参与、专家论证、风险评估、合法性审查、集体讨论决定等程序，全面推行会议开放制度。目前，全市各区各部门均在政府门户网站发布本单位重大行政决策事项目录及听证事项目录，开设决策事项发布、建议征集专栏。

在执行环节，定期公开主要经济指标完成情况，严格落实行政执法公示制度，向社会公开行政执法主体信息、程序信息、事项清单、执法结果等数据，强化行政执法社会监督。2019 年，全市行政执法总量共4786.7 万宗，其中行政许可总量 2392.1 万宗。

在管理环节，扎实推进"双公示""双随机一公开"监管，建设一体化"互联网＋监管"平台，强化信用体系建设。目前，全市随机抽查事项清单、抽查检查结果均在政府门户网站向社会公示，社会公众可在线查询全国 3000 万家企业、8000 万种产商品信息，实现了监管范围全覆盖、监管程序全透明。

在服务环节，坚持政务公开和政务服务深度融合，对全市政务服务事项 10083 项的名称、设立依据、申报材料、办理程序等内容进行全流程公开，实现信息公开共享和业务联动办理。2019 年行政许可事项办理时限压缩比（承诺办理时限/法定办理时限）由 2018 年的 41.32% 提升到 74.47%。

在结果环节，坚持每年向市人大报告市本级预算执行及其他财政收支审计、绩效审计工作报告反映问题的整改报告并向社会公布，及时主动公开建议提案办理情况。2019 年，全市共公开 811 件人大代表建议和 431 件政协提案、办理复文及工作清单，公开审计工作报告及项目审计结果公告 116 篇。

三　全领域规范运行，保障公开质量

政务公开进入新时代，关键要让群众有更多的获得感、更高的满意度。深圳市围绕各领域的公开内容、标准、方式，着力推进政务公开制度化和标准化，不断提升政府信息供给质量。

政务公开规范化建设。根据新修订的《中华人民共和国政府信息公开条例》，深圳市健全完善政务公开工作制度机制，构建公开工作规范化体系。一是完善制度建设。深入学习和宣传贯彻新修订的《条例》，及时修改完善政府信息公开指南、依申请公开工作程序等相关配套措施，健全公文发文与政策解读同步审核制度、数据分析研判制度以及政务公开工作考核制度、社会评议制度和责任追究制度等。二是加强管理。健全政府信息主动公开工作机制，从市、区、街道三个层级完善公开基本目录，重新梳理各领域主动公开事项，明确公开内容、责任主体、规定时限、平台方式。三是注重规范运作。重点围绕"三大攻坚战"、深化"放管服"改革、重点民生、财政信息等领域，对照国家、省各相关领域的公开标准和要求，研究制定公开规范，细化公开举措，各重点领域信息公开工作扎实开展。四是实行台账管理。建立规范性文件公开台账，及时公开全市规范性文件、规范性文件解读、规范性文件公开征求意见及意见采纳情况、规范性文件审查审核数据"三统一"（统一登记、统一编号、统一发布）目录，汇编规范性文件管理制度等台账信息，实现地方政府规章目录和文本动态化、信息化管理。

政务公开标准化建设。始终坚持标准引领，通过"编清单，立标准，建系统"，确保公开内容标准清晰实用。清单方面，围绕与群众关系密切的行政权力和公共服务内容，组织编制并发布权力清单、责任清单、行政事业性收费清单、财政专项资金清单、建设项目环保分类管理清单、市场准入负面清单、证明事项清单以及中介服务事项清单。标准方面，适时对接国务院部门制定的试点领域基层政务公开标准指引，结合罗湖区开展全国基层政务公开标准化规范化试点成果的推广应用工作，推动编制区级政务公开事项标准目录。南山区、龙华区、坪山区、光明区、大鹏新区公开标准化的经验做法在国办公开办主办的《政务公开工作交流》刊登推广。系统方面，建立公开事项目录管理系统，对公开目录事项进行数据同源、同步更新、动态调整。

四　全平台拓宽渠道，优化公开方式

深圳市主动顺应互联网和大数据时代新形势、新要求，大力推进各类政务公开平台建设，持续提升政务公开的信息化水平，逐步实现"互联网+政务公开"。

建好政府网站第一平台。围绕建设全国一流政府网站的目标，深圳市认真做好市政府门户网站的管理和运行维护工作，通过政务咨询刷脸办事、政务机器人、无障碍浏览等方式，提升用户体验功能，"手机查询档案""政府在线门户网站优化升级"等十余条做法被中国政府网引用，在清华大学国家治理研究院发布的《2019年中国政府网站绩效评估报告》中，深圳市政府网站居副省级城市政府网站第一名。优化升级英文版网站，设置9大频道、31个一级栏目、34个二级栏目，日均访问量达30576次，较上线初期增长50%，信息广度深度、国际化便利度方面居全国前列。

规范政务新媒体新平台。根据国家、省里部署要求，深圳市主动建立健全政务新媒体组织领导和工作机制，制定出台《深圳市推进政务新媒体健康有序发展管理办法》，通过规范化、标准化、信息化的政务新媒体建设、应用管理及服务保障，全市政务新媒体从2018年的1800多个集约整合为261个，其中政务微信公众号104个，政务微博56个，其他政务新媒体94个，移动APP 7个，集约整合力度和进度均在全省、全国前列，"深圳微博发布"微博公众号关注用户数突破239万，"深圳卫生监督"微信公众号阅读量超345万，"深圳交委"荣获交通运输部"十佳政务微信公众号"称号，政府网上履职能力持续提升。

用好新闻发布权威平台。严格执行《深圳市人民政府新闻发布工作办法》，围绕重大决策部署、重点工作、重要活动和社会关注的热点问题，通过召开突发事件新闻发布会、常规工作媒体见面会、专项情况通报会等多种形式，及时准确发布权威信息，把党和政府的声音传播好。2019年，深圳市政府新闻发布厅共组织召开中国国际金融展、APEC中小企业工商论坛等39场（次）新闻发布会。

优化政务热线咨询平台。深圳市12345政务服务热线围绕"市民只需要打一个电话，就能得到统一、规范、精准的政府电话服务"目标，设立营商环境服务专席，整合优化热线系统，2019年接话量902万，已达整合运营前（2008—2017年）平均接话量的11倍，在全国政务热线发展高峰论坛暨年度颁奖典礼上摘得"最佳管理效率奖""金音奖中国最佳客户联络中心奖"。出台《深圳市政务服务"好差评"实施办法（试行）》，加强12345政务热线系统建设和大数据分析利用，全市咨询投诉体系不断优化升级。

办好政府公报法定载体。早在2000年，深圳市就以政府令的形式确定《深圳市人民政府公报》作为市政府及部门规范性文件的统一发布载体。深圳市围绕打造权威、规范、便民的政府公报，建立健全公报报送、清样、复核、出刊等工作机制，积极推进历史公报数字化和区级政府创办公报工作。2019年，《深圳市人民政府公报》共出版47期，发布342个文件，发行28万份，实现区级政府公报"全覆盖"。

五　全维度构建体系，拓展公开深度

新时代政务公开，要求公开方式从过去单向的静态的信息发布转变为双向的动态的政民互动，更加注重扩大公众参与，充分发挥公众在参与政务和管理事务方面的积极作用。深圳市着力构建解读、回应、互动、开放"四位一体"的公开体系，努力让群众了解政策内容、理解施政目标、参与执行过程，最大限度增进社会协同协作。

在政策解读方面，深圳市坚持政策文件与解读材料同步起草、同步审签、同步发布，明确解读主体、范围、分工及程序，着力建设"引导预期、同步解读、跟踪评估"的全链条政策解读工作机制。深圳市围绕建设中国特色社会主义先行示范区、智慧城市建设等主题，通过发表文章、接受媒体采访、新闻发布会等方式，深入浅出地宣传讲解政策，在深圳政府在线开设在线访谈栏目，每年定期邀请有关负责人在线解读政策 200 余期，增强政策解读的时效性、亲和力。

在回应关切方面，深圳市着力加强政务舆情回应的制度建设，不断健全政务舆情收集、会商、研判、回应、评估机制，对于公众普遍关切的民生问题，特别是就学就医、住房保障、安全生产、防灾减灾救灾等领域的热点舆情，按照"对涉及特别重大、重大突发事件的政务舆情，最迟应在 5 小时内发布权威信息，在 24 小时内举行新闻发布会，对其他政务舆情应在 48 小时内予以回应"的要求，主动讲清楚问题成因、解决方案和制约因素，积极回应社会关切。2019 年，在"深圳政府在线"开展民意征集调查 503 期，收到意见 10060 条，公布调查结果 501 期。

在政民互动方面，坚持问政于民、问需于民，将政民互动作为扩大政务公开参与的基础，在政府门户网站开设给市长写信、网上信访大厅、网络问政平台等政民互动板块，推出民生实事、优化营商环境等服务专栏，主动为公众参与政务、管理事务创条件、搭平台、清障碍。2019 年市级信访总量 29700 件（批），其中网上信访 12211 件，信访投诉事项均及时受理、按期办结。

在数据开放方面，深圳市出台了《2019 年度政府数据开放计划》，依托省政府数据开放平台新增开放数据集 461 个，排名全省第一。目前政府数据开放平台已涉及教育科技、交通运输、文体休闲、财税金融、"三农"服务、劳动人事、政府机构、企业服务、公共安全、生态文明等 14 个领域，共开放 1584 类目录 2.5 亿条数据。2019 深圳数据开放应用创新大赛成功举办，共吸引国内名校、研究机构以及大数据从业创业公司等团队 1216 个参赛，打造成深圳市"数字政府"建设又一张亮丽名片。

六 全流程优化服务，提升公开实效

深圳市通过深化政务公开，把公开的要求贯穿于政务服务各个环节，使公开与服务相互促进、相得益彰，不断提升政务服务的规范化、精准化、智能化水平。

推出统一政务服务"i 深圳"。"i 深圳"APP 上线一年多来，累计整合近 4700 项政务服务事项、居全国前列，推出企业服务专区、政府办事"好差评"等一系列新举措，98% 的行政审批事项实现网上办理，94% 的行政许可事项实现"零跑动"，企业和个人政务办事需提交的材料减少 70%，累计注册用户数 668.9 万，日均访问量超过 200 万人次，被中国信息通信研究院评为 2019 年新型智慧城市十大典型示范案例。

创新政务服务举措。在全国率先开展"秒批"改革，创新性地提出了网上申请、后台无人干预全自动数据比对、审批结果秒出的"秒批"模式，打造了政务服务效率的"最高标准"。目前，深圳已在人才引进、高龄津贴申请、商事登记、网约车/出租车驾驶员证申办等近 200 项量大高频事项实现了秒批。首创"无感申办"模式，实行 448 项"不见面审批"、1363 个"一件事一次办"服务，探索"金融 + 政务"模式，推出"午间延时服务""容缺收件模式"等一批标志性的改革举措。

提升政务服务水平。全市政务服务事项全面进驻各级行政服务大厅，全面实现"一门进驻、集中办理、受审分离"，综合受理率达 93.4%，居全国前列。市、区、街道、社区所有政务服务事项除涉密事项外均实现网上查、网上问、网上报、网上办、网上评，上网办理率达 100%。建设一体化自助服务终端系统，全市已部署 381 台自助服务终端机，涵盖 31 个部门的 835 项行政审批业务及 26 项便民服务。围绕高频办事需求，将服务主题涉及的所有办事事项进行流程优化和重构，目前已推出 1134 个高频主题服务。

青岛西海岸新区建设三大平台加强
精准监管深化政务公开的实践探析

周晓辉　梁　磊[*]

摘　要： 推行政务公开，是政府服务人民、依靠人民，对人民负责、接受人民监督的制度安排。随着新时代政务公开的不断深化，政务公开功能作用不断增强，政务公开作为新型监管手段得到广泛应用。青岛西海岸新区作为国务院批复的第九个国家级新区，以政务公开为强有力的抓手，树立平台思维，推进闭环治理，探索打造风险预警平台、"双随机、一公开"监管平台、信用公示平台"三大平台"，在精准监管、协同监管、政务公开等方面全面发力，打造事中事后监管"升级版"，切实提高了市场监管效能，持续优化新区营商环境，有力地促进了新区市场监管和服务效能的双提升。

关键词： 三大平台　精准监管　协同监管　政务公开

一　引言

2014年6月3日，青岛西海岸新区获国务院批复设立，成为第九个国家级新区，肩负着经略海洋等国家战略使命。新区陆域面积2128平方公里，海域面积5000平方公里、海岸线282公里；区内有十大功能

---

* 执笔人：周晓辉，青岛西海岸新区管委办公室政务公开科科长；梁磊，青岛西海岸新区市场监管局改革办主任。

区、23 个镇街、1228 个村居，总人口 211 万。2019 年，新区抢抓自贸试验区青岛片区落地建设机遇，全力攻坚"15 个攻势"，加快推进新一轮高质量发展，经济社会各项工作保持了良好的发展态势，综合实力稳居 19 个国家级新区前三。全年完成地区生产总值 3554.4 亿元，增长 5.7%；实现一般公共预算收入 268 亿元，其中税收占比 81.2%；固定资产投资增长 32.1%；实际利用外资增长 18%，外贸进出口增长 16.3%。对全市投资增长贡献率达到 42.8%。

2019 年，青岛西海岸新区政务公开围绕经济社会发展大局，不断优化公开平台，持续深化公开内容，加强行政权力监督制约，切实增强群众对政务公开的参与度、获得感，助力提升国家级新区软实力和综合竞争力。一是紧扣中心大局，构建政务公开新体系。把政务公开作为推动政府职能转变的关键，成立管委办公室政务公开科，写入"三定"方案，配齐专职人员，落实岗位责任。围绕"双招双引"、优化营商环境、自贸区设立等新区重点工作，建立中小企业发展暨投资政策会、双招双引政策新闻发布会等公开制度。建立"由上而下"的顶格协调推进机制，减少决策层级和环节，及时研究解决存在问题，最大限度提质增效。二是树立平台思维，打造政务公开新亮点。巩固政府网站传统平台，做好重点领域信息公开，公开数量、公开深度创历年新高。精心打造政府常务会议、政策解读、区办实事、重大建设项目等 13 个专题栏目，实现政府常务会议和政府公文 100% 政策解读，市民、媒体及利益相关方列席政府常务会议常态化。拓宽新媒体平台，依托区级"青岛西海岸发布"，连同 91 个部门、镇街微博、微信账号，立体、全方位打造政务新媒体矩阵，实时发布权威政务信息、提供便民政务服务。在 23 个镇级便民服务大厅设置政务公开体验区，打通政务公开服务基层群众的"最后一公里"。三是坚持民需导向，开创政务公开新格局。积极推动公开内容亲民化。对区级重大行政决策的事项公开征集公众意见，按季度公开 31 件重点办好的城乡建设和改善人民生活方面的政府实事进展情况，对 728 件人大建议、政协提案进行面复并公开办理结果。全年围绕群众关注的食品安全、政务服务、交通出行等主题，开展"透明工厂"体验日、地铁开放日、政务服务零距离体验行等活动 24 次，汇集群众意见，使民意真正转化为政府的科学决策。

青岛西海岸新区共有市场主体28.5万户，占青岛市的近五分之一；共有食品药品生产经营单位3万余家，占青岛市五分之一多；特种设备总数5.97万台（件），占青岛市三分之一；2019年，处理消费投诉举报3.7万余起，查办案件1200余起。同时，过去市场监管领域或多或少存在多头重复检查、检查过多过滥、随意任性执法等问题，增加了企业负担，也为监管留有寻租空间。如何适应市场监管改革的新形势、新要求，大力推进依法行政和政务公开透明，是摆在市场监管部门面前的重大课题，优化市场监管新模式，探索市场监管新机制，显得尤为重要。

二　打造"三大平台"，完善公开机制

随着新时代政务公开的不断深化，政务公开功能作用不断增强，政务公开作为新型监管手段得到广泛应用。机构改革后，面对食品药品安全、特种设备安全、工业产品质量"三大安全"监管风险压力，针对监管形势复杂、监管风险易发多发、监管手段单一、监管力量不足等困难和矛盾，青岛西海岸新区市场监管局发扬"先行先试、善作善成"新区精神，坚持问题导向、务实管用原则，探索打造风险预警平台、"双随机、一公开"监管平台、信用公示平台"三大平台"，以政务公开作为强有力的抓手，保障执法公开透明，显著提升监管效能。

风险预警平台是将原工商的消费投诉应急指挥中心和农贸市场视频巡查系统、原质监的特种设备监管平台、原药监的食品药品投诉举报中心、电子监管中心、"明厨亮灶"视频系统、药械生产、经营、使用单位巡查系统进行整合，搭建"风险预警平台"，对市场监管领域内的风险点进行预警、研判和处置。

"双随机、一公开"监管平台是依托国家企业信用信息公示系统（协同监管平台——山东）和青岛市"双随机、一公开"监管平台，在完成"规定动作"即上级业务主管部门统一开展的"双随机、一公开"检查的同时，将风险预警平台推送的风险点进行精准监管，检查结果通

过"双随机、一公开"监管平台进行公示。

信用监管平台是打造了首家全国县区级商事主体信用信息公示平台，同时利用国家企业信用公示系统，对市场主体信用数据实现数据纵向贯通、横向失信联合惩戒和互联网公示，推进信用共治到位。

（一）多渠道汇集公开信息，集约化分析数据，打造风险预警平台

在风险预警平台设立了综合视频、质量监管、食药监管、市场监管和综合研判5个岗位，负责对风险信息的收集、研判和分办。借助"视频亮化"系统，实现对新区78家食品药品生产企业、17个农贸市场、80家药品销售企业、60个学校食堂、175家餐饮企业的实时监控，以便及时发现、解决问题。同时，综合分析日常检查、专项整治、稽查办案、媒体舆情、投诉举报、监督抽检中发现的问题，形成风险点内外监控模块，及时收集汇总、研判处理。

1. 加强内部风险巡查信息收集

利用风险预警平台系统进行实时监控，安排食品生产、餐饮、特种设备、农贸市场、校园食堂等各业务科室人员轮流开展视频值班，将发现的轻微问题作为风险点，即时转至各市场监管所办理，对重大疑难情况，科所联动处理。同时，将各责任部门重点监管、专项整治、稽查办案等发现的问题，加入到内部风险信息汇集。

2. 加强外部风险信息汇集

将投诉举报、上级转办、监督抽检、媒体曝光、舆情监控发现的问题，作为风险排查的重要外部线索来源和获取渠道，积极对接区公众投诉受理处置指挥中心，发挥各片区网格员作用，及时汇总市场监管领域风险信息，分行业、分环节、分领域、分时段，定岗、定人、定责，定期进行隐患排查和汇总，实现风险隐患排查的经常化、制度化、责任化。通过西海岸新区公众投诉平台和西海岸政务网及时将投诉的处理结果、行政执法情况、产品抽检情况、案件办理情况等进行公开，使行政权力公开透明运行，保障群众知情权、参与权、表达权、监督权。

（二）坚持公开规范透明，促进"阳光执法"，打造"双随机、一公开"监管平台

1. 实行抽查事项清单管理

严格执行山东省、青岛市制定的随机抽查事项清单，明确抽查依据、抽查主体、抽查内容、抽查方式等。随机抽查事项分为"一般检查事项"和"重点检查事项"。"重点检查事项"针对涉及安全、质量、公共利益等重要领域，抽查比例不设上限；抽查比例大的，可以通过随机抽取的方式确定检查批次顺序。"一般检查事项"针对一般监管领域，抽查比例应根据监管实际情况设置上限。随机抽查事项清单根据法律、法规、规章修订和工作实际情况等进行动态调整，做到"照单检查"，避免检查随意性。随机抽查事项清单全部通过西海岸新区政务网站和"双随机、一公开"监管平台向社会公开，切实提高社会公众对抽查事项的知晓度，接受社会监督。

2. 统筹制订抽查计划

结合部门监管实际及行业主管部门的抽查要求，坚持问题导向，本着统一组织、均衡开展、全面覆盖的原则，统筹制订部门内部年度抽查计划和由本部门发起的部门联合年度抽查计划。年度抽查计划涵盖省、市政府相关部门制定的本系统随机抽查事项清单以及全省统一的市场监管领域随机抽查事项清单，并根据工作实际动态调整，防止多层重复检查。

3. 科学实施抽查检查

根据年度抽查工作计划，依托"双随机、一公开"监管平台，通过公开、公正的方式从检查对象名录库中随机抽取检查对象，并根据实际情况随机匹配执法人员。抽查采取实地核查、书面检查、网络监测等方式；涉及专业领域的，委托有资质的机构开展检验检测、财务审计、调查咨询等工作，或依法采用相关机构作出的鉴定结论。

4. 强化抽查检查结果公示运用

按照"谁检查、谁录入、谁公开"的原则，将抽查检查结果通过国家企业信用信息公示系统和新区商事主体信用信息公示平台进行公示，接受社会监督。实现抽查检查结果政府部门间互认，促进"双随机、一公开"监管与信用监管有效衔接，对抽查发现的违法失信行为依法实施

联合惩戒，形成有力震慑，增强市场主体守法自觉性。

（三）多部门协同，智能化分类，打造信用公示平台

1. 完善信用信息归集公示机制

贯彻"公示即监管"的理念，认真落实《企业信息公示暂行条例》等法律法规，建立信用信息归集横向、纵向双路径，为后期的信用信息应用和精准监管提供支撑，推进信用信息归集、共享、公示、应用工作。横向归集，充分发挥新区商事主体信用信息公示平台作用，归集并公示区应急局、区综合执法局、区人民法院、区人民检察院、海关等34个政府监管部门依法履职过程中产生的行政许可、行政处罚信息等市场主体信用信息，逐步形成一个市场主体名下，归集各类信用信息的模式，并通过互联网向社会公示。纵向归集，按照系统上级内部各业务条线信用信息的归集工作要求，及时公示"双随机、一公开"抽查结果、经营异常名录信息、严重违法失信企业名单信息等信用信息，并通过互联网向社会公示，方便社会监督和多方共治，提升信用监管的威慑力，让守信者畅行天下，失信者寸步难行。

2. 健全信用风险分类监管机制

信用信息公示平台以归集的行政许可和监管信息为基础，对市场主体实现信用风险类别智能化管理，平台按照市场主体信用信息录入类别采用自动划分模式，实时进行自动分类和调整，信用风险分为A、B、C、D四个类别自动分类标注，分别对应正常、警示、失信和严重失信企业。根据信用风险分类监管结果，把失信企业和严重失信企业作为重点监管对象，同步推送到风险预警平台和"双随机、一公开"监管平台，列为重点风险监测对象，纳入下次"双随机、一公开"监管重点检查名录。同时，对于列入严重违法失信企业名单的法定代表人、股东信息进行综合分析比对，将与其相关联的其他企业纳入风险预警和"双随机、一公开"监管范围，重点检查。

3. 建立多部门协同监管机制

加强与风险预警平台、"双随机、一公开"监管平台融会贯通、信息共享，有效整合、充分运用企业信用数据，加强跨部门数据关联比对分析，对"双随机、一公开"抽查检查、重点监管、风险预警、大数

据监测等发现的违法失信行为，通过商事主体信用信息公示平台推送给相关部门，实现信息共享，及时掌握市场主体经营行为、规律与特征，有针对性地对企业实施不同的管理措施，提高监管的针对性、实用性、前瞻性和有效性，提高科学决策和风险预判能力，促进部门间协同监管、信用约束和联合惩戒。

三　提升监管效能，"三大平台"建设成效明显

大力改善营商环境，监管规则和标准既要严谨周密，又要简洁透明。规则和标准越透明，市场主体就越容易遵从，监管执行就越有力有效，市场竞争就越公平公正。"三大平台"建设，增强了企业信用意识和自我约束力，实现由企业对政府负责向对社会负责、由政府监管向社会共治的转变，在探索实践中，已经初见成效，并得到国家、省、市上级业务主管部门的认可。

（一）风险信息归集进一步完善

自风险预警平台运行以来，西海岸新区市场监管局共制发《风险预警信息统计周报》21 期，累计汇集风险预警信息 1821 条，其中，内部风险巡查收集中实时监控 1384 条、科室分析 79 条、执法发现 23 条，外部风险信息汇集中投诉举报 332 条、媒体舆情 3 条，主要分布在餐饮服务、药品流通等领域。风险信息及时通过微信群、告知单等形式下发到各监管单位，实现风险信息共享，各市场监管所和执法单位根据风险转办情况，及时督促整改，有效维护了市场秩序。

（二）"双随机、一公开"监管进一步优化

改变以前"大水漫灌"式巡查和随意检查方式，通过公开随机检查事项清单，随机抽检查对象和执法人员，面向社会公开检查结果，使检查更加公平公正，促使企业自我约束、诚信守法经营。完善了"双随机、一公开"监管平台检查人员库、检查对象库，有效提供技术支撑体系。对市场主体、产品、经营行为以及一般和重点事项科学分类，形成

不同对象模块，建立检查对象库。抽查任务分配后，组织各执法单位联合开展"双随机、一公开"检查，实现"进一次门，查多项事"，减少多头重复执法，减少对企业的干扰。2019 年，青岛西海岸新区市场监管局共开展了 19 个批次的"双随机、一公开"检查，随机抽取市场主体 7421 户，随机匹配执法人员 14842 人次。同时加大"双随机、一公开"相关信息公开力度，公开随机抽查事项清单 23 项，公开检查结果 7421 次，进一步增强了政府的公信力和执行力。

（三）信用公示进一步规范

打破数据"孤岛"状态，打造县级商事主体信用信息公示平台，横向归集 34 个成员单位的信用数据，形成较为完整的企业"画像"。同时，积极利用国家企业信用公示系统，实现数据纵向贯通，开展失信联合惩戒和全网公示，推进信用共治。截至目前，新区信用信息公示平台社会访问查询量达到 1170 多万次，向社会公示全区 28 万余户在营市场主体的基础信息，公示各部门涉企行政许可、行政处罚等信用信息 16 万条。2019 年，将 2.1 万余条经营异常名录信息通过国家企业信用信息公示系统进行公示，对列入经营异常名录的市场主体通过国家企业信用信息公示系统公示，在政府采购、工程招投标、国有土地出让、授予荣誉称号等工作中，依法予以限制或者禁入。

（四）"三大平台"进一步互联互通

通过风险预警平台发现的轻微类问题，及时提醒指导，责令限期改正，一般不予处罚，让服务走在监管前面；通过"双随机、一公开"平台开展随机抽查，做好执法检查"双向评价"，把评价监督权交给企业，保障执法公开透明；通过信用公示平台发挥信用约束和部门横向联合惩戒，促进企业主动守法规范经营，同时信用公示平台也为企业经营合作活动和群众日常消费提供查询的机制，使社会共享改革成果。"双随机、一公开"检查结果录入信用公示平台后，实时进行信用风险自动分类标注，分为 A、B、C、D 四类，分别对应无任何不良信息、存在不良警示信息、存在行政处罚信息、存在黑名单信息。根据信用风险分类结果，把 C、D 两类企业作为重点监管对象和风险监测对象，推送到风险预警平台和"双随机、一公开"监管平台，纳入下次"双随机、一公开"检查名录，并开展"回头看"确保整改到位，"三大平台"实现信息共享，形成工作闭环。

同时，举一反三，对于列入严重违法失信企业名单的法定代表人、实际控制人信息进行综合分析比对，将与其关联的其他企业纳入风险预警监管范围，重点检查。2019 年，已将 13 家黑名单企业法定代表人、股东关联的 23 家企业纳入风险预警监管范围，实施重点检查。

四　建设"三大平台"深化政务公开工作启示

首先，建设"三大平台"，优化营商环境是目标。随着社会主义市场经济的不断完善，不少地方转变理念，从过去强调打造释放优惠政策红利的"洼地"转变为更注重打造公平竞争营商环境、放心优质消费环境的"高地"。既要简政放权，也要通过完善事中事后监管建立公平竞争的市场秩序，切实做到明规矩于前，画出红线、底线，让市场主体知晓行为边界，营造公平竞争的市场环境。

其次，建设"三大平台"，实现精准监管是关键。具体而言，把"互联网＋"、大数据分析融入监管模式创新，构建"易掌握、易操作，用得好、管得住"的监管平台，解放一线执法力量，腾出更多精力实施精准监管，确保"监管打在痛处、服务帮在实处"。

最后，建设"三大平台"，构建信用共治是核心。在推进"使市场在资源配置中起决定性作用和更好发挥政府作用"的进程中，发挥商事主体信用信息公示和失信联合惩戒的作用，至关重要。

下一步，青岛西海岸新区将继续深化市场监管领域政务公开，特别是优化对监管规则和标准的公开，实时予以更新，提供在线检索、离线下载等延伸服务，不断提高公开质量、优化公开后的服务。更好助力市场监管能力提升，继续发挥政务公开在监管中的作用，以公开强化监管，既要通过政务公开加强对监管部门监管行为的监督，又要通过企业信息公示加强对市场主体生产经营活动的监督，打造公平诚信的市场秩序。

第三编

政务公开的相关制度

中国地方保密立法 30 年：
历史、现状与展望

保密法与信息公开调研课题组[*]

摘　要：保密法实施 30 年来，各省区市根据当地实际，制定出台近 100 部保密地方性法规、政府规章和规范性文件，在涉密人员、保密资质、案件查处等方面多有创新。但也存在发展不平衡不稳定、清理不及时、内容陈旧、低水平重复、准用性条款过多、存在感不强等问题，亟须从国家和政策层面予以改进。

关键词：保密立法　地方立法　制度创新　改进建议

一　引言

我国是世界上少数几个专门颁布保守国家秘密法（以下简称保密法），并将保守国家秘密作为公民和人大代表义务写进宪法（第五十三条、第七十六条）的国家。作为维护国家秘密安全的基本法律，保密法直接关系国家安全和利益，一向被视为国家安全法律体系的重要组成部

　＊　课题组负责人、统稿：张群，中央民族大学法学院助理教授，中国网络与信息法学研究会理事。杨薇、栗媛收集整理了大部分资料。蒋怿旻（安徽）、来拉（新疆）、蓝光源（江西）、梁文欣（广西）、栗媛（广东）、梁雨丰（河北）、刘桂川（上海）、马洋洋（河南）、任伯虎（北京）、王川川（西藏）、王慧萍（保密资质）、王昕忆（宁夏）、向佳钰（湖南）、杨静怡（湖北）、杨薇（内蒙古）、曾彬彬（海南）撰写了有关省区市保密立法调研报告。执笔人：陈珊珊、杨薇。除陈珊珊为金城出版社有限公司编辑外，其他成员均为中央民族大学法学院本科生或者研究生。

分。同时，又因为国家秘密直接关系信息公开的范围和力度，保密法也被视为国家信息法律体系的重要组成部分，在国家治理体系和治理能力建设中有着较为突出的地位和作用。①

由于保密工作的特殊性以及历史发展等各种因素，在我国保密法律制度中，地方立法亦占据着重要地位，不仅在数量上远远多于国家立法，在立法层次上也不逊于国家立法。自 1989 年保密法实施 30 多年来，国家层面仅 1 部法律（保密法）、② 1 部国务院行政法规（保密法实施条例）、③ 不足 10 部部门规章，④ 但各省和一些较大的地级市先后颁布保密方面的地方性法规 4 部、政府规章 20 部、规范性文件 70 多部。

地方立法不仅为保密法的贯彻落实提供了嫁接和支撑，还结合当地实际，尝试诸多制度创新，为保密事业发展提供了不可或缺的制度支持和法律保障。但是，目前地方保密立法普遍出现陈旧滞后、发展不平衡、低水平重复、存在感不强等问题，近年更有 9 部地方性保密法规和政府规章先后废止。在全面依法治国的新形势下，地方立法资源日趋稀缺，若不抓紧改造升级，剩下的十余部地方法规和政府规章极可能再度遭遇废止的命运。这不仅是立法资源的莫大浪费，也不利于国家保密事业的健康发展。

但在国内保密立法研究中，普遍重视中央和国家层面立法，较少关注和研究地方立法。⑤ 本文尝试对地方保密立法作一初步梳理和研究，

---

① 周汉华：《〈保守国家秘密法〉修改述评》，《法学家》2010 年第 5 期。

② 《保守国家秘密法》，1988 年 9 月 5 日第七届全国人民代表大会常务委员会第三次会议通过、1988 年 9 月 5 日中华人民共和国主席令第 6 号公布、1989 年 5 月 1 日起施行。

③ 《中华人民共和国保守国家秘密法实施办法》1990 年 4 月 25 日国务院批准、1990 年 5 月 25 日国家保密局发布，修订后的《中华人民共和国保守国家秘密法实施条例》2014 年 1 月 17 日国务院令第 646 号公布，自 2014 年 3 月 1 日起施行。

④ 主要有《国家秘密定密管理暂行规定》（2014 年 3 月 9 日国家保密局令 2014 年第 1 号）、《科学技术保密规定》（2015 年 11 月 16 日科学技术部、国家保密局令第 16 号）、《保密事项范围制定、修订和使用办法》（2017 年 3 月 9 日国家保密局令 2017 年第 1 号）、《泄密案件查处办法》（2017 年 12 月 29 日国家保密局令 2017 年第 2 号）。

⑤ 例如林爱珺《基于知情权的国家保密制度研究》，《新闻理论》2008 年第 1 期；王锡锌《政府信息公开语境中的"国家秘密"探讨》，《政治与法律》2009 年第 3 期；章剑生《政府信息中的"国家秘密"——〈政府信息公开条例〉中的"国家秘密"之解释》，《江苏大学学报》2012 年第 6 期；郑春燕《政府信息公开与国家秘密保护》，《中国法学》2014 年第 1 期。

希望可以为保密法制建设和保密工作提供一些参考。

　　本文考察时间范围为 1989 年 5 月 1 日保密法实施至 2019 年 12 月 31 日。所据资料均来源于各省和地级市人民政府、保密局等官方网站。① 由于保密工作的特殊性，一些规范性文件属于内部或者涉密，未对外公开，故本文的研究仍然只能说是初步的。

二　地方保密立法的总体情况

　　依据《立法法》和《规章制定程序条例》有关规定，我国地方保密立法大致可以分为三个层次，一是地方人大常委会制定的地方性法规，二是地方政府制定、以政府令形式发布的政府规章，② 三是地方政府和保密局制定的规范性文件。前两种一般是关于在当地贯彻保密法的综合性规定，内容比较全面，法律位阶高，适用广泛，但规定比较原则；第三种是关于保密工作某个方面的一些具体规定，比如涉密人员管理、涉密工程管理、定密管理等，其中许多规定属于规范性文件，法律位阶不高，有些属于内部甚至涉密文件，不对外公开，但实操性强。据公开资料统计，自 1989 年 5 月 1 日保密法实施以来的 30 年间，共计颁布 24 部地方性法规和地方政府规章、废止 9 部、现行有效 15 部。具体情况如下。

　　在地方性法规层次，先后制定出台 4 部、废止 1 部、现行有效 3 部。其中省级 3 部，分别是《北京市实施〈中华人民共和国保守国家秘密法〉若干规定》（1996 年颁布、2016 年修订）、《湖南省实施〈中华人民共和国保守国家秘密法〉若干规定》（1995 年颁布，2012 年修订）、《云南省保守国家秘密若干规定》（1996 年颁布，未修订）；较大

---

　　① 目前国家保密局（http://www.gjbmj.gov.cn）和各省区市保密局基本都有自己的网站，但除了广东等少数省以外，大部分省保密局网站的政策法规公开工作普遍不够全面、及时，有的甚至一片空白。
　　② 2002 年 1 月 1 日开始实施的《规章制定程序条例》（国务院令第 322 号）第二十九条、第三十条规定，地方政府规章应当以政府令形式公布。但对一些 20 世纪 90 年代制定、并未以政府令形式公布的规范性文件，后来以政府令形式修订颁布的，本文亦算政府规章。

的市 1 部，黑龙江省《哈尔滨市保守国家秘密规定》（2002 年颁布、2004 年修正、2015 年废止）。

在政府规章层次，先后制定出台 20 部、废止 8 部、现行有效 12 部。其中省级 17 部，分别是《黑龙江省实施〈中华人民共和国保守国家秘密法〉细则》（1991 年发布、2012 年修正、2016 年废止）、《辽宁省实施〈中华人民共和国保密法〉细则》（1992 年发布、2017 年废止）、《内蒙古自治区保守国家秘密法实施细则》（1994 年发布、2010 年修订）、《河北省保守国家秘密实施细则》（1995 年发布，2011 年、2013 年修订，2018 年废止）、《河北省经济信息保密办法》（1995 年发布，1998 年、2007 年修订，2018 年废止）、《安徽省保密管理实施细则》（1994 年发布，2016 年修正为《安徽省保守国家秘密实施细则》）、《浙江省实施〈中华人民共和国保守国家秘密法〉细则》（1995 年发布、2010 年废止）、《湖北省实施〈中华人民共和国保守国家秘密法〉细则》（1991 年发布）、《陕西省实施〈中华人民共和国保守国家秘密法〉细则》（1991 年发布、2014 年修订、2018 年废止）、《河南省实施〈中华人民共和国保守国家秘密法〉办法》（1992 年发布、2016 年修订）、《广东省保守国家秘密实施细则》（1991 年发布）、《宁夏回族自治区〈中华人民共和国保守国家秘密法〉实施细则》（1994 年发布、2010 年修正）、《新疆维吾尔自治区〈保守国家秘密法〉实施细则》（1992 年发布、1997 年修订）、《西藏自治区实施〈中华人民共和国保守国家秘密法〉细则》（1992 年发布）、《贵州省保守国家秘密实施细则》（1992 年发布，2004 年、2008 年修正，2019 年废止）、《云南省实施〈中华人民共和国保守国家秘密法〉细则》（1991 年发布、2012 年修订）、《海南省实施〈中华人民共和国保守国家秘密法〉细则》（1994 年发布、2010 年修正）。地市级 3 部，分别是辽宁《沈阳市保守国家秘密奖惩办法》（1995 年发布、2012 年修订、2013 年废止）、《鞍山市保守国家秘密奖惩办法》（1996 年发布、2010 年修正）、《广州市保守工作秘密规定》（2001 年发布，2007 年、2015 年、2018 年修改）。

规范性文件数量较多，粗略统计有 70 多部，考虑还有一些文件没有公开，总数应当接近 100 部。其中比较重要的省级人民政府发布的保密工作规范性文件有《山西省保密工作依法行政办法》（晋政发

〔2002〕2号）、《天津市保密工作依法行政办法》（津政发〔2003〕10号）、《广西壮族自治区机关单位保密工作管理办法》（桂办发〔2008〕10号）、《江苏省党政机关信息公开保密审查规定》（苏办发〔2008〕10号）等4部。①

此外，在一些相关的地方性法规、政府规章和规范性文件中，也有一些重要保密规定，例如《广东省计算机信息系统安全保护条例》（2007）、《广西壮族自治区政府信息公开保密审查暂行办法》（2008）、《黑龙江省反间谍安全防范条例》（2019）、《浙江省反间谍安全防范办法》（2019）、《四川省反间谍安全防范条例》（2019）、《江苏省反间谍安全防范工作条例》（2020）、《海南省大数据开发应用条例》（2019）等，但鉴于其立法主要目的不是保密管理，制定机关也未包括保密部门，均不列入统计范围。

在1989年保密法实施之前的20世纪80年代前期，为贯彻国家科委《科学技术保密条例》，天津、上海、福建、河南、广东、青海、贵州、宁夏等省区市，以及郑州、广州等市，还发布过政府规章性质的科学技术保密实施细则。这也是地方保密立法的重要组成部分，但因多数已经失效，亦不多讨论。

三　地方保密立法的主要特点

纵观30多年来的地方保密立法，有如下特点。

在数量上，广东堪称翘楚，不仅是最早一批制定本省保守国家秘密实施细则的省级行政区之一，而且在定密、涉密人员、保密资质、泄密案件查处等多个方面均有规定，现行有效的政府规章和规范性文件9部，居各省市之冠。其他省区市地方性法规、政府规章和规范性文件总体数量情况大致如下：5部以上的8个省份（北京6、天津6、上海5、辽宁

---

① 信息公开保密审查一般放在信息公开立法之中，但《江苏省党政机关信息公开保密审查规定》第十六条规定："本规定由江苏省国家保密局负责解释。"故该文件算作江苏省保密立法。

5、河北5、江苏6、浙江6、福建5)，2部至4部的9个省份（黑龙江4、云南4、湖南4、河南3、宁夏3、广西2、海南2、新疆2、西藏2)，1部的9个省份（吉林、内蒙古、山西、陕西、山东、安徽、湖北、四川、贵州)，没有公开立法记录的4个省（江西、重庆、甘肃、青海)。

在时间上，20世纪90年代是地方保密立法的第一个高潮，先后制定出台地方法规3部（北京、湖南、云南)、政府规章19部（黑龙江、辽宁、沈阳、鞍山、内蒙古、河北2、安徽、浙江、湖北、陕西、宁夏、河南、广东、海南、新疆、西藏、云南、贵州)，修订政府规章2次（河北、新疆)。第二个高潮是2010年《保密法》修订颁布以后至今，修订地方性法规2次（北京、湖南)、废止1部（哈尔滨)、制定政府规章1部（广州)、修订15次（黑龙江、沈阳、鞍山、内蒙古、河北2、安徽、河南、湖南、陕西、广州2、海南、云南、贵州)、废止8部（黑龙江、辽宁、沈阳、河北2、浙江、陕西、贵州)，许多规范性文件也在此期间做了修订。

在内容上，主要包括综合规定和专门规定两大类。综合规定主要是保密法实施细则和实施办法，但《山西省保密工作依法行政办法》《天津市保密工作依法行政办法》《广西壮族自治区机关单位保密工作管理办法》规定的内容颇为全面，也应算作综合规定。专门规定涉及各个方面，但以科技保密、涉密计算机和网络、涉密工程、定密四个方面居多。其中，科技保密相关规定大多颁布于1983年、1984年左右，其时国家保密法还未颁布，体现出科技保密工作的特殊地位；涉密计算机和网络管理规定则多颁布于2000年前后，大体紧跟我国信息技术发展的进程；涉密工程管理规定大体颁布于2000年之后，这和该段时间招标投标法和政府采购法先后实施、涉密采购管理进一步规范密切相关；定密管理规定则在2014年前后，这和新修订保密法进一步突出定密的地位有很大关系，同时信息公开的兴起也使得定密工作受到更多挑战，从源头上治理国家秘密过宽过滥问题获得高度重视。

在和国家法的关系上，各地方均以保密法及其实施条例为依据，严格遵照国家法的有关规定，维护法律的权威和统一。以综合性的保密法实施细则为例，大多与保密法保持类似结构，即总则、定密、保密制度、监督管理、法律责任等。在总则部分均明确规定，以保密法及其实施条例为根据。这里要指出的是，所谓上位法，不仅指全国人大颁布的保密法、国务院颁布的行政法规（实施条例）、国家保密局颁布的规章和规范性文件，还包括其他中央国家机关颁布的规章和规范性文件，比如国防科工局《涉密投资项目保密管理规定》（2012）是地方国防科工系统涉密项目管理的直接依据；国防科工局《军工涉密业务咨询服务安全保密监督管理办法》（2019）是地方军工涉密业务咨询服务保密管理的直接依据。最高人民法院《关于保守审判工作秘密的规定》（1990 年发布）、《最高人民检察院办案工作中的保密规定》（1991 年发布，2005 年修订）、《最高人民检察院关于确定检察机关工作秘密的意见》（2005）、《公安机关警务工作秘密具体范围的规定》（2001）、《公安机关定密管理暂行规定》（2017）、国家税务总局《税务机关工作秘密范围的规定》（2010）等也都是地方审判、检察、公安和税务系统保密工作的重要遵循。

最后要指出的是，在立法主体上，除了保密部门以外，其他业务主管部门也发挥了重要作用。比如《云南白药保密规定》（1989）由云南省医药管理局、卫生厅、科技厅、保密局联合制发；《江苏省档案信息化建设保密管理办法》（2005）由省档案局、省保密局联合制发；《上海市数字证书使用管理办法》（2008）由市信息委员会、市国密办、市国家保密局联合制发。除了省这一级之外，地市级也是地方立法的重要力量。20 世纪 90 年代出台的《沈阳市保守国家秘密奖惩办法》《鞍山市保守国家秘密奖惩办法》《广州市保护商业秘密规定（试行）》，2001年出台的《广州市保守工作秘密规定》，2002 年出台的《哈尔滨市保守国家秘密规定》，2012 年出台的《苏州市涉密工程保密管理暂行办法》，2017 年出台的《南宁市保密检查工作规定》等，都在地方保密立法中有重要地位。

四　地方保密立法的制度创新

地方立法的主要任务不仅是要让国家法落地，还要在国家法的框架下，量身打造适用于本地实际的制度规定。这方面，地方保密立法取得诸多制度创新。以下就几个主要方面进行梳理。

在综合规定方面，各省颁布的保密法实施细则和保守国家秘密规定篇幅均比较丰满，最多的云南省保密法实施细则多达 11000 余字，位居第二的广东省保密细则近 9000 字。体系较为健全，在一般性的定密、涉密载体、涉密会议活动、保密检查、泄密事件应急处置、法律责任等内容外，广东、海南、云南、宁夏等还比较详细地规定了经济、科技、电信、新闻出版、涉外等不同领域的保密管理要求，有效增强了规定的可操作性。天津、山西按照国家依法行政要求，对保密工作依法行政的主体资格、执法权限、执法程序做了较为全面的规定，首次明确规定对国家秘密载体印制、涉密信息系统集成、武器装备科研生产实行资质管理，在一定程度上起到了保密基本法的作用。《哈尔滨市保守国家秘密规定》是第一个也是目前唯一一个由较大的市制定的综合性地方性法规，体系完整，条款实用，颇有特色。《广州市保守工作秘密规定》是目前关于工作秘密的唯一地方政府规章，填补了国家立法的空白。广州市还发布《广州市保护商业秘密的指导意见》《广州市保护商业秘密指南》，构建包括国家秘密、工作秘密、商业秘密在内的大保密工作格局。

在定密方面，黑龙江、天津在保密法修订之前就制定出台国家秘密及其密级确定工作管理办法，为保密法修订积累了经验；① 在新修订保密法通过之后，广东、浙江、上海相继发布关于进一步规范国家秘密确定工作的文件规定，为正在制定中的国家定密管理规定积累提供参考；② 在 2014 年《国家秘密定密管理暂行规定》发布之后，广东、宁夏相继发布规定，进一步完善了相关制度。③

在保密资质许可方面，2005 年出台的《江苏省档案数字化保密管

① 《黑龙江省规范确定国家秘密及其密级管理工作暂行规定》（2008）、《天津市关于国家秘密及其密级确定工作的管理办法（试行）》（具体时间不详）。

② 广东省《关于进一步规范国家秘密确定工作的规定（试行）》（粤办发〔2010〕3号）；《浙江省定密工作若干规定（试行）》（2012）、《浙江省定密责任人管理办法（试行）》（2012）；《上海市关于进一步加强上海市依法定密工作的意见（试行）》（2013），并参见《上海：定密工作再推创新之举——〈关于进一步加强上海市依法定密工作的意见（试行）〉出台记》，《保密工作》2013 年第 1 期。

③ 《广东省国家秘密定密管理规定实施细则（试行）》（粤密局〔2014〕19 号）、《宁夏回族自治区国家秘密定密管理暂行细则》（2014）；《宁夏：出台国家秘密定密管理暂行细则》，《保密工作》2014 年第 11 期。

理规定》,不仅弥补了国家立法在这方面的滞后,① 还为后来浙江、福建、云南等省所借鉴。② 江苏、辽宁、河北、广东在2004—2009年期间出台的涉密计算机和涉密设备定点维修维护的管理规定,③ 不仅为新修订的《保密法》将这些业务纳入保密资质管理提供了坚实的实践基础,也为后来国家相关立法提供了经验和参考。④

在涉密工程方面,北京市1998年出台的《关于建设项目保密审查办法的规定》、湖南省2000年出台的《湖南省保密建设工程审批办法》首开涉密工程管理之先河。苏州市2012年出台的涉密工程和项目管理规定,⑤ 领先于国内大部分省市,为国家有关立法提供了经验。⑥ 福建省关于社会科学规划涉密项目的管理规定(2014)、海南省关于人防涉密工程的保密管理规定(2017),仍是国家立法目前还没覆盖的领域。⑦

在涉密人员方面,广东省2001年发布的《经管国家秘密人员管理办法(试行)》,是迄今为止地方上关于涉密人员的唯一专门规定。即使与2015年国家保密局会同中央组织部等八部门联合下发的《关于进一步加强涉密人员保密管理工作的意见》比较,广东关于持证上岗、任职条件、重大事项报告、权利责任等条款仍不过时。⑧ 该办法还特别规

---

① 直到最近颁布的《国家秘密载体印制资质管理办法》(国保发〔2019〕13号)才吸收这一规定。

② 《福建省档案数字化工作安全保密管理规定》(闽档〔2011〕65号),浙江省档案局、浙江省保密局《关于加强涉密档案登记备份和数字化管理的通知》(浙档发〔2012〕42号),《云南省档案数字化工作安全保密管理办法》(2013)。

③ 《江苏省涉密载体维修及数据修复定点管理办法》(苏保〔2004〕18号)、辽宁省《涉及国家秘密计算机定点维修暂行管理办法》(辽保发〔2006〕2号)、广东省国家保密局《关于涉密计算机、通信和办公自动化设备定点维修维护管理的规定》(粤保局〔2007〕41号)、《河北省涉及国家秘密计算机定点维修暂行管理办法》(冀保办〔2009〕2号)。

④ 国家首部有关规定为《涉及国家秘密的计算机信息系统集成资质管理办法》(国保发〔2005〕5号),最新修订为《涉密信息系统集成资质管理办法》(国保发〔2019〕13号)。

⑤ 《苏州市涉密工程保密管理暂行办法》(2012),来源:苏州市政府网站。网上还查到《上海市涉密工程保密管理暂行办法》(征求意见稿),但似乎未正式颁布。

⑥ 《涉密工程(项目)确定和保密管理办法》(2014年印发、2018年修订),《涉密政府采购管理暂行办法》(2019)。

⑦ 《福建省社会科学规划涉密项目管理办法(试行)》《海南省涉密人防工程建设管理暂行办法》。

⑧ 《推进涉密人员管理的破题之策——国家保密局有关负责同志就〈关于进一步加强涉密人员保密管理工作的意见〉答记者问》,《保密工作》2015年第6期。

定，各单位对经管人员的职务晋升、评比先进、奖励等关系切身利益的问题，应当适当考虑经管人员岗位的特殊性，在与其他人员同等条件下，给予一定倾斜或优先照顾。广东（2005）、山东（2004）还对保密要害部门、岗位工作人员做了更具针对性的规定。①

在监督检查方面，《广东省泄密事件查处办法（试行）》（1998）是较早对泄密案件进行规范的地方规定，也是迄今为止在这方面唯一的地方规定。该办法比较详细规定了泄密事件的认定、处分标准、查处工作的职责分工和结案要求等。辽宁沈阳、鞍山两市出台的《保守国家秘密奖惩办法》、广西《南宁市保密检查工作规定》也有一定特色。

五 地方保密立法的主要不足

根据上述初步梳理和分析，可以看出，地方保密立法的地位和作用是比较显著的。一方面，国家保密法律法规通过地方更具操作性的规定得以落实，最大限度扩张了国家立法的效益，维护了国家立法的权威和统一；另一方面，地方立法并非简单照搬国家规定，而是结合当地实际情况，创造性地制定了更具针对性更为细致的规定，实现了国家立法和地方实际的有机结合，为地方保密工作提供了有力的制度保障，也为国家立法提供了参考。但同时也要看到，地方保密立法也存在诸多需要改进的问题。

一是区域发展不平衡。就全国来说，北京、广东、天津等地不仅有法律层级较高的综合规定，还有较为多样的专门规定，保密法规制度体系较为健全；江苏、河南、湖南、安徽、海南等省或者有比较系统的综合规定，或者有较为丰富的专门规定，制度规范基本管用；相比之下，重庆、江西、甘肃、青海等省几乎没有什么成熟的保密制度建设，而这些省市有的是军工大省，有的境内有大量重要军事设施，有的划定了限制对外开放区域，保密形势严峻，保密工作繁重，保密立法工作理应有

---

① 《山东省保密要害部门部位保密管理规定》（2004）、《广东省保密要害部门部位保密管理实施细则（试行）》（2005）。

较大发展空间。

二是立法机制不稳定。一些地区保密立法工作起步早、基础好，但没有建立长效机制，后劲不足，起落明显。云南省早在 1989 年就颁布《云南白药保密规定》，1991 年又成为最早一批出台保守国家秘密法实施细则的省份，1996 年成为迄今为止仅有的 3 个制定保密地方性法规的省份。截至目前，云南省还是全国唯一一个既有地方法规，又有政府规章的省份。但自 1995 年以来的 20 多年里，除了修订保守国家秘密法实施细则和出台一部《云南省档案数字化工作安全保密管理办法》外，再没有其他制度建设。1996 年颁布的《云南省保守国家秘密若干规定》也一直未修订。

这里要特别指出的是，在过去的 20 年中，一共有 9 部地方性法规和政府规章被废止，其中 6 部均发生在最近 5 年，有的距离上一次修订才不到 3 年时间。① 辽宁省原打算在废止政府规章层次的保密法实施细则之后，另行制定地方性法规《辽宁省实施〈中华人民共和国保守国家秘密法〉办法》。2018 年，辽宁省国家保密局会同省人大内司委起草完成初稿，在全省范围内广泛征求意见。国家保密局网站 2018 年 7 月 31 日曾刊登相关新闻报道，但后来似乎没有了下文。

三是部分规定过于陈旧。国家保密局曾于 2017 年 1 月印发《关于全面推进保密工作依法行政的意见》，要求各省保密局在 2017 年年底前完成对现行保密规章、规范性文件的清理工作。但从目前情况看，这一工作仍有待推进。综合规定方面，广东、湖北、西藏、新疆 4 部保密法实施细则仍维持原貌，其中广东、湖北均达 29 年。天津、山西保密依法行政规定也将近 20 年。专门规定更是普遍高龄，《云南白药保密规定》31 年，《广东省泄密事件查处办法（试行）》22 年，《广东省经管国家秘密人员管理办法（试行）》19 年，《山东省保密要害部门部位保密管理规定》16 年，《广西壮族自治区机关单位保密工作管理办法》12

---

① 分别是《黑龙江省实施〈中华人民共和国保守国家秘密法〉细则》（2016 年废止）、《辽宁省实施〈中华人民共和国保密法〉细则》（2017 年废止）、《河北省保守国家秘密实施细则》（2018 年废止）、《河北省经济信息保密办法》（2018 年废止）、《陕西省实施〈中华人民共和国保守国家秘密法〉细则》（2018 年废止）、《贵州省保守国家秘密实施细则》（2019 年废止）。

年。以上法规大部分内容早已不适用。

不仅是这些高龄法规，即使一些前几年刚刚修订过的地方保密法规也面临与上位法抵触的问题。比如2012年修订的《湖南省实施〈中华人民共和国保守国家秘密法〉若干规定》规定，携运国家秘密文件、资料和其他物品出境的，应当报所在地市、自治州以上人民政府保密工作部门办理出境许可证手续，但国家保密局2017年出台的《国家秘密载体出境保密管理规定》已做出新规定，改由所在地省级有关业务主管部门审查批准，业务主管部门不明确的，由所在地省保密行政管理部门审查批准。随着国家保密立法进程的加快，[①] 这种情形估计会更加严重。

四是立法质量有待提高。尽管地方立法中有许多让人眼前一亮的制度创新，但不容讳言，确实也还有一些地方立法满足于国家规定和兄弟省市文件的简单归纳整理，缺乏来源于保密工作实践的经验总结和升华，没有地方特色，也欠缺可操作性。近年一些地方保密立法遭遇大面积废止，与立法质量问题不无关系。首先，一些保密法实施细则中，规定了较多的准用性条款，例如"依照保密法第十三条办理""依照国家有关保密规定办理""应当符合国家保密规定"等。[②] 这不仅增加适用上的困难，易导致实施细则的空转，也降低实施细则的存在感。其次，一些20世纪90年代颁布的保密法实施细则采用的保密制度领域化立法模式（即分别规定科技、经济、涉外、电信各领域的保密制度），在增强可操作性方面不无建树，但对网络运营等新兴保密领域未能及时增补。最后，黑龙江、内蒙古、河北、宁夏、湖南、海南、云南、贵州等省实施细则在2010年以后曾经修订，但采取的都是小修模式，亦稍显失策。

---

① 参见田静《坚持依法治密 推进新时代保密工作转型升级》，《人民日报》2018年9月26日第11版，作者为中央保密办主任、国家保密局局长。

② 地方保密立法准用性条款较多也和保密工作的特殊性有关。保密属于国家事权，国家制定出台几乎所有法规制度，地方权力有限。但国家个别保密制度也似有改进余地。比如保密资质许可，保密法和实施条例只规定由保密部门或者保密部门会同有关部门进行保密审查，并未限定层级，但《国家秘密载体印制资质管理办法》《涉密信息系统集成资质管理办法》均将审批权主要放在省保密局，且省保密局无权下放。可以借鉴的一个例子是测绘资质管理。测绘法规定测绘资质审查由国家和省级测绘部门负责，但《测绘资质管理规定》则有所变通，资质审批权仍然属于省级测绘部门，但可以委托有条件的设区的市级测绘部门受理本行政区域内测绘资质申请并提出初审查意见；可以委托有条件的县级测绘部门受理本行政区域内测绘资质申请并提出初步审查意见。这样的模式无疑更有利于发挥地方的积极性。

六　地方保密立法的完善建议

综上所述，提出如下改进建议。一是尽快解决部分地方法规和政府规章过时问题。近年一些地方保密法规频遭清零，原因是多方面的，但未及时清理、未及时修订，没有存在感是主要原因。在全面依法治国的大形势下，地方性法规和政府规章层次的立法资源不仅珍贵，而且紧张。各地保密局应当珍惜手头现有立法，管好用好。建议国家保密局拉列清单，约谈有关地方保密部门负责人，提出明确工作要求，并组织专门工作力量，加强督促指导，防止再次意外"减员"。同时，针对一些地方保密立法质量不高、低水平重复等问题，建议国家于近期组织地方保密局开展一次专项清理，对现行有效的所有地方性法规和政府规章，按照"一法一策"的要求，组织专家进行评估，提出下一步废改意见。

二是着力解决发展不平衡不稳定问题。一些地区保密立法工作长期无所作为、一些基础好的地区出现严重倒退，这些问题并非一朝一夕形成，也并非个别地区所能独立解决。建议国家保密局开展专项调研，摸排问题原因，在此基础上出台专门文件，对地方保密立法提出统一标准和要求，建立长效机制，为地方保密立法提供遵循。同时，在近年地方党政机构改革中，一些地方保密局机构被合并、编制被压缩，但保密法赋予的保密管理职责并没有减轻，有些地方的保密任务甚至更加繁重。在这种情况下，要做好保密工作，尤其需要有地方立法的支持和保障。建议国家和地方保密局加强与立法部门协调沟通，了解立法规律和工作思路，征求对保密立法意见建议。一些落后地区可通过出台保密法实施细则、依法行政办法、在其他地方法规中加入保密条款等多种方式，获取尽可能多的法律支撑，为保密工作长远发展打下良好的制度基础。

三是重新认识地方立法的地位和作用。一些地方保密立法发展滞后或者出现较大波动，原因之一还是思想上对法治的重要性缺乏深刻认知。建议国家保密局从全面贯彻落实总体国家安全观、推进国家治理体系和治理能力现代化的高度，深入宣传地方立法在数量和层次上的优越性、对保密工作的制度保障作用，深入研究在立法资源日趋紧张情况下，地方保密立法面临的困境、危险和出路，为地方保密立法提供思想指引和政策支持。

信息公开请求权与卷宗阅览权：
界限、竞合与出路

戴文波　　张小玉[*]

摘　要： 信息公开请求权与卷宗阅览权存在着界限与竞合，但在行政审判实践中难以把握两者的界限，发生竞合时又处理不一，出现同案不同判的现象。本文力图阐明两项权利的界限和竞合、竞合时的适用规则，并对当前权利混沌状态下的出路进行了有益探索，认为应当弥补《政府信息公开条例》存在的缺陷，将卷宗阅览权从《政府信息公开条例》中分离出来。同时，从行政自制和外部控制两个方面论述卷宗阅览权的救济模式。

关键词： 政府信息公开　信息公开请求权　卷宗阅览权　程序性权利救济

一　信息公开请求权与卷宗阅览权概述

（一）信息公开请求权

信息公开请求权是指对行政机关在履行行政管理职能过程中制作或者获取的、以一定形式记录和保存的政府信息，公民、法人或者其他组织有依法获取的权利。信息公开请求权是公民知情权的重要表现形式，

---

　* 执笔人：戴文波，浙江省高级人民法院环境资源审判庭副庭长；张小玉，浙江省新昌县人民法院法官助理。

是公民享有的具有完整救济链条的实体性权利，由《政府信息公开条例》统一规范。新修订的《政府信息公开条例》（以下简称新条例），在立法层面强化了"以公开为常态，不公开为例外"的制度设计，以切实保障公民的信息公开请求权。

（二）卷宗阅览权

卷宗阅览权，一般是指处于特定之行政程序中的当事人或利害关系人为主张或维护其法律上利益之必要，有向行政机关申请阅览、抄写、复印或摄影有关资料或卷宗之权利。[①] 卷宗阅览权是一项重要的程序性权利，集中规定于行政程序法之中，德国、日本、韩国等国家及中国台湾地区明确确立了行政相对人在行政程序中享有卷宗阅览的权利，对卷宗阅览权予以法律确认。卷宗阅览权是知情权的一个子权利，与政府信息公开一脉相承，是司法程序中"武器平等"原则在行政程序中的体现。[②] 行政相对人通过行使该权利，可以掌握更多的政府信息，在行政机关作出最终的行政决定之前享有更多的申辩筹码。目前，我国尚未制定统一的行政程序法，对卷宗阅览权没有统一的法律规定，而是散见于法律、法规、规章中，甚至更多见诸地方规范性文件之中（见表1）。

表1　　　　　　　　　　部分散见的卷宗阅览权规定

文件名称	具体规定
《行政许可法》	第四十条　行政机关作出的准予行政许可决定，应当予以公开，公众有权查阅 第四十八条　举行听证时，审查该行政许可申请的工作人员应当提供审查意见的证据、理由，申请人、利害关系人可以提出证据，并进行申辩和质证
《行政复议法》	第二十三条　申请人、第三人可以查阅被申请人提出的书面答复、作出具体行政行为的证据、依据和其他有关材料，除涉及国家秘密、商业秘密或者个人隐私外，行政复议机关不得拒绝

① 李广宇：《政府信息公开司法解释读本》，法律出版社2011年版，第109页。
② 冯国基：《面向 WTO 的中国行政——行政资讯公开法律制度研究》，法律出版社2002年版，第140页。

续表

文件名称	具体规定
《道路交通事故处理程序规定》	第六十五条　当事人收到道路交通事故认定书后，可以查阅、复制、摘录公安机关交通管理部门处理道路交通事故的证据材料，但证人要求保密或者涉及国家秘密、商业秘密以及个人隐私的，按照有关法律法规的规定执行
《国土资源听证规定》	第十六条　听证会代表应当亲自参加听证，并有权对拟听证事项的必要性、可行性以及具体内容发表意见和质询，查阅听证纪要
《辽宁省行政执法程序规定》	第四十四条　行政执法机关告知当事人享有陈述意见的权利之日起，当事人及其代理人有权到行政执法机关申请查阅、摘抄、复制行政执法卷宗中的证据材料。证据材料涉及国家秘密、商业秘密或者个人隐私的，行政执法机关可以拒绝当事人的申请
《山东省行政程序规定》	第六条　行政机关应当将实施行政行为的依据、过程和结果依法公开。但是涉及国家秘密、商业秘密和个人隐私的除外。涉及公民、法人和其他组织权利义务的行政文件、档案，应当依法允许查阅、摘录、复制
《湖南省行政程序规定》	第七十九条　行政机关应当建立行政执法案卷。公民、法人或者其他组织可以查阅与其相关的行政执法案卷，但是依法应当保密的除外
《陕西省卫生行政许可听证办法（试行）》	第十四条　申请人与利害关系人在听证中享有下列权利：……（三）阅览卷宗；……（七）得到全部听证材料副本
《河南省人力资源社会保障行政执法程序规定》	第四十二条　行政执法机关告知当事人享有陈述意见的权利之日起，当事人及其代理人有权到行政执法机关申请查阅、摘抄、复制行政执法卷宗中的证据材料。证据材料涉及国家秘密、商业秘密或者个人隐私的，行政执法机关可以拒绝当事人的申请
《郑州市民政行政执法规程》	第四十二条　行政执法机关告知当事人享有陈述意见的权利之日起，当事人及其代理人有权到行政执法机关申请查阅、摘抄、复制行政执法卷宗中的证据材料。证据材料涉及国家秘密、商业秘密或者个人隐私的，行政执法机关可以拒绝当事人的申请
《凉山州行政程序规定（试行）》	第九十五条　行政机关应当建立行政执法案卷。公民、法人或者其他组织可以查阅、复制与其相关的行政执法案卷，但是依法不予公开的除外
《滁州市行政执法程序规定》	第六十六条　行政执法机关有权向有关单位和个人查阅或调取证据资料。复印调取资料的，应当注明有关证据或者材料项目、编目、页码以及档案号等，注明出处，由资料保存单位加盖印章

　　从上述法律、规章及规范性文件可见，卷宗阅览权确实存在于我国行政法律体系之中，且作为一项公民的正当程序权利而存在。但是，在

列举的上述法律中，不仅法律层级较低，且大多数未对卷宗阅览权进行具体的规定，对卷宗阅览的提出主体、时间、形式、范围、程序以及救济方式等未予明确。行政规定的混乱也导致了司法实践的无所适从。司法实务中，行政相对人常常由于自身的卷宗阅览权遭受侵害向法院提起行政诉讼，而法院在受理此类案件时，处理不一：有的将此类案件作为侵犯政府信息公开请求权纳入受案范围，有的则将其作为侵犯一般的行政程序性权利而不予立案或者驳回起诉。尤其是根据新条例第十六条第二款，行政机关对行政执法案卷信息可以不予公开。根据该规定，是否公开的裁量权在于行政机关自身，即使此类案件进入实体审理，法院也因此处于被动。根据现有判例，多数法院依照该法条作出驳回原告诉讼请求的判决。由于对信息公开请求权与卷宗阅览权没有统一的划分标准，审判实践中的做法也很不统一。可以说，信息公开请求权与卷宗阅览权存在一定界限与竞合，在纷繁复杂的审判实践中亟须厘清界限与审理思路。

二 信息公开请求权与卷宗阅览权之界限

作为行政知情权下面的子权利类型，信息公开请求权与卷宗阅览权既有概念上的耦合性，在法律属性上更具有本质的不同。结合国内外理论与实践，本文从学理上对于二者的不同之处进行了对照与区分。

表2   两项权利的界限

	信息公开请求权	卷宗阅览权
权利性质	独立的实体性权利	附属的程序性权利
权利主体	一般社会大众	行政程序中的当事人及利害关系人
权利目的	保障知情权，提高公众参与	对行政相对人防御权的保障，实现"武器平等"
权利存续期间	无时间限制	特定的行政程序过程中
权利救济途径	具有可诉性	不能单独提起行政诉讼，只能根据实体决定一并提起

（一） 权利性质之界

作为一项独立的实体性权利，信息公开请求权有专门的法律予以确立，是保障公民知情权的重要表现形式，一旦该权利遭到侵害，公民可以依法提起行政诉讼。卷宗阅览权则是一项程序性权利，依附于具体的行政活动，不能单独提起行政诉讼，只能作为法院在审查行政机关作出行政决定是否依照法定程序的一个参考要素。此外，由于我国没有统一的行政程序法，只有个别行政法律规定了该权利，实践中并不受行政机关的重视。

（二） 权利主体之界

信息公开请求权的权利主体是一般的社会大众，是一种普遍性权利，具有普适性，是为了保障公民的知情权专门作出的制度设计。卷宗阅览权的请求对象并非一般社会大众，具有特殊性，仅限于特定行政程序中的行政相对人或者利害关系人，因而被称为"行政程序中之个案信息公开"[①]。两种权利主体之间在一定情况下存在竞合。

（三） 权利目的之界

信息公开请求权的出发点是基于公民知情权的保障，同时监督行政机关的行政行为，使其朝着"公开、透明、法治"的轨道行进。卷宗阅览权的设立目的则在于特定行政行为中行政相对人防御权的保障，达到"武器平等"。其功能在于，在行政决定作出之前，行政相对人可以了解到将来可能成为行政决定依据的一切材料，并可以在行政决定作出之前反驳对自己不利的一切材料。[②] 因此，该权利有助于行政公开原则的实现，在一定程度上也起到了监督制约行政机关的作用。

（四） 权利存续期间之界

信息公开请求权原则上没有时间上的限制，即在任何时间都可以要

---

① 杨小军、彭涛：《〈政府信息公开条例〉之"潜伏"性缺陷——以台湾地区判决为参照》，《海峡法学》2010 年第 1 期。

② 张炎：《论卷宗阅览权的行使与保障》，《法制与社会》2009 年 6 月（下）。

求行政机关提供。而卷宗阅览权是在特定的行政过程中相伴而生的，该权利的请求需在特定的行政活动过程中提出，行政程序开始前或结束后都不存在该项权利，不在行政程序中提出申请则不具有相应的法律效力。

（五）权利救济途径之界

信息公开请求权是一项实体权利，行政机关拒绝提供政府信息的，公民可以依法申请行政复议或者提起行政诉讼，相关部门将对行政机关的不予公开行为进行审查，并作出裁判。《政府信息公开条例》正式实施以来，这一方面的司法实践日趋成熟。然而，卷宗阅览权仍旧作为一项附属的程序权利存在，其救济途径十分有限。我国台湾地区"行政程序法"规定，"原则上当事人或利害关系人仅得以对本案实体决定不服时一并声明"①。而在大陆地区，没有专门的法律法规对卷宗阅览权的救济方式予以明确规定。哪怕是对卷宗阅览权规范较为完备的《海关关于当事人查阅行政处罚案件材料的暂行规定》（见表3），亦缺乏最为关键的权利救济途径。

表3　　　《海关关于当事人查阅行政处罚案件材料的暂行规定》

规范项目	具体规定
申请阶段	海关送达《海关行政处罚告知单》至海关作出行政处罚决定前，当事人对告知事项有异议，可向海关申请查阅案件材料
阅卷范围	《海关行政处罚告知单》中列明的有关事实、理由、依据的证据材料，但涉及国家秘密、商业秘密、个人隐私的除外
申请主体	当事人、当事人委托的律师可以向海关申请查阅案件材料
申请程序	1. 书面申请；2. 提交相应文书和证件；3. 作出同意决定后3日内安排申请人查阅
权利实现方式	可以阅览、摘录，不得复印、翻拍、翻录
权利救济途径	无

当下行政法律体系错综复杂，行政程序法缺位，信息公开请求权与

---

① 中国台湾地区"行政程序法"第一百七十四条之规定。

卷宗阅览权相互交织，许多信息公开请求权的内容散落在单行行政法律之中，缺乏有效的救济，只有个别在司法解释的帮助下找回了本来的"面貌"。例如，《行政许可法》第六十一条第二款规定，"行政机关依法对被许可人从事行政许可事项的活动进行监督检查时，应当将监督检查的情况和处理结果予以记录，由监督检查人员签字后归档。公众有权查阅行政机关监督检查记录"。那么，此处查阅检查记录的请求属于什么权利？是否具有可诉性？从表面上看，这显然属于卷宗阅览权，但根据上述两项权利的区分标准，我们可以认定这应当属于信息公开请求权，具有可诉性。因为其规定的查阅主体是公众，查阅的时间点在于行政检查活动之后的任何时间，目的在于保障公民的知情权，监督行政检查行为。此外，该查阅权通过司法解释确立了明确的救济途径。[1] 这是笔者认为的最为完整的权利运行链条，然而并没有在《政府信息公开条例》中体现出来。综观整个行政法律体系，极少对信息公开请求权与卷宗阅览权作出细致的划分，并且将救济途径通过司法解释的方式予以确定。因此，该司法解释的起草者具有一定的超前性和预见性，对今后两项权利的界分做出了示范性的引领作用。

三　信息公开请求权与卷宗阅览权之竞合

（一）竞合的表现形式

如前所述，信息公开请求权是《信息公开条例》赋予所有主体申请获取政府信息的实体性权利，而卷宗阅览权是行政程序规定赋予特定主体申请获取个案信息的程序性权利。政府信息公开分为主动公开和依申请公开，而卷宗阅览权与主动公开基本不存在竞合，竞合之处主要在于依申请公开。由于信息公开请求权的行使没有时间上的限制，理论上申请主体也基本没有限制，即普通公民在任何时间只要符合信息公开的法

---

[1]　《最高人民法院关于审理行政许可案件若干问题的规定》第十二条规定，被告无正当理由拒绝原告查阅行政许可决定及有关档案材料或者监督检查记录的，人民法院可以判决被告在法定或者合理期限内准予原告查阅。

定条件就可以向行政机关提起政府信息公开的申请。那么，当事人、利害关系人利用政府信息公开申请形式行使卷宗阅览权时，两种法定权利就会发生竞合。比如，《行政许可法》中的听证程序规定：举行听证时，审查该行政许可申请的工作人员应当提供审查意见的证据、理由，申请人、利害关系人可以提出证据，并进行申辩和质证。根据上述对两项权利的划分标准，我们可以看出这显然是一项卷宗阅览权，目的在于寻求不利于行政相对人的信息，增加其抗辩的筹码。但是，由于其中的审查意见和证据也是行政机关在履行职责过程中制作的、以一定形式记录的信息，与其存在利害关系，那么对该信息的申请也符合政府信息公开的构成要件。由此产生的请求权竞合，是否可诉？实践中，这确实是一个难题，尚缺乏相对完备的解决方案。

（二）现有体制下权利竞合的适用规则

1. 排除卷宗阅览权

根据《最高人民法院关于审理政府信息公开行政案件若干问题的规定》（以下简称《若干问题的规定》）第二条第（四）项的规定，行政程序中的当事人、利害关系人以政府信息公开名义申请查阅案卷材料，对行政机关不予提供案卷材料不服提起行政诉讼的，人民法院不予受理。也就是说，卷宗阅览权作为一项程序性权利，不具有可诉性。人民法院在审查的过程中，将首先排除行政过程中的卷宗阅览权。

2. 排除过程性信息

区分过程性信息，将其直接排除在政府信息公开的范围之外。过程性信息，也叫决策信息，指的是行政机关在作出决定之前的准备过程中形成的文件。① 在行政程序中，行政机关作出行政行为所依据的证据、理由所组成的政府信息有些是没有最终法律效力的，在行政决策作出前并不成熟，没有法律约束力。因此，过程性信息在司法实践中往往排除在政府信息公开的范围之外。

3. 附带保障卷宗阅览权

当行政法律明确规定了卷宗阅览权时，卷宗阅览权已经成为一项重

---

① 李广宇：《政府信息公开司法解释读本》，法律出版社 2011 年版，第 261 页。

要的程序权利而存在，法院在审查最终的行政行为时将进行附带审查。一旦行政机关在行政程序中未依法保障行政相对人的卷宗阅览权，其作出的行政行为很可能被撤销或者确认违法。例如，《行政复议法》第二十三条第二款规定，申请人、第三人可以查阅被申请人提出的书面答复、作出具体行政行为的证据、依据和其他有关材料，除涉及国家秘密、商业秘密或者个人隐私外，行政复议机关不得拒绝。该条明确了当事人的卷宗阅览权，复议机关不提供相关信息的，不得就公开案卷提起行政诉讼，只能对行政复议行为提起行政诉讼的过程中一并要求对信息的阅览，而复议机关违反法定的卷宗阅览程序将作为违反法定程序的一项重要参考。

4. 优先适用信息公开请求权

当行政程序中的行政相对人请求阅览的卷宗不属于过程信息，并且该行政程序已经结束时，行政相对人及利害关系人可以通过信息公开途径获取案卷信息。如果行政机关怠于提供的，当事人可以依据《政府信息公开条例》提起行政诉讼。该处理规则的原理就在于将信息公开请求权作扩大解释，在法律法规没有规定卷宗阅览权的情况下最大限度地保障当事人的合法权益。

四　权利混沌状态下之出路探究

信息公开请求权与卷宗阅览权两者既交汇又分流，共同描绘出公民知情权的美好蓝图。然而，在粗线条的法律体系下，在行政程序法缺位的现实窘境下，确实有必要探索出一套卷宗阅览权等一系列程序性权利的救济途径，从实质上保障行政相对人的正当防卫权利。笔者试图从以下三个方面探究权利混沌状态下的出路，旨在两项权利都能在各自的轨道上良性运行。

（一）弥补《政府信息公开条例》的缺陷

新条例施行以前，在行政审判实践中，法院在很多情况下会援引《若干问题的规定》第二条第（四）项的规定，将行政程序中提出的查阅案卷材料的申请排除在受案范围之外。换言之，该司法解释从法律层面将卷宗阅览权剥离出来，直接剥夺其可诉性。但是，该条款对行政程序完成后当事人要求查阅案卷是否可诉未予明确。从现有判例看，法院对行政程序结束后的阅览卷宗请求予以支持。[①] 可以说，在新条例施行以前，除了在行政程序中当事人以政府信息公开名义申请查阅案卷材料不予受理外，其余的阶段应当作扩大解释，具有可诉性。新条例颁布后，根据新条例第十六条第二款的规定，行政机关的行政执法案卷信息，可以不予公开。此处只笼统地表述为"行政执法案卷信息"，没有表明是在行政程序过程中还是做出决定之后，事实上没有对信息公开请求权与卷宗阅览权进行有效区分。我们可以理解为两种阶段均可以有条件地公开，至少这两种情况是在受案范围之内的，是否公开取决于特别法的规定以及行政机关的裁量。显然，上述法律规定存在一定歧义，将两项权利予以混同，势必对法院的统一裁判造成影响。因此，应当弥补这一缺陷，将新条例中的"行政执法案卷信息"作出必要的限定，将行政过程中的案卷信息排除在外，从而保障法律的体系性。同时也有利于信息公开请求权与卷宗阅览权的分离，让两项权利在各自的轨道上运行。只有将两种权利区别开，才能建立起完整的、逻辑自洽的政府信息公开法律体系，卷宗阅览权的落实才能进一步走向规范和深入。

（二）以完善立法与加强内部监督为重点保障卷宗阅览权

如前所述，尽管缺乏对卷宗阅览权的统一法律规定，但不少关涉行政程序的部门规章和地方政府规章、规范性文件中，仍然不同程度地对卷宗阅览权加以规范。在现有的法律体系下，卷宗阅览权的法律确认粗具雏形，但还存在法律层级低、规范不明确、缺乏权利救济等问题。因此，我们要在此基础上，进一步提高法律层级，并将卷宗阅览权的法律规定予以具体化，提高其可操作性。各特定行政管理领域的执法部门可以制定专门规章，对依照法律赋权、遵循法定程序办理

---

① 如张辉等8人诉北京市人民政府信息公开一案，最高人民法院作出（2016）最高法行申2839号行政裁定书，认为在行政程序终结后，行政相对人仍然可以根据《政府信息公开条例》的规定以政府信息公开的方式查阅卷宗。

所形成的卷宗的归档和查档工作进行规范，毕竟行政机关自身最了解是否存在相关卷宗，是否可以查阅，需要哪些手续等。如此，便可以更好地保障当事人和利害关系人对影响自身权益的卷宗档案行使知情权。这方面，原国土资源部制定的《不动产登记资料查询暂行办法》即起到了良好的示范作用。笔者相信，随着各行政机关不断完善卷宗阅览制度，有关卷宗阅览权的行政程序立法也会早日到来。等待时机成熟时，便可以制定《行政程序法》，将卷宗阅览权的概念、条件、范围、方式、救济等予以明确，充分地将该项权利以法律的形式确立下来。在完整规范卷宗阅览权的全国性立法尚不能实现前，通过部门立法或地方立法，"自下而上"地实现各个具体行政程序中或各地方政府行政程序中卷宗阅览权的法律确认，不失为一种较为稳妥的法律保障举措，这种模式也可以为最终实现卷宗阅览权全面、统一的法律规范提供智识性基础。

对于保障卷宗阅览权这一程序性权利而言，除了通过行政立法对其加以规范外，加强行政机关的内部监督同样重要。完善行政立法可以更加全面地确认当事人在行政程序中的卷宗阅览权，而加强内部监督则可以更好地保障当事人阅览卷宗权利的实现。通过加强行政执法监督，即将卷宗阅览权等程序性权利的救济方式在行政执法监督法律规范中予以明确，包括立案受理、监督机关、审查程序、处理方式等，可以促进行政程序案卷制度的完善，从而更好地保障当事人的程序权利。

（三）基于现实土壤拓宽卷宗阅览权救济路径

行政机关加强内部规范的相对面就是外部监督。在当今行政法律体系下，虽然部分法律、规范性文件不同程度地作出了规定，但不可否认的是，卷宗阅览权仍然作为一项普通的程序性权利存在着。但这并不意味着该程序性权利的救济路径处于真空状态。卷宗阅览权在行政程序中赋予了当事人、利害关系人以案件防御权，通过卷宗阅览，当事人、利害关系人可以针对不利于自己的卷宗内容进行申辩，以防御自己的合法权益。当卷宗阅览权随着行政程序的结束而结束时，当事人或利害关系人通过卷宗查档等获得证据材料，为提起行政救济提供依据，这些材料在救济程序中也同样发挥防御性作用。因而，尽管实践中当事人要真正实现这一权利还困难重重，但寻求阅览卷宗权利救济是有其现实土壤和理论依据的。笔者认为，保障卷宗阅览权，应该发挥好复议和诉讼两种制度的应有作用。

对于行政复议而言，当行政程序中的当事人或者利害关系人对卷宗阅览权提出检举、控告时，行政复议机关应当在限定期限内作出审查，确实存在应当查阅但不予准许情形的，依照规定予以处理。特别是卷宗阅览权受到侵害而当事人或利害关系人寻求诉讼救济不能时，可以考虑复议先行，在一定程度上对卷宗阅览权这一防御权提供救济和保障，使当事人能够及时了解或知悉案卷信息，实现一定意义上的"武器平等"。而在司法实践中，一方面，在特定情况下，当事人为了避免行政机关尚未完成的行政行为或事实行为对自己的合法权益造成侵害，而请求阅览行政程序中的卷宗材料时，如果无法获得行政机关批准，则当事人可以向人民法院提起诉讼寻求司法救济。① 也就是说，即使当事人或利害关系人处在行政程序当中，若因行政机关不作为等使得卷宗阅览权的行使受到阻却，同时确有保障权利必要性的，可以探索允许当事人提起行政诉讼，避免因无法救济案卷阅览权这一程序性权利而造成对其知情权的剥夺及对后续实体权利产生不利影响。另外，法院在审查后续相关终局性行政行为时，可以将行政机关是否侵犯公民卷宗阅览权作为审查对象。一旦审查确定该权利遭到了侵犯，便视为重要的程序性权利未能得以保障，最终将影响行政行为的效力，行政机关也将面临败诉的风险。根据行政诉讼法及其司法解释的规定，重大的行政程序违法将导致行政行为被撤销，但违反何种程序属于重大的程序违法尚未有明确的界定。因此，卷宗阅览权若想作为一项重要的程序性权利而存在，在某种程度上要依托于部门规章、地方性法规、规章等形式予以确认；而司法机关若能对卷宗阅览权予以更多的关注，亦有利于推动行政程序立法规范的产生，对卷宗阅览权的落实产生积极的促进作用。可见，只有内部规范与外部监督共同作用，才能更好地突破卷宗阅览权当前的救济困境，保障当事人真正有效地实现这一程序性权利。

---

① 　郭兵：《我国行政程序卷宗阅览权的确认与司法救济》，《法学论坛》2015 年第 5 期。

第四编

特定领域的政务公开

河北省全面推行行政执法三项制度
让行政执法在阳光下规范运行

苏宝霞　荆佳杰　赵　泰[*]

摘　要： 河北省率先着手建立和推行三项制度，在省、市、县三级同时推行三项制度，加强省级顶层设计，从组织机制、制度机制、落实机制、督考机制四个方面以最高规格、最强力量推进行政执法三项制度；狠抓"公开"，推行行政执法公示制度，推进事前公开、事中公示、事后公开；狠抓"程序"，推行行政执法全过程记录制度，规范文书标准、设备配备标准、音像记录标准和存储归档标准；狠抓"合法"，推行重大行政执法决定法制审核制度，明确审核主体、人员、范围等。通过持续推进三项制度，河北各级党政领导对法治重要性的认识明显提高，执法部门办事效率明显提高，执法形象和执法公信力逐年提升。

关键词： 行政执法　法治政府建设　政务公开　执法全过程记录

一　背景

行政执法是依法治国的重要环节。行政执法主体多、范围领域广、行为数量大，与人民群众的切身利益关系最为密切，行政执法人员与人

---

* 执笔人：苏宝霞，河北省司法厅行政执法协调监督处处长；荆佳杰，河北省司法厅行政执法协调监督处四级主任科员；赵泰，河北省司法厅办公室干部。

民群众接触最直接。实践中，随意执法、粗暴执法、执法寻租、执法不作为、乱作为的问题时有发生，同时，随着群众法治意识的提高，对行政执法提出了更高要求。河北省委省政府高度重视法治政府建设工作，把行政执法作为优化营商环境的重要一环来抓，以规范行政执法的程序、自由裁量权为重点，针对执法不规范、违规处罚、执法不公、自由裁量过大、群众意见大等问题，于2011年、2012年、2013年连续三年对全省行政执法行为进行专项监督检查。

监督检查发现的问题主要体现在以下方面。一是问题主要集中在市县执法部门。二是问题领域主要集中在公安、城管、交通、商务、国土、工商、卫生、食药监、住建、农业、质监、安监、水利、物价等执法领域。三是问题类型主要集中在以下七类：超越或者滥用职权，违反法定程序，适用法律、法规、规章错误，认定事实不清、主要证据不足，具体行政行为不当，不履行法定职责。

通过对发现的问题进行分析，有关部门找出以下原因：一是执法部门及其执法人员对于自身的法定权限不甚明了，行政相对人就更无从了解，也缺乏了解的渠道；二是执法过程不记录、记录不完整、记录方式单一、记录不规范引发的行政争议屡见不鲜，导致的行政行为无效、行政诉讼败诉时有发生；三是一些领导干部和执法人员对行政执法重视程度不够，法制审核人员严重匮乏，缺乏内部审核机制，直接影响行政执法行为的合法性。

通过对监督检查的结果进行反思发现，虽然每年都检查，责任都追究，但问题依然反复出现，情况大同小异，分布领域也大多集中在同样的执法部门。仅仅依靠每年的突击性监督检查，虽然也能发现纠正一些问题，但解决方式都呈现零星式、碎片化，无法从根本上解决问题。因此，要解决行政执法中存在的这些问题，关键还是要将权力关进制度的笼子，健全制度，以制度管人、管权、管事。

为了解决这些问题，2014年河北省便出台了《关于建立行政执法公开制度的实施方案》，在规范行政执法信息公开方面作了有益的尝试。党的十八届四中全会通过的《中共中央关于全面推进依法治国若干重大问题的决定》和中共中央、国务院印发的《法治政府建设实施纲要（2015—2020）》对全面推行行政执法三项制度作出部署，为系统性解决行政执法中存在的问题指明了前进的方向。

2016 年 12 月 30 日，习近平主持中央全面深化改革领导小组第三十一次会议审议通过《推行行政执法公示制度执法全过程记录制度重大执法决定法制审核制度试点工作方案》，河北省被党中央、国务院列为唯一在省市县三级行政执法部门同时推行三项制度的改革试点单位，共涉及 6 类执法行为、50 余类行政执法领域、7000 多个执法主体。经过一年多的实践，河北在推行行政执法三项制度方面探索了一套行之有效的"河北经验"，其中多项措施为全国首创，被国务院全面推行三项制度指导意见所采纳。

2018 年 11 月 14 日，习近平主持中央全面深化改革委员会第五次会议审议通过《关于全面推行行政执法公示制度执法全过程记录制度重大执法决定法制审核制度的指导意见》，12 月 5 日，国务院办公厅发布，行政执法三项制度在全国全面推行。河北在新的形势下，聚焦新问题新任务新要求，改革创新再出发，不断夯实制度、狠抓落实，将三项制度延伸到基层，在乡镇和街道综合执法中全面推行三项制度，使三项制度在河北"横向到边、纵向到底"，实现省市县乡全面贯通，打通行政执法最后一公里，为建设经济强省美丽河北提供坚实的法治保障。

二　主要做法

河北省委、省政府一直高度重视行政执法三项制度建设，认真贯彻落实习近平总书记"党政主要负责同志是抓改革的关键"的指示精神，把三项制度作为优化营商环境、建设法治政府的重要内容和重要抓手，摆在党委政府工作的突出位置，高点站位，精细谋划，持续推进，从组织机制、制度机制、落实机制、督考机制四个方面以最高规格、最强力量推进改革进程。

（一）建立高规格的组织机制

为确保三项制度有效落地、形成常态，河北建立了"党委领导、人大监督、政府推动、部门实施"的组织机制，成立了全面推行三项制度工作领导小组，省长亲自担任组长，省委常委、常务副省长任执行组长，省委政法委书记、省人大常委会副主任、分管副省长任副组长，省司法厅、省人大常委会监察和司法工作委员会、省委编办、省发展改革委、省财政厅、省人社厅、省市场监管局、省政务服务办主要负责同志为成员，为全面推行三项制度工作提供了坚强的组织保证。

1. 党委领导

从试点时期到全面推行阶段，河北省委一直高度重视三项制度改革的顶层设计，并将其列入省委改革办重点任务，持续推动。省委书记亲自主持召开省全面深化改革领导小组会议，审定试点实施方案，主持召开省委全面深化改革委员会会议，审议通过全面推行三项制度的实施方案，主持召开省委常委会，听取行政执法专题汇报，并且特别强调：要深入总结推广行政执法三项制度试点经验，继续巩固深化扩展试点成果，逐步在全省实现全覆盖。

2. 人大监督

在推行行政执法三项制度过程中，河北主动接受人大监督，由人大常委会副主任出任省全面推行三项制度工作领导小组副组长，充分发挥人大监督范围广泛性、方式多样性、效力权威性的特点，保证各项制度落到实处。

3. 政府推动

省长主持召开省政府常务会议，对行政执法三项制度亲自动员部署，对改革中涉及的法制审核人员、音像记录设备配备和执法信息化建设资金保障等关键问题亲自协调，亲自担任全面推行行政执法三项制度工作领导小组组长，并在全省法治政府建设会议专门部署行政执法三项制度工作，要求各地各部门深入学习贯彻习近平总书记关于全面依法治国的重要论述，聚焦行政执法的源头、过程、结果等关键环节，深入落实三项制度，规范行政执法公示工作，严格行政执法程序，加强行政执法监督，有效提升行政执法的透明化、规范化和法治化水平。

4. 部门实施

"前车后辙、上行下效"，各地各部门均效仿省委省政府主要领导亲自抓改革的做法，主要领导审议实施方案、部署安排、督导调研，全省上下将任务分解细化，明确时间表和路线图，倒排工期，挂图作战，打好提前量，确保落实。各地各部门纷纷以推进会、培训会、观摩会等形式全力推动三项制度改革向纵深发展，推动形成了上下同欲、上下同心、上下同力推动行政执法三项制度落实的良好局面。

（二）完善高标准的制度机制

改革布局，制度先行，河北省从一开始就高度注重省级顶层设计，将三项制度及相关配套制度建设放在首位，注重将成熟的做法上升为政府规章，以立法形式固化改革成果。构建了以一个实施方案、三部政府规章为主体，以两部地方性法规为两翼，以若干政府规范性文件为补充的制度体系。

1. 率先出台一个实施方案

2018 年 12 月 5 日，国务院办公厅发布《关于全面推行行政执法公示制度执法全过程记录制度重大执法决定法制审核制度的指导意见》，2019 年 3 月 13 日，河北省印发《河北省全面推行行政执法公示制度执法全过程记录制度重大执法决定法制审核制度实施方案》，该《实施方案》紧跟中央《指导意见》，紧贴河北发展实际，提出创新举措 32 项，其中具体要求 12 项，组织保障 20 项，经河北省委深改委第二次会议审议通过，以省政府办公厅名义印发。

2. 率先出台三部政府规章

为保障改革工作的常态化和长效性，提高制度规范化水平，河北率先以政府规章形式固化改革成果。2019 年 10 月 10 日，河北省政府第 65 次常务会议审议通过了《河北省行政执法公示办法》《河北省行政执法全过程记录办法》《河北省重大行政执法决定法制审核办法》，于 2019 年 12 月 1 日起施行，河北成为全国首个将三项制度上升为政府规章的省份。

3. 以两部地方性法规助力三项制度落实

2017 年 12 月 1 日，河北省第十二届人民代表大会常务委员会第三十三次会议审议通过《河北省优化营商环境条例》，其中第四十二条明确规定行政机关应当实行行政执法三项制度。2019 年 5 月 30 日，河北省第十三届人民代表大会常务委员会第十次会议审议通过《河北省行政执法监督条例》，其中第十二条、第十三条、第十四条对落实行政执法三项制度的监督作出了详细的规定。

4. 以若干规范性文件细化三项制度落实

《河北省行政执法音像记录设备配备办法》《关于加强法制审核队伍建设的通知》为落实三项制度提供人员和装备保障；《执法流程图》《重大执法决定法制审核流程图》《执法服务指南》和执法文书样本为落实三项制度提供程序指引；《执法事项清单》《执法人员清单》《音像记录事项清单》《随机抽查事项清单》《重大执法决定法制审核事项清单》为落实三项制度提供操作准则。

（三）夯实高效率的落实机制

一分部署，九分落实。为让每一项制度的落地都有具体的载体和抓手，河北省全面推行三项制度工作中聚焦"公开"，着力解决执法不透明的问题；聚焦"程序"，着力解决行政执法不规范的问题；聚焦"合法"，着力解决行政执法决定合法性的问题，下大力落实三项制度的各项要求。

1. 聚焦"公开"，着力解决执法不透明的问题

推行执法公示制度重在打造阳光政府，及时主动公开执法信息，让行政执法在阳光下运行。

（1）强化事前公开，解决执法权限公开的问题。通过政府网站及政务新媒体、办事大厅公示栏、服务窗口等平台，主动及时全面准确公开行政执法主体、人员、职责、权限、依据、程序、救济渠道、随机抽查事项清单和自由裁量基准等信息。

（2）规范事中公示，解决执法过程公开的问题。行政执法人员开展执法活动时，须主动出示佩戴执法证件，出具必要的行政执法文书，实现执法全程公示执法身份。行政执法机关政务服务窗口设置岗位信息公示牌，明示工作人员岗位职责、申请材料示范文本、投诉举报等信息。

（3）加强事后公开，解决执法结果公开的问题。行政许可、行政处罚决定结果信息要在执法决定作出之日起 7 个工作日内公开，其他行政执法决定（结果）在 20 个工作日内公开。建立健全行政执法决定（结果）信息公开发布、撤销和更新机制，完善河北省行政执法统计报

告制度。

2. 聚焦"程序"，着力解决行政执法不规范的问题

推行执法全过程记录制度重在规范程序，扩大记录适用范围，实现全过程留痕、可回溯管理。

（1）完善文字记录。根据国务院有关部门制定的行政执法格式文本，制定本系统全省统一的行政执法文书格式文本和执法文书制作指引。

（2）规范音像记录。根据行政执法行为不同类型、阶段和环节的特点，编制统一的音像记录事项清单和执法行为用语指引，明确记录的重点、标准和程序。

（3）严格记录归档。健全执法案卷管理制度，规范执法台账和法律文书的制作、使用、管理，按照有关规定归档存储执法全过程记录资料。

（4）明确设备标准。印发《河北省行政执法音像记录设备配备办法》，将各级执法部门分为 A、B、C 三类，要求 A 类部门配备执法记录仪不低于3 人一台，B 类部门不低于 5 人一台，C 类部门根据执法需求配备。

3. 聚焦"合法"，着力解决行政执法决定不合法的问题

推行执法决定法制审核制度重在合法行政，确保每项重大执法决定必须经过合法性审查，守住法律底线。

（1）明确审核机构。行政执法机关负责法制工作的机构负责本机关执法决定的法制审核。政府作出执法决定的，由提出决定的业务主管部门法制机构进行法制审核。

（2）明确审核人员。印发《关于加强法制审核队伍建设的通知》，明确市县政府法制机构法制审核人员不少于本级执法人员的1%，部门法制审核人员不少于本部门执法人员的5%。为弥补法制审核人员不足，可以通过政府购买服务的方式，聘用长期固定的法律专业人员协助做好法制审核工作。

（3）明确审核范围。各级行政执法机关通过编制重大执法决定法制审核事项清单明确审核范围。省直执法部门制定省市县三级重大执法决定法制审核事项的标准，各级执法部门结合实际制定本部门的重大执法决定法制审核事项清单。

（4）明确审核内容。重点审核行政执法主体是否合法，执法人员是否具备执法资格；执法程序是否合法；案件事实是否清楚，证据是否合法充分；适用法律、法规、规章是否准确，裁量基准是否适当，执法是否超越本机关法定权限；执法文书是否规范、齐备；违法行为是否涉嫌犯罪，需要移送司法机关等。

（5）明确审核责任。行政执法机关主要负责人是推动落实本机关重大执法决定法制审核制度的第一责任人，对本机关作出的行政执法决定负责；行政执法承办机构对送审材料的真实性、准确性、完整性以及执法的事实、证据、法律适用、程序的合法性负责；法制审核机构对重大执法决定的法制审核意见负责。

（四）打造高精细的督考机制

改革成效，督考为要。制度的生命力在于执行，习近平总书记在《之江新语》中说过：各项制度制定了，就要立说立行、严格执行，不能说在嘴上，挂在墙上，写在纸上，把制度当"稻草人"摆设。为确保一以贯之落实制度，使各级执法部门和执法人员严格执行三项制度成为常态，河北在培训、考核、评估、宣传、奖惩等方面打造出了高度精细化的督导考核机制。

1. 强化业务培训

省级层面先行举办培训班，培训业务骨干800多人，各地各部门再分级培训，全省累计培训50万余人次，整理印发各种文件资料38万余册，编制简便易用的《三项制度问答手册》，开展行政执法案卷专题培训，通过司法行政电视电话会议系统，对省市县三级行政执法单位和司法行政机关行政执法骨干进行在线培训，发挥以案释法功效。

2. 强化督察督导

省委办公厅、省政府办公厅将推行三项制度工作纳入重点督查范围；将三项制度纳入"营造法治化营商环境保护民营企业发展"专项督察和法治政府建设专项督察，各级司法行政机关每季度进行一次网上巡查，抽查执法公示落实情况。每半年开展一次案卷评查，2019年省司法厅组织评查执法案卷572卷，涉及执法单位280个，评选出100卷优秀行政执法案卷予以通报。

3. 强化考核测评

通过第三方评估，增强考核结果的真实性和公信力。河北已连续三年委托独立的第三方评估机构，对推行三项制度工作进行群众满意度测评。组织开展依法行政考核，将三项制度分值占比提高至 30%，考核结果作为衡量各级领导班子和领导干部工作实绩的重要内容，切实发挥了考核"指挥棒"作用。

4. 强化宣传实效

积极发挥传统媒体作用，通过"阳光热线""网民问政""政策访谈"等节目与网民、听众互动，进行多角度、多元化、立体式宣传；充分发挥新媒体作用，开展公众号有奖竞答活动，辐射十几个省市，吸引万余人参与，在全社会营造了支持改革、拥护改革、参与改革的浓厚氛围。

5. 强化奖惩力度

自 2019 年起，每两年培树 100 个"行政执法先进典型单位"、100 名"行政执法标兵"，并评选 100 卷优秀执法案卷予以通报表扬。同时，对推行三项制度不力、造成不良后果的直接责任人和主管责任人员进行问责。

三　取得成效

推行行政执法三项制度以来，河北取得了一系列的成绩，得到了社会各界的认可。2017 年，入选河北"十大法治事件"，全国行政执法三项制度试点工作中期推介会在河北召开。2018 年，荣获第五届"中国法治政府奖"。2019 年，入选中共中央组织部编写的《贯彻落实习近平新时代中国特色社会主义思想、在改革发展稳定中攻坚克难案例》，供全体党员在"不忘初心、牢记使命"主题教育中使用，并被国家行政学院选为干部培训教材，司法部《司法要情》专刊予以报道，全国全面推行行政执法三项制度推进会在河北召开，重点推介河北经验。2020 年，入选河北省 2019 年度推进法治进程特别典型事件，中央依法治国办《关于法治政府建设实地督察发现的典型经验做法的通报》和《全面依法治国调研与督查》专报对河北推行三项制度工作经验予以报道。此外，中央人民政府网、人民日报、新华网、中国新闻网、法制日报等国家级媒体对河北三项制度工作予以广泛报道。先后有二十多个省市到河北考察学习，河北也应邀赴辽宁、江苏、山西、西藏等地介绍经验。

（一）行政执法透明度不断提高

河北省已经建成行政执法信息公示平台，统一公示各级行政执法部门的行政执法信息。该平台纳入河北省"互联网＋政务服务"一体谋划、一体建设，为全省行政执法工作提供了有力支撑。截至2019年底，全省建立执法公示专栏4120个，事前公开内容56万余项、执法结果1625万余项。目前，河北省各级执法部门网站、各类办事大厅和服务窗口主动公开执法信息已成常态，所公示执法信息逐年递增。问卷调查显示，2019年，行政相对人和普通社会公众对政务公开的评分为62.02分，比2018年同期水平（55.93分）提高了6.09分。各级执法人员主动出示或佩带执法证件已成习惯，群众获取执法信息与监督行政机关依法履职更加便捷。不少地方和部门由"亮证执法"变"挂证执法"，全程公示执法身份，方便群众识别监督。人民群众对行政执法的知情权、监督权得到有效保障，方便了群众办事和监督，也有效避免了同案不同罚。

（二）执法行为不断规范

目前河北绝大多数行政执法部门案卷制作较为规范，能够按标准进行文字记录，需要音像记录的，能够随卷留存各类照片、录像等音像记录资料，体现出全过程记录制度的落实成效，实现了执法行为的全过程留痕和可回溯管理，有效化解了执法争议，维护了当事人的合法权益。公安、市场监管、城管等系统充分发挥音像记录信息在舆情应对工作中的作用，对"信息怎么用"的问题进行了探索，收到了良好效果。全过程记录给执法人员戴上了"紧箍咒"，保证了执法活动严格按程序进行。

（三）执法合法性不断增强

严把法制审核关口，各级行政执法部门作出重大执法决定前均能够进行法制审核，做到了未经法制审核或者审核未通过的，不作出决定。全省 2019 年法制审核 363 万件，纠错 9 万件，纠错率从 2018 年的 5.22% 降到 2019 年的 2.48%，守住了法律底线，也经受住了复议、诉讼的考验。以省财政厅为例，从 2017 年推行行政执法三项制度开始，连续三年被复议、被诉讼案件胜诉率和维持率 100%，2019 年未发生被复议案件，办理对下行政复议案件调解撤回率达到 80%，同比增长 19%，有效实现了定分止争、案结事了。

（四）群众获得感不断提升

问卷调查显示，社会公众对行政执法的满意度逐年提升，2019 年度我省法治政府建设公众满意度的综合评分为 80.13 分，再创 2016 年以来新高（2016—2018 年分别为 73.74 分、73.56 分、76.71 分），人民群众对行政执法的满意度从 2015 年的 44.42% 上升至 2019 年的 77.30%（2016 年度为 59.25%，2017 年度为 68.61%，2018 年度为 72.74%）。

（五）营商环境不断优化

随着法治政府建设进程不断深入，营商环境明显改善。2019 年，河北省民营经济增加值同比增长 7%，企业总量在全国排位由 2018 年底的第 8 位上升至第 7 位，为促进经济社会发展奠定了坚实基础。

四　面临的问题

尽管在推行三项制度、规范行政执法的工作中取得了一些成绩，但是对标对表党中央、国务院和省委、省政府的新要求，经济社会发展的新形势和人民群众的新期待，河北省在推行三项制度工作中也存在着一些问题：

（一）重视程度还有待提高

有些地区和部门的思想认识还不够高，三项制度工作与中心工作结合度还不够，还存在着说起来重要、忙起来次要、干起来不要的说做两张皮现象。

（二）制度建设还有待完善

有些地方和单位存在着照搬照抄上级制度文本的情况，所制定的配套制度与自身实际情况结合度不高，创新性和操作性不够强。

（三）制度落实力度还有待增强

有些单位公示信息不全面、不规范，缺乏动态调整或调整不及时；有些单位执法记录不完整，简化案件重要环节；有些单位缺少法制机构审核，审核意见不明确，离推行三项制度的要求还有不小差距。

（四）信息化建设还有待提升

行政执法信息化建设与先进地区相比有一定差距，行政执法信息的录入、存储不够规范，信息共享机制还未形成，语音识别、文本分析、人工智能等新技术的开发和应用还不够。

（五）基层力量还有待加强

由于机构改革调整，各级执法部门尤其是基层执法部门，行政执法人员和法制审核人员变化很大，无论是人员数量还是人员素质，与工作的要求还有较大差距。

五　未来努力方向

（一）提高思想认识

提高政治站位，坚持以习近平新时代中国特色社会主义思想为指导，切实把全面推行行政执法三项制度工作放到全面推进依法治国、建设社会主义法治国家的大局中去考虑，放到推进社会治理体系和治理能力现代化的大局中去部署，放到优化营商环境、推进经济社会高质量发展的大局中去推动，放到实现"两个一百年"奋斗目标、实现中华民族伟大复兴的中国梦的大局中去落实。

（二）找准存在差距

推行三项制度，推进法治政府建设，是中央部署的改革措施，落实好三项制度就是向中央看齐，向党的方针政策看齐。在推行三项制度工作中，要时刻向中央的要求对标，时刻向人民群众的期待对表，时刻向先进省份的做法看齐。

（三）聚焦关键环节

三项制度工作在河北已经全面铺开，但是关键部分、关键环节的落实还需重点关注，比如制度建设的完善、信息化建设的提升，尤其是加强法制审核队伍建设、督促工作落实落细上，需要给予更多的关注，盯紧这些关键点。

（四）狠抓制度落实

制度的制定难，落实更难。三项制度建立以后，重点在于落实，目前执法中存在的问题，归结起来还是三项制度没有落实好，河北将结合乡镇和街道综合行政执法改革，认真研究推行三项制度中出现的新情况、新问题，推进三项制度在基层落地生根，实现省市县乡四级全覆盖，打通行政执法"最后一公里"。

全国省级生态环境主管部门政务公开
现状、问题及路径研究

陈　丹　吴建飞　卞泽娟

罗亚平　张　鹏　王正亮*

摘　要： 全国各地生态环境部门围绕党中央、国务院关于政务公开工作的决策部署，扎实推进政务公开工作，成效显著。评估分析发现，近年来省级生态环境主管部门公开意识逐步增强，重点领域信息公开不断深化，信息发布、解读、回应衔接配套公开格局形成，信息公开渠道呈现多元化，政务公开制度更加完善。但仍存在一些问题，如重点领域信息公开需继续完善，公众参与程度有待提高、政策解读水平仍需提升等。

关键词： 环境信息　政务公开　第三方评估

公开透明是现代法治政府的基本特征。环境信息公开是公众参与环境保护及行使环境知情权的重要前提与基础。党的十九大报告指出，全面深化绿色发展需要构建政府为主导、企业为主体、社会组织和公众共同参与的环境治理体系。政府环境信息公开是环境治理体系的一项基础性、全局性工作，它不仅是公众参与环境保护及行使环境知情权的重要

---

　* 执笔人：陈丹，安策智库专家委员会主任，中国科学技术大学管理学院副研究员、博士；吴建飞，安徽省安策智库咨询有限公司董事、常务副总经理；卞泽娟，安徽省安策智库咨询有限公司第三方评估中心主任；罗亚平，安徽省安策智库咨询有限公司第三方评估中心研究员；张鹏，安徽省安策智库咨询有限公司第三方评估中心研究员；王正亮，安徽省安策智库咨询有限公司总经理助理。

前提与基础，也是提高政府工作透明度、提升环境管理水平、加快环境管理规范化法治化进程的重要手段。

近年来，党中央、国务院对政务公开工作作出了一系列重要部署，各地生态环境部门顺应时代潮流，积极贯彻落实决策部署，环境信息公开工作取得明显成效，但与人民群众的期待和建设法治政府的要求相比，仍有一定差距。

研究生态环境部门政务公开情况，有利于摸清环境信息公开现状，系统分析环境信息公开存在问题，推动生态环境部门优化整改，全面提升环境信息公开水平；有利于明确今后政务公开工作改进方向和发展路径，推动生态环境部门政务公开工作向纵深发展；有利于促进生态环境部门政务公开工作标准化规范化运行，满足社会公众日益增长的环境知情权、参与权、监督权的需要，切实增强政府公信力和执行力。为此，课题组根据《中华人民共和国政府信息公开条例》、中共中央办公厅和国务院办公厅印发的《关于全面推进政务公开工作的意见》、国务院办公厅《〈关于全面推进政务公开工作的意见〉实施细则》、生态环境部《关于印发贯彻落实〈《关于全面推进政务公开工作的意见》实施细则〉的方案的通知》等文件，制定了省级生态环境主管部门政务公开第三方评估指标，对全国 30 家省级生态环境厅（局）网站进行观察（山西省因评估期间网站无法打开而未纳入评估对象），分析其落实政务公开要求的情况，评估数据截止于 2019 年 8 月 31 日。

一　省级生态环境主管部门政务公开现状分析

（一）省级生态环境主管部门公开意识逐步增强

各地生态环境部门按照《政府信息公开条例》《环境信息公开办法（试行）》及中央、国务院近年来出台的政务公开相关政策要求，持续推进环境信息公开工作，信息公开数量和范围不断扩大。从各生态环境部门信息公开年度报告统计的主动公开数据来看，省级生态环境主管部门信息主动公开数量总体呈上升趋势，主动公开意识逐步增强。例如根据甘肃省生态环境厅历年来信息公开年度报告数据，甘肃省生态环境厅网站信息主动公开数量呈逐年增长趋势（见图 1），主动公开数量从 2011 年的 1173 条上升到 2018 年的 12143 条。政务公开范围也不断拓展，自 2008 年《政府信息公开条例》实施以来，各生态环境部门积极建立公开内容动态扩展机制，网站公开内容从机构职能、政策法规、人事任免、规划计划、部门动态等方面，逐步拓宽到财政预决算、"五公开"、环境质量、环境监管、污染防治、生态保护、环保督察等重点领域信息以及政策解读、回应关切等方面信息。

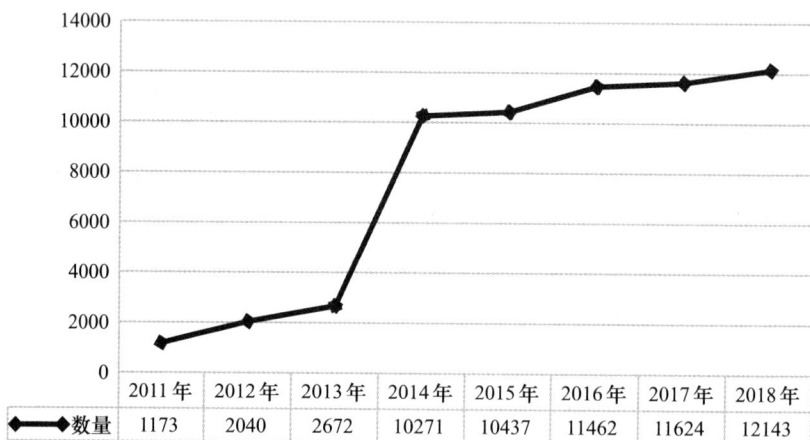

图 1 甘肃省生态环境厅 2011—2018 年网站信息发布数量折线图
资料来源：甘肃省生态环境厅 2011—2018 年政府信息公开年度报告。

（二）重点领域信息公开不断深化

重点领域信息公开是生态环境部门政务公开工作的重要内容和核心要求。评估结果表明，各省生态环境厅重点领域信息公开总体较好，主要表现为以下几个方面。

1. 全面公开环境保护督察相关信息

评估结果显示，各单位环境保护督察信息指标平均得分率为 91.78%。30 家单位均开设了关于中央环保督察的相关专题，信息发布全面规范，其中有 20 家单位公开了中央环保督察整改方案和整改情况，占比达到 66.67%；26 家单位公开了群众举报生态环境问题的查处情况，占比达到 86.67%；27 家单位公开了约谈地方政府有关情况，占比达到 90.00%。

2. 规范公开环境状况公报

评估结果显示，除西藏自治区生态环境厅外，其他 29 家单位均发布了环境状况公报，且内容公开规范，其中云南省生态环境厅将环境状况公报设置成电子书的形式，可实现直接翻页阅读，展现形式新颖，阅读性强；重庆市生态环境局还公布了环境状况公报的英文版。

3. 定期公开空气环境质量、水环境质量信息

评估发现，各评估对象空气环境质量信息指标平均得分率为 93.29%，空气环境质量信息发布较及时，大多数单位公开了环境质量日报、月报信息及空气质量预报信息，29 家单位建立环境空气质量实时发布系统，在门户网站设置了专门的板块公开环境空气质量实时监测数据。水环境质量信息指标平均得分率为 85.79%，22 家单位能够按月或季度公开集中式饮用水水质状况信息；20 家单位定期公开了主要流域水质监测信息；部分单位实时发布地表水自动监测站数据，例如浙江省生态环境厅、安徽省生态环境厅、湖南省生态环境厅等。

4. 细化公开建设项目环境影响评价信息

评估结果显示，30 家单位均公开了建设项目影响评价的审批受理、拟批复和批复信息。部分单位还对环境影响评价审批不同阶段的信息进行了栏目细分。例如，浙江省生态环境厅、云南省生态环境厅、山东省生态环境厅、北京市生态环境局、上海市生态环境局等多个单位分类设置了项目受理情况、拟审批项目公示、已批准项目公示栏目，分类放置信息，有利于提高公开效果，方便公众查找，其中上海市生态环境局和云南省生态环境厅在项目受理情况栏目中不仅公开了拟报批的环境影响报告书全文，而且公开了公众参与说明。

5. 及时公开环境监管信息

评估发现，各评估对象环境监管指标平均得分率为 88.25%。污染源监测信息公开方面，重点单位排污名录公开情况较好，28 家单位公开了重点单位排污名录。环境监管执法信息方面，26 家单位做到及时公开全国集中式饮用水水源地环境保护专项行动、城市黑臭水体整治环境保护专项行动等相关信息。行政处罚信息方面，行政处罚结果公开较好，22 家单位定期公开了本级部门作出的行政处罚，其中北京市生态

环境局在门户网站首页设置了"行政处罚结果查询"专门栏目，专栏中及时公开了行政处罚决定书全文，其中行政处罚决定书文号、执法依据、案件名称、行政相对人统一社会信用代码、处罚事由、作出处罚决定的部门、处罚结果和救济渠道等要素齐全，另外还在专栏中公示了行政处罚的执行情况。

（三）信息发布、解读、回应衔接配套公开格局形成

各地生态环境部门提高了信息发布、政策解读、舆情回应等工作的重视程度，及时公开出台的政策法规，加强对重要政策的解读，回应社会关切，为公众解疑释惑。

1. 政策解读工作逐步受到重视

做好涉及群众切身利益、影响市场预期等重要政策解读，主动回应市场和社会关切事项，是提升政府公信力，减少误解猜疑，稳定市场预期，保障公众切身利益的重要举措。评估发现，30 家生态环境厅（局）均在政府网站设置了政策解读专栏，及时发布解读材料，绝大多数单位政策解读内容完整规范，充分说明政策制定背景、主要依据、重点内容等。政策解读形式更加多样化，部分单位解读形式比较新颖，图解形式应用更加广泛，部分单位还积极运用新闻发布会解读重要政策，例如湖北省生态环境厅发布的图文解读《湖北省农业农村污染治理实施方案》结构清晰，通俗易懂；吉林省生态环境厅召开《吉林省辽河流域水环境保护条例》新闻发布会，解读立法背景、制定过程、主要内容和特点等。

2. 积极回应社会关切

评估发现，30 家生态环境厅（局）均在门户网站开设了在线政民互动平台，设置了领导信箱、新闻发布会、在线访谈、在线咨询、民意征集等政民互动相关栏目，栏目开设率达 100%，且普遍公开了公众所提的问题及回应情况，30 家生态环境厅中仅西藏自治区生态环境厅 1 家未能够对公众在互动平台上咨询的问题作出及时回应，其余单位均能够对公众提出的问题予以及时回复。部分单位重视对公众关切热点问题的回应，积极主动回应社会关切，例如广东省生态环境厅在门户网站设置了回应关切专门栏目，对网友、媒体关注的热点问题进行梳理，集中

展示了公众比较关注的问题。

（四）信息公开渠道呈现多元化

各地生态环境部门主动顺应互联网和大数据时代新形势、新要求，统筹和用好各类政务公开渠道，推进传统公开平台、载体与新平台、新媒体的融合发展，形成了包括政府网站、微博微信、新闻媒体、报纸杂志等多元化的公开渠道，可以适应不同情况的公开要求、满足不同群体的需求。

1. 充分发挥政府门户网站政务公开第一平台作用

各地生态环境部门根据新时代政务公开新要求，不断加强政府门户网站建设，积极打造公开目录更加清晰、页面更加美观、功能更加完善的政务公开平台。各部门不断优化网站栏目设置，以政府信息公开为基础，逐步增加投诉咨询、调查征集、部门信箱、在线访谈等互动功能以及网上办事功能。各部门充分发挥政府网站在信息发布、解读政策、舆论引导、互动交流、办事服务等方面的作用，政府门户网站已成为政务公开第一平台。另外，部分单位坚持以人民为中心的发展思想，注重网站服务功能创新，为群众提高个性化和智能化服务，提升用户体验，例如河北省、内蒙古自治区、吉林省、上海市、江苏省、安徽省、福建省、江西省等多地生态环境厅（局）政府门户网站设置了无障碍服务功能，满足残疾人、老年人等特殊群体获取网站信息的需求；河北省、江苏省、湖南省等地生态环境厅在门户网站开通智能问答服务平台，为群众提供全天候咨询服务。

2. 用好政务新媒体平台

微博、微信、客户端等移动新媒体由于具有全天候的及时性、共享性、便捷性、全覆盖等特点，在生态环境部门中也逐步得到重视与发展。评估发现，有29家单位在政府网站提供了政务微信链接入口，占比96.67%；28家单位提供了政务微博链接入口，占比93.33%，有21家单位提供了客户端链接入口，占比70.00%。各地生态环境部门充分发挥政务微博、微信等新媒体平台灵活便捷、传播迅速的优势，及时发布生态环境政务信息、解读政策、回应关切，使政务微博、微信成为环境信息公开的重要渠道。部分单位还不断拓展新兴政务媒体平台，例如广西壮族自治区生态环境厅除开通政务微博微信和移动客户端外，还开通了"企鹅号""头条号""网易号""一点号""澎湃号"等新媒体账号，形成覆盖广泛的政务新媒体布局；重庆市生态环境局打造以"微信、微博"双微平台为主，以"头条号、一点号、企鹅号、上游号"为辅的"两主四辅"政务新媒体平台，实现同频共振，共同发声；黑龙江省生态环境厅在积极建设"两微一端"的同时，还在今日头条、澎湃新闻、抖音等新媒体平台设立政务账号。

3. 进一步发挥传统媒介作用

广播、电视和报纸等传统公共媒介拥有广大的受众群体，信息覆盖范围广，各地生态环境部门充分利用传统媒体平台，提升政府信息社会知晓度和传播面。各部门积极参与广播电台的政风行风热线访谈、通过报纸刊物登载宣传信息等，及时将最新的生态环境政策、生态环境动态新闻等向社会公开，满足不同层次群众获取信息的需求。例如青海省生态环境厅通过青海日报、青海电视台、中国环境报等主流和专业媒体，围绕环保重点工作推进，组织开展环境新闻系列采访和宣传报道活动，营造良好舆论氛围；陕西省生态环境厅在陕西日报要闻版开设"打好污染防治攻坚战"和"环保督察进行时"两个专栏，每周一期刊发环境新闻，同时在陕西广播电视台《陕西新闻联播》开设"环保督察进行时"专栏，每周一期播发环保督察新闻。

4. 新闻发布会成为信息发布的权威渠道

新闻发布是政府信息公开的重要方式，也是行政机关正面主动解读政策、回应社会关切的重要渠道。《国务院办公厅关于进一步加强政府信息公开回应社会关切提升政府公信力的意见》，中共中央办公厅、国务院办公厅《关于全面推进政务公开工作的意见》中均对加强新闻发布提出明确要求。各地生态环境部门建立健全例行新闻发布会和新闻发言人制度，围绕重大决策部署、重点工作和社会关注的热点问题，积极利用新闻发布会发布权威信息，解读重要生态环境政策措施，宣传报道生态环境工作新进展、新成效，主动回应社会关注的热点问题。

（五）政务公开制度更加完善

自 2008 年《政府信息公开条例》和《环境信息公开办法（试行）》

实施以来，国家环境信息公开制度建设不断取得新进展。近年来国家先后出台了大量环境信息公开相关政策文件，包括《国家重点监控企业自行监测及信息公开办法（试行）》《国家重点监控企业污染源监督性监测及信息公开办法（试行）》《建设项目环境影响评价政府信息公开指南（试行）》《企业事业单位环境信息公开办法》等，对具体关键领域的信息公开工作做出明确规定。2015 年起实施的新修订《环境保护法》对"信息公开和公众参与"作了专章规定。2018 年 7 月出台的《环境影响评价公众参与办法》，对建设项目环境影响评价公众参与责任主体以及信息公开的内容、时限、载体等进行优化设计。环境信息公开制度的不断完善，为环境信息公开工作提供了有力依据，极大地促进了环境信息公开。

各地生态环境部门也大力推进公开制度建设，陆续制定发布了信息公开管理办法、信息主动公开、依申请公开、环境新闻发布等一系列信息公开相关制度，基本形成了依制度办事、以制度促公开的工作机制，为各地区有效推进政务公开发展奠定了制度保障基础。例如安徽省生态环境厅制定了信息公开考核、责任追究、保密审查、澄清虚假或不完整信息制度、社会评议、发布协调等信息公开配套制度；安徽省、福建省、江西省生态环境厅等制定公开了环境新闻发布制度，对例行新闻发布的组织实施和职责分工、发布内容与形式、发布审核程序等作出具体规定；北京市、重庆市、安徽省、河南省、湖北省、广东省、四川省、江西省、陕西省、福建省等多地生态环境厅（局）制定发布了信息主动公开基本目录及标准规范，推动政务公开规范化标准化发展。

二　省级生态环境主管部门政务公开存在的问题分析

（一）思想认识需进一步提高

一些地方对环境信息公开的重要性认识不到位，部分单位未能充分认识到环境信息公开的必要性和重要意义，思想观念不能适应新形势下的政务公开新要求。部分单位信息公开工作避重就轻，侧重于结果公开，一些决策过程中公开的信息少，如部分单位注重政策文件发布，而重大决策的预公开信息发布较少。部分单位信息公开不主动、不及时，如西藏自治区生态环境厅存在门户网站公开栏目长时间未更新问题，"环境监督""空气质量日报""政策解读与回应"等栏目信息只更新到2016年。行政人员思想理念不到位，工作动力不强，制约了政务公开水平全面提升。

（二）重点领域信息公开仍需继续完善

目前重点领域信息仍存在公开不彻底、不全面、不及时等问题，尤其是投诉举报、部分行政审批信息、自然生态保护等方面公开质量较差。

1. 部分单位未公开投诉举报处理信息

国家环境保护总局令第35号文件《环境信息公开办法（试行）》中，明确要求公开"经调查核实的公众对环境问题或者对企业污染环境的信访、投诉案件及其处理结果"，《国务院办公厅关于推进社会公益事业建设领域政府信息公开的意见》（国办发〔2018〕10号）文件进一步强调公开环境保护领域"投诉处理"信息。但评估发现仍有5家单位未及时公开群众举报投诉信息，9家单位未发布举报投诉查处情况信息。

2. 部分单位行政许可结果公开不到位

《行政许可法》第四十条规定，"行政机关作出的准予行政许可决定，应当予以公开，公众有权查阅"。评估发现，在排污许可管理方面，有10家单位未公开本年度排污单位申请信息，12家单位未公开已核发排污许可证信息。

3. 自然生态保护相关信息公开较少

评估结果显示，有15家单位未公开自然保护区晋升、调整和面积、范围信息；有10家单位未公开本地区生态保护红线。

（三）公众参与的程度有待提高

1. 公众参与意识比较薄弱

近年来，在各地生态环境部门努力下，公众参与政务公开的意识虽然有了提高，但相对来说还是比较薄弱，参与的积极性不高，参与能力不足。当前，各地生态环境部门虽然通过在门户网站设置民意征集、意见征集、民意调查等公众参与栏目，对重大政策、行政决策向公众征求意见，但大部分部门意见征集效果不理想，多数意见征集未收到公众的意见反馈，一定程度上体现公众参与主动性和意识有待提高。另外，政务新媒体公众互动性不强，虽然大部分生态环境部门开通了政务微博微信，但是大多数单位政务新媒体以单向发布为主，公众参与互动较少，"低互动、弱联动"现象普遍存在，公众参与度和关注度不高，以吉林省生态环境厅为例，2019 年 4 月 1 日至 10 日，吉林省生态环境厅发布8 条政务微博信息，其中原创仅 1 条，共收到 7 次转发、1 条评论、6 个点赞。

2. 公众参与方式单一

《环境保护公众参与办法（试行）》明确规定，环境保护主管部门可以通过征求意见、问卷调查、座谈会、论证会、听证会等方式征求公众对相关事项或活动的意见和建议。评估发现，各地生态环境部门意见征集的形式不丰富，有 20 家单位制定重大政策时只运用一种意见征集形式向公众征求意见，多数单位仅通过在门户网站发布征求意见稿的形式进行，公众参与形式有限。

3. 公众参与制度不完善

中共中央办公厅、国务院办公厅印发的《关于全面推进政务公开工作的意见》明确规定，"实行重大决策预公开制度，涉及群众切身利益、需要社会广泛知晓的重要改革方案、重大政策措施、重点工程项目，除依法应当保密的外，在决策前应向社会公布决策草案、决策依据，通过听证座谈、调查研究、咨询协商、媒体沟通等方式广泛听取公众意见，以适当方式公布意见收集和采纳情况"。及时公开公众参与的反馈结果，对提升公众参与积极性及有效性至关重要。评估发现，各地生态环境部门重大决策的意见征集反馈情况公开不理想，评估的30 家单位中，有 21 家单位 2019 年以来未发布意见反馈情况信息，从侧面反映出公众参与的反馈、回应机制欠缺，对听取的公众意见采纳与否、不采纳的是否说明理由、如何说明理由等缺乏必要的约束性具体规定。

（四）政策解读水平有待提升

1. 本级政策解读力度需加强，解读形式待丰富

中共中央办公厅、国务院办公厅印发的《关于全面推进政务公开工作的意见》中要求，"注重运用数字化、图表图解、音频视频等方式"。但评估发现，2019 年有 7 家单位未公布本级政策解读信息，11 家单位本级政策解读信息发布较少，10 家单位未运用图表、音视频等方式解读，29 家单位未采用新闻发布、政策吹风会、发表文章等多种方式扩大解读效果。

2. 政策解读"第一责任人"制度有待进一步落实

《国务院办公厅印发〈关于全面推进政务公开工作的意见〉实施细则的通知》（国办发〔2016〕80 号）规定，部门主要负责人是"第一解读人和责任人"，要带头解读政策，传递权威信息。评估发现，有 19 家单位 2019 年缺少主要负责人进行牵头解读的信息。

3. 政策解读与政策文件的关联性仍需加强

中共中央办公厅、国务院办公厅印发的《关于全面推进政务公开工作的意见》中明确要求，"文件公布时，相关解读材料应与文件同步在政府网站和媒体发布"。评估发现，评估中有 20 家单位未在政策解读项下设置可导向该解读所对应的政策文件的链接，不便于公众对政策文件的查看和理解。

（五）政务公开制度化规范化建设有待加强

1. 政务公开监督机制不健全

党中央、国务院制定的《关于全面推进政务公开工作的意见》、国务院办公厅印发《关于全面推进政务公开工作的意见》实施细则的通知以及生态环境部政务公开相关文件的出台，有力推动了我国环境信息公开的发展，但因为监督机制不健全，导致政务公开随意性较强。内部监督机制不完善，监督手段不具体，政务公开积极性、主动性和效果均大打折扣。外部监督力度不够，媒体介入和社会公众参与监督较少，环保组织在监督方面的作用没有充分地发挥，只是停留在组织进行环境保护的初级层面，没有形成监督政府环境信息公开的有力力量。

2. 政务公开标准化规范化体系有待完善

国务院办公厅印发《〈关于全面推进政务公开工作的意见〉实施细则的通知》明确规定，"推进主动公开目录体系建设，要坚持以公开为常态、不公开为例外，进一步明确各领域'五公开'的主体、内容、时限、方式等"。部分单位主动公开目录体系不健全，未按照近年来国家、生态环境部出台的政务公开相关政策法规要求及时修订完善主动公开目录体系。同时，部分单位尚未建立公开目录标准体系，评估发现，有16家单位没有在门户网站上发布主动公开基本目录及标准规范，未对信息公开事项的主体、内容、时限、方式等公开标准要素作出明确规定，政务公开标准体系有待建立健全。

三　典型经验借鉴

（一）北京市生态环境局：以清单列表促进政务公开标准化

北京市生态环境局以政务公开全清单为抓手，促进政务公开标准化规范化体系建设。北京市生态环境局以三定职责为基础，全面梳理了部门的公开职责，编制了政务公开全清单。主动公开信息全清单中每一条信息均包含了具体职责、业务事项、信息类别、内容标准、公开时限、公开形式等多种公开标准要素，本单位有哪些政府信息、由哪个部门掌握、是否应当公开、谁来负责公开、什么时间公开，从源头上进行明确，清楚明了。

（二）山东省生态环境厅：新媒体宣传焕发活力

山东省生态环境厅主要采取以下措施，积极推进新媒体建设。一是规范新媒体管理运营，确保信息发布及时。山东省生态环境厅开通政务微博微信，按照"内容为王、用户至上"新媒体传播规律，及时推送工作动态、重要新闻和民生热点等，深入宣传重要工作部署和亮点经验。二是完善新媒体矩阵，实现同频共振。山东省186个市、县（市、区）生态环保部门开通了政务微博，建立了以"@山东环境"为核心，省、市、县（市、区）和部分乡镇上下联动的四级生态环保政务微博矩阵。三是丰富新媒体产品，提升传播有效性。创新新媒体产品形式，采用生动简洁的短视频、"表情包"、"一张图"等方式表达生态环境专业内容。四是积极回应网友诉求，实现良性互动。印发了《山东省生态环境舆情处置与引导办法（试行）》，形成了网络舆情发现、交办、处置、反馈全流程有机衔接的闭环工作机制，实现线上互动、线下行动，公众参与、合力治污。

（三）上海市生态环境局：着力推进政务数据资源共享与开放

依托上海市政府数据开放平台，上海市生态环境局积极推进生态环境政务数据资源共享和开放工作。上海市生态环境局截至2018年年底100%完成已建系统资源目录编目和数据开放工作，向公众开放182项数据资源，有效支撑了环境数据的分析应用。上海市生态环境局确定了"系统分散采集、数据中心统一归集共享"数据管理思路，各应用系统统一归集到数据中心，由数据中心一口对外共享和开放，截至2018年年底，数据中心已归集建设项目管理、排污许可证、监察执法、建筑工地扬尘、环境质量（大气、地表水）等环境信息，为环保大数据分析奠定坚实数据基础。

（四）安徽省生态环境厅：积极落实例行新闻发布会制度

安徽省生态环境厅建立了例行新闻发布会制度，制定出台《安徽省环保厅关于印发安徽省环保厅新闻发布规定的通知》，对新闻发布会时间频次、新闻发布会内容及流程作了明确规定。安徽省生态环境厅围绕全局性工作，精心策划新闻发布会选题，研究确定发布主题、发布时间，编制年度新闻发布计划并在门户网站及时进行公开。根据年度新闻发布计划，安徽省生态环境厅定期召开例行新闻发布会，及时公开环境政策措施、环境治理工作进展等信息，主动回应社会关注的热点问题。新闻发布实录信息公开内容规范，新闻发布主题、时间、新闻通稿、发布会图片等要素齐全。

（五）广东省生态环境厅：政策解读发布规范，形式多样

广东省生态环境厅在门户网站设置了政策解读专栏，对涉及群众切

身利益的政策，进行了重点解读，解读内容完整规范。政策解读形式丰富多彩，通过部门解读、新闻发布、媒体报道等多种形式进行解读。设立政策图解专门栏目，采用图解、视频等方式，将政策文件主旨简洁而生动地展现出来，政策解读信息可读性强。同时能够做到政策文件与政策解读关联公开，便于群众对比阅读。

四　推进省级生态环境主管部门政务公开发展的路径

（一）扩大环境信息公开公众参与，提高公开实效

加强对公众环境意识和参与意识教育，通过社区活动、媒体网络、交流讲座等多种形式，向公众推行环保理念及公众参与观念，提高公众参与意识与积极性。充分考虑各种信息公开对象差异性，拓宽公众参与渠道和方式，统筹用好传统渠道和新媒体渠道，力争使公众最大限度地参与到决策中。对于传统的信函、电话、意见箱、电子邮件、网站留言板、问卷调查、座谈会、听证会等传统公众参与渠道，要进一步优化其参与便捷性，降低公众参与难度，提高其参与广泛性。同时拓展网络媒体和新媒体参与渠道，积极采用在线访谈、网络直播等互联网时代的有效方式，为公众提供可实时参与的公开窗口。进一步完善公众参与制度，建立健全对参与主体的利益诉求与意见建议的收集、处理、反馈、回应机制，规范并引导公众依法、有序、理性参与环境保护事务，增强公众参与的实效性，不断提升政府工作透明度。

（二）围绕群众关注关切，强化解读与回应工作

强化政策解读，明确解读人和解读范围，加大生态环境保护重大政策措施、重要法规规章解读力度。落实政策解读"第一责任人"制度，部门主要负责人要履行好"第一解读人和责任人"职责，履行好信息发布、权威定调、自觉把关等职责，带头解读政策，传递权威信息。丰富政策解读形式和方式，积极探索多媒体解读，借助第三方技术力量运用图解、视频、动画、第五代超文本标记链接语言（H5）等多种形式

解读。拓展政策解读渠道，统筹运用政府网站、政务微博微信、新闻发布会、政务服务中心、广播电视、报纸杂志、公告栏、宣传手册等多种渠道发布政策解读信息，扩大解读信息受众面。进一步完善政务舆情收集、研判、回应机制，做到主动发声，及时回应。继续落实生态环境保护例行新闻发布制度，及时公开生态环境政策措施、生态环境治理公众进展等信息。

（三）推进环境信息大数据建设和应用，深化数据资源共享与开放

探索云计算、移动互联、物联网、人工智能、虚拟现实等新技术应用，加快推进建设生态环境大数据应用平台，统一环境信息管理与发布，推进环境信息资源整合共享，实现生态环境综合决策科学化、监管精准化、公共服务便民化。建立生态环境数据开放机制，编制生态环境数据开放目录，明确数据开放的范围与流程，积极推进政府数据开放。充分利用政务微博、微信及 APP 客户端等新平台，扩大信息传播覆盖面与影响力。建立全国生态环境系统新媒体矩阵管理平台，整合生态环境系统优质新媒体资源，充分发挥矩阵上下联动、响应迅速、整体发声的功能，提升生态环境新闻舆论传播力、引导力和公信力。探索运用今日头条、抖音、澎湃新闻、喜马拉雅、知乎等当下流行的新媒体 APP，打造具有图、文、影、音等多种形式的立体传播矩阵。

（四）构建多元共治的环境信息协同公开模式，增强信息公开的动力

环境信息公开不仅是生态环境部门的责任，也需要利益相关方积极主动参与其中，探索构建政府、企业、民众与非政府环保组织"四主体"为主的多元共治环境信息协同公开模式。强化企业环境信息公开，加大对企业环境信息公开督导力度，多渠道督促企业规范行为，落实企业信息公开主体责任。完善公众参与和社会监督机制，引导社会大众及非政府环保组织行使好环境监督权，主动加入环境信息公开主体的队伍中。提高公众环境信息公开意识，积极运用互联网和新媒体技术披露信息，在全社会凝聚起人人皆为"环境信息公开主体和环保监督员"共识。

（五）强化监督保障，形成政务公开工作长效化机制

建立健全环境信息公开工作评价体系，对地方政府环境信息公开工作进行考核。加强对省、市、县三级政府环境信息公开工作评价，根据评价结果不断完善政务公开方式方法，提高考核评价针对性、导向性和激励作用，促进地方政府改进环境信息公开工作。同时督导地方政府综合评价和公开企业环境信息公开，以促进企业环境绩效的改善。加强对各级生态环境部门信息公开工作监督检查，采用自查和抽查、定期检查和不定期检查相结合方式，推动全国省级生态环境主管部门信息公开工作。加大各级生态环境系统政务公开业务交流和培训力度，举办常态化、体系化的培训、讲座活动，促进政务公开人员知识更新，增强政务公开工作人员政策理论水平和专业素养，不断提高舆情研判、解疑释惑和回应引导能力。

山东省济宁市汶上县生态环境保护领域政务公开的探索与实践

汶上县人民政府办公室

济宁市生态环境局汶上分局[*]

摘　要： 随着环境问题日益严重，公众的环境保护意识也逐渐地被唤醒，同时要求参与环境保护的意识也越来越强烈。而公众参与环保事业需要具备一定的条件，即以知悉环境信息为基础，享有环境知情权为前提。众所周知，政府不仅是国家的管理者，而且还占有最大量的环境信息资源。因此，在环境信息公开过程中发挥着重大的作用。政府只有及时、准确、充分地公开环境信息，才能为公众获取环境信息资源提供保障。也正是因为这样，构建我国政府环境信息公开制度就显得尤为重要。

关键词： 环境保护　环境信息公开　政务公开

　　党的十七大提出建设生态文明的新观念，着重强调了要建立一个资源节约型、环境友好型的社会。解决中国严峻环境问题的最终动力来自于公众，环保公众参与不能够停留在像今天这样植树种草的层次上，而应该充分行使宪法赋予的知情权、参与权、表达权、监督权，对各类环保公共事务进行深度参与。解决目前中国环境状况的最好方式，就是公众积极地参与环境保护。经过多年的努力，在环境信息政务公开方面，

---

　　* 执笔人：张格平，济宁市生态环境局汶上县分局生态事务中心主任；王勇，济宁市生态环境局汶上分局宣教科科长；王盼盼，汶上县人民政府办公室政务公开办公室主任。

国家制定了一些相关的法律法规，环保部门取得了较好的成果。环保部门一直将倾听公众心声，作为环境保护的一项重要工作，而且积极地探寻环境信息政务公开的渠道。

环境信息公开是政府、企业、公众主动公开自身及其所掌握的环境信息，目的是解决政府、企业、公众之间的信息不对称问题。环境信息本身作为一种重要的公共信息资源，也是政府、企业和社会公众实施环境行为选择和行动的重要信息基础，公开环境信息对于协同和控制社会经济发展中的政府、企业和公众行为具有重要意义。随着信息技术的快速发展，网络、电视、微博、微信等媒体为政务信息公开提供了更多选择。环境信息公开和公众参与作为环境管理领域中积极推行的一项举措，是进一步有效促进环境保护和环境建设的重要途径。如何进一步规范和完善环境信息公开制度和公众的参与机制，既对环境管理部门提出了更高要求，也是新时期环境管理工作重点需要关注的问题之一。

为了促进经济和自然的可持续发展，我国相继颁布了《政府信息公开条例》和《环境信息公开办法》，这体现了我国正在加强政府环境信息公开制度的法律建设。它对政府环境信息公开作出了具体的规定，如政府环境信息公开范围、公开的方式和程序、监督和保障等方面。同时，将政府、企业公开环境信息的行为暴露于大众之下，便于社会大众的监管，这样不仅会给环境污染的破坏者带来压力，还促使政府、企业积极实施环保措施。

一 环境信息公开和公众参与存在的问题分析

近年来，无论是环保行政主管部门还是企业在环境行为信息公开方面都取得了明显成效，公众参与环境管理的积极性不断提升，但在信息公开和公众参与方面仍存在一些问题。

（一）工作落实上还有欠缺

一是公开不及时。时效性还不能完全保证，"事后补""走形式"的现象仍然存在。二是公开主体不固定。公开的具体事务责任主体落实不到个人，以部门或某个议事机构为政务公开的主体，容易造成前后工作缺乏连贯性。三是公开过程不完整。不能严格按照"事前公开—决策公开—结果公开"的基本程序进行，有时仅公开结果或行政审批过程的前半部分，行政审批酝酿、决策、实施的全过程公开不完整。

（二）公开的内容、界限和范围不明确

一是定性上存在难度。如有些政务公开的内容专业性强，内容广泛，情况复杂，涉及的政策、法律法规也较多，哪些内容应该公开，公开到哪一个层面，使用何种载体公开，是否涉及机密，这些既是监管部门监督的重点也是工作的难点。单位的主管部门应该将公开的内容、界限和范围等方面加以明确，同时，要求监督主体必须投入一定的人力、精力并具备相应的专业知识，才能对公开的有效性做出合理鉴定。二是如何协调权力制约的"过程控制"与"信息繁杂"矛盾的问题。权力运行过程中坚持公开与制衡，是避免权力过度集中和降低行政风险的重要手段，但是如果公开面过广，涉及面太宽，也容易造成各种无效"冗余"信息过多，带来时间周期过长和工作效率降低等不利影响。只注重政务公开工作的开展，忽略对政务信息公开后，各界反映情况的收集、整理和分析，收集反馈制度不健全，收集反馈信息的渠道不畅通。还没有建立起科学的评价政务公开效果的体系，公开效果得不到及时有效的监测。对于公开的内容缺乏必要事前的科学分类和界定以及计划，公开过程中存在"犹抱琵琶半遮面"的情况，因而不利于政务公开工作向深层次发展和长效机制的建立，影响政务公开的"预期效果"。

（三）缺少明确的参与引导

公众参与环境管理工作对于提升环境管理工作的科学性具有积极意义，虽然我国的诸多法规、规章赋予了公众参与环境管理的规定，但多是应然性规定，条文的规定过于抽象缺少具体的参与指引。缺少全过程参与。从目前我国公众参与环境管理的现实情况来看，除了项目环境影响评价方面能及时邀请公众参与外，大多还是属于末端参与形式，多是发生了环境污染或者生态出现破坏后公众通过检举、揭发或控告的方式参与，这种过于强调环境的末端参与不利于减缓环境污染和破坏。

（四）公开形式的便民性需要进一步提高

基层政务公开工作中虽在网站公开政府信息方面已取得一定进展，但公开形式还不够丰富，不能完全适应广大人民群众需要；宣传和引导工作需要进一步加强。由于政务公开制度实施时间不长，社会公众对其尚不能完全熟悉，因此在依申请公开政府信息工作中，处理程序还不够规范。

二　汶上县生态环境保护领域政务公开的实践

近年来，济宁市生态环境局汶上县分局按照生态环境部和省、市工作部署，认真贯彻《政府信息公开条例》《生态环境部落实政务公开工作要点实施方案》《山东省人民政府办公厅关于进一步做好政务公开工作的通知》等文件精神，以改善环境质量为核心，以解决环境领域突出问题为重点，全面推进决策、执行、管理、服务、结果"五公开"，加强解读回应，扩大公众参与，增强公开实效，努力满足公众环境知情权、参与权、监督权和表达权需要，助力打好污染防治攻坚战，为加快推进生态文明和环境保护营造良好氛围。

（一）加强组织领导，明确责任分工，完善政务公开管理机制

济宁市生态环境局汶上县分局高度重视政务公开工作，始终把深入推行政务公开作为加强党风廉政建设责任制，转变工作作风，改进工作方法、提高工作效能的重要工作任务来抓，以公开促工作，以公开树形象，以公开赢民心，坚持依法公开、真实公正、讲求实效、利于监督的原则，结合实际，积极推进各项政务公开工作。成立了政务公开工作领导小组，由局长任组长，分管领导任副组长，各科室、站、队负责人为成员，以保障政务公开的工作领导和组织协调，领导小组下设办公室，明确相关人员，负责政务公开的日常工作，明确了责任领导和相关职责，做到责任落实到岗，工作落实到人。局主要领导最大限度满足工作开展的经费保障。

积极发挥局政务公开工作领导小组的作用。每年年初都制定印发年度政务公开工作要点，年末做好信息公开工作年度报告编制工作，总结年度环境信息政务公开工作总体情况。严格按照"统一领导、归口负责、综合协调、各司其职"的原则，进一步推进、指导、协调、监督全局政府信息公开工作。坚持把落实政府信息公开工作纳入重要议事日程、纳入依法行政工作之中，进一步明确责任、分解任务、抓好落实。

（二）扎实推进政务公开标准化规范化建设

根据《山东省人民政府办公厅关于印发基层政务公开标准化规范化试点验收实施方案的通知》精神，2017年，汶上县被确定为全省基层政务公开标准化规范化试点县之一，在上级政务公开业务部门的指导下，济宁市生态环境局汶上县分局严格按照省市县关于基层政务公开标准化规范化试点工作的有关要求，不断提高思想认识，强化工作责任，建立完善了政务公开相关制度，认真整合梳理，进一步规范了信息公开目录。坚持扩大公开范围，细化公开要求，扎实推进政务公开标准化规范化建设。

（三）梳理完善政务公开事项目录标准

在标准制定中，济宁市生态环境局汶上县分局始终坚持需求导向，严格对照济宁市生态环境局汶上县分局本级行政权力和服务事项清单，突出公众关注的焦点、热点，在编制内容上，围绕与群众关系密切的行政行为和服务事项，按照"应公开，尽公开"要求，共梳理最终事项目录一级11个、二级17个，事项目录比试点前更加全面、细化和规范化。编制政务公开事项标准目录时每一事项都明确了公开依据、公开内容、公开主体、时限、方式等要素，同时，建立事项标准动态调整机制，群众查询信息更加方便、快捷。

（四）制定政务公开工作流程标准

济宁市生态环境局汶上县分局始终把制度建设作为抓好试点工作的基础工作来抓，着力规范各科室、站、队信息发布要求。制定《济宁市生态环境局汶上县分局重大行政决策事项预公开制度》《济宁市生态环境局汶上县分局政府信息公开属性源头认定制度》《济宁市生态环境局汶上县分局决策公众参与制度》《济宁市生态环境局汶上县分局政府信息公开政策解读工作制度》《济宁市生态环境局汶上县分局回应关切舆情相关制度》《济宁市生态环境局汶上县分局依申请公开工作制度》等制度文件。把"五公开"纳入办文、办会程序，规定公文起草必须确定公开属性，不予公开的要说明理由。加强政策解读和回应关切力度，更多地用图表、图片、图解、视频等形象化、通俗化的方式方便群众查阅和理解。全面梳理、编制和优化试点领域公开流程。

（五）加强平台建设，丰富信息公开载体

将汶上县政府门户网站和济宁市生态环境局汶上县分局子栏目作为政府信息公开主要载体，强化济宁市生态环境局汶上县分局官方政务微博和"汶上环境保护局"微信公众号的作用，定期推送环保工作动态，增加信息发布量，力求做到公开内容全面真实、及时准确、重点突出、群众满意。综合利用汶上县广播电台、电视台、报纸、公告栏、宣传册等平台以及办事大厅，服务窗口等场所及时公开需要社会广泛知晓的政府信息，让群众能够便捷地看到、听到、查到公开信息，及时满足群众需求。

（六）突出工作重点，深化信息公开内容

深入推进环境质量、环评审批和环境执法信息公开，加大重点污染源信息公开范围，加强与媒体间合作，扩大信息公开渠道，强化公众参与，接受社会监督，满足公众对环境信息获知的需求。

1. 生态环境质量信息

每月发布环境空气质量数据，及时公布空气质量预报信息，发布重污染天气预警信息。及时通报全县环境空气质量考核排名情况。公开地表水河流断面、集中式饮用水水源水质信息。

2. 生态环境许可信息

及时公开县生态环境部门"三定"规定以及并入的行政许可事项等有关信息，按要求做好机构改革和职能优化工作过程中的信息公开。及时更新行政审批事项办事指南，优化行政服务流程，持续推动政务服务

事项网上办理。加强生态环境保护领域行政许可事项信息公开，及时公开行政许可事项依据、受理和批复等。公开县审批的环境影响报告书（表）受理情况、拟审批公示和审批决定等信息，定期调度重大项目环评审批进展，指导基层生态环境部门加快审批，做好服务并及时公开有关信息。协助市级公开危险废物经营许可审批、危险废物跨省转移情况。协助市级定期公开辐射类环境影响报告书（表）审批，《辐射安全许可证》发放、变更、延续审批，放射性同位素转让审批及野外进行放射性同位素示踪试验审批结果信息。

3. 生态环境管理信息

及时公开重点排污单位名录、排污单位监测信息、重点排污单位自动监测设施联网情况。生态环境部门、行政审批部门按照《排污许可证管理办法（试行）》有关规定进一步做好排污许可证信息公开。按规定公开突发环境事件基本情况、环境影响等信息。定期公布受理的生态环境投诉举报、信访事项办理情况等信息。

4. 生态环境执法信息

落实行政执法公示制度，规范行政执法行为，公开生态环境执法职责、执法依据、执法程序和监督途径等信息。按规定公开生态环境部门作出的行政处罚决定书等执法文书，及时公开挂牌督办案件及督办情况。按照"谁检查、谁录入、谁公开"的原则，推进"双随机、一公开"监管情况公开，及时公开抽查检查结果。

5. 重要行动推进信息

做好中央、省委省政府环境保护督察信息公开工作，接受社会公众监督。做好大气污染防治强化监督帮扶信息公开工作。及时公开环境执法监管专项行动信息，加大典型案例曝光力度。加大污染防治行动落实情况公开力度，公开省、市和本级《打赢蓝天保卫战三年行动方案》《水污染防治行动计划》《土壤污染防治三年行动计划（2018—2020年）落实方案》。

（七）主动做好意见征集，推进环境监察执法公开透明

对涉及面广、社会关注度高的法规政策和重大措施，在汶上县政府门户网站即时发布征求意见稿，广泛征集相关部门和市民意见，组织好协调会商。根据省、市环保部门在污染源日常环境监管领域推广随机抽查的有关要求，依法公开污染源日常环境监管随机抽查事项清单，明确抽查依据、主体、内容、方式等，及时公布抽查结果和查处情况。

（八）督促企业信息公开，落实主体责任

全面及时准确地公示环保履职过程中产生的企业信息，尤其是重点排污单位的基础信息、排污信息、防治污染设施运行情况、自动监控情况等信息。指导污染源企业开展信息公开，及时传达上级有关文件精神，通报企业自行监测信息公开进度，督促企业落实好信息公开主体责任。

（九）积极开展学习培训，加强保密审查

不断加强学习，提高认识，积极参加省、市县组织的政务公开工作培训班，切实加强了我县环保系统信息公开能力建设，不断提高对政府信息公开工作重要意义的认识，同时加强对公开信息的保密审查，强化干部的责任意识。

三　汶上县生态环境保护领域政务公开工作创新举措及成效

一是采取紧盯问题的公开目录作为支撑点。对照三张清单，通过对问题的精准查找，结合群众关切点，选取群众最关心的事项进行梳理，在实践中反复调整，形成了涵盖环保领域共17项的政务公开事项基本目录。群众视角的工作方式是切入点。站在群众视角，用群众的语言将已形成的公开规范转换成办事指南，把群众最关心的法定依据、申请条件、所需材料、办理程序、办理时限、联系方式、责任主体等进行全方位公开，简单明了、一目了然。

具体工作开展中，济宁市生态环境局汶上县分局严格按照公开领域，从事项的决策、执行、管理、服务、结果5个环节入手，从业务工作的各关键点着力，按照"放管服"的要求，把群众的政务服务信息

需求作为最高标准，大力推进政务公开与政务服务融合发展。对进驻汶上县为民服务中心的5项行政许可和6项其他服务事项流程进行再梳理再优化，实现服务环节由繁到简、服务过程由暗变明、服务速度由慢变快、群众提供资料逐步精简。

济宁市生态环境局汶上县分局按照事项业务流程对应的步骤，梳理每个环节要公开的责任主体，把公开内容明确到公开标准规范上，形成对应的公开流程。业务流程和公开流程融合，避免了业务工作开展和政务公开"两张皮"现象，实现了业务工作同步开展、政务信息同步公开"两个同步"，保证了政务公开的及时性和有效性，实现了政务公开从注重数量向注重质量的转变。

二是互联网＋政务服务，为网上政务开辟新路径。通过"互联网＋政务服务"，把O2O电子商务模式创造性地引入政务服务领域，建立"线上"信息收集和"线下"便民服务2个平台。线上服务平台，主要由微信群、微信公众号和信息管理系统三部分组成，让群众在家就可以提建议、讲诉求、找服务。线下服务队伍，主要由民情联络员、民事代办员和信息管理员组成，为各级群众答疑问、解难题、办实事。让群众无限参与、让数据充分跑路、让服务全程公开，实现了信息互通、资源共享、社会合作、效率提升，让群众"线上"点单提诉求、干部"线下"服务马上办，构建起精准、便捷、高效、智能的服务新模式，将线下业务搬到线上，逐步推行"全流程、无纸化、零见面"的电子化登记新模式，用信息"网上跑"换取群众"一次都不跑"，现已有11个事项可以在线申报，5个环保行政许可事项和1个公共服务事项实现全程网办。

三是以公众开放促政务公开。通过环保开放日、环保设施向公众开放等活动，积极邀请学校师生、媒体记者、环保团体、市民代表、环保志愿者等参加活动。通过技术讲解、现场演示、交流座谈等方式，介绍我县环境管理、污染监控、治理设施运行等相关信息，较好地消除了公众疑惑和误解，增强了群众支持环保的信心，在社会上形成了强烈反响。

提升了群众满意度。通过政务公开工作规范化标准化工作试点，进一步深化了群众对基层政务公开重要性的认识，得到广大干群的理解和支持，群众对政务公开要求越来越严格，参与政务公开的积极性更高，通过网站、公开栏、服务中心获取信息的意愿更强，对政务公开的参与度、满意度也明显提升。

规范了公开工作行为。围绕业务工作编制了目录标准，进一步厘清了工作思路，推动部门业务工作更加规范，权力运行更加透明，倒逼了部门效能提升，促进了依法行政。同时，通过公开，群众对政府权力运行流程更加清楚，对政府决策的参与度、满意度也越来越高。

优化了政务服务水平。以行政审批制度改革为契机，扎实推进政务公开与政务服务深度融合，开展相对集中行政许可权改革。深入推进互联网＋政务服务，积极引导各科室、站、队利用汶上政务服务网，推广网上受理、网上办理、网上反馈、网上咨询，让信息多跑路，群众少跑路。推行群众和企业办事"最多跑一次"改革，建立"一窗受理、集成服务"，及时公开办事指南和办理结果。创新"多证合一""容缺审批""并联审批"，有效缩短了项目建设周期，为企业减少了制度性成本。

推进了政务公开工作常态化。按照全国基层政务公开标准化规范化试点工作推进会的要求，扎实推进基层政务公开常态化，谋划建立试点领域政务公开常态化制度，把试点工作覆盖更多的领域，确保试点工作力度不减、热度不减、取得实效。

四　几点启示

政务公开是加强民主管理、民主监督、民主决策的有效途径，为了加强政务公开工作，提升政府公信力，结合工作中存在的问题，可以说，做好生态环境保护领域的政务公开工作还需进一步做好以下几点。

（一）进一步提高思想认识，推进工作开展

要严把政务公开学习关，加强对新修订《政府信息公开条例》的学习和宣传，统一思想，提高认识。对政务公开工作要做到管理到位，人尽其责，进一步梳理所掌握的政府信息，及时提供，以保证政府信息公

开工作能按照既定的工作流程有效运作。

（二）建立和完善环保政务公开工作制度是做好环保政务公开工作的保证

建立健全环保政务公开工作的各项制度，使我们环保政务公开工作走向制度化、规范化的发展轨道，是深入开展环保政务公开工作的保证。严格按照政府信息公开工作的相关要求，及时更新主动公开的政府信息，保证公开信息内容的完整性和准确性，及时准确地反映环保系统工作中的政策决策、工作情况、公众关注的环境信息等内容，通过建立和完善相关政务公开制度，对环保政府信息报送要点和报送要求的进一步明确，能有效地促进环保政务公开各项工作的开展。

（三）创新环保政务公开工作的形式和内容是做好环保政务公开工作的根本

环保政务公开工作和其他环保工作一样都要不断地创新，不断地与时俱进。既要注重创新环保政务公开的形式和内容，充分利用政府网站、电视、报纸及政务新媒体，发布重点、热点、难点环境问题的综合性、专题性信息，提高环保政务公开信息的质量，又要严把政务公开信息审核关，实现公开信息既能及时提供有效服务功能，又能严格保密工作纪律，做到提供规范有效的信息以服务企业发展，促进政府工作透明化，以信息的规范和及时传递来确保政务公开工作进一步推进。

（四）加快政务公开信息员队伍的建设培养是做好环保政务公开工作的基础

要做好环保政务公开工作，首先要抓政务公开信息员队伍建设，提高信息员的综合素质。单位要为政务公开工作人员创造良好的工作氛围，提升环保政务公开工作人员的思想认识，做好培训使之熟练掌握工作程序及内容，具体要求；提升工作人员的积极性和业务水平，与时俱进，为进一步推进政务公开工作夯实基础。

（五）继续优化工作程序，完善长效工作机制

对日常发布的规范性文件，法制部门在对文件内容把关审核的同时，加注"是否主动公开"的意见，由分管领导审定；明确各部门对所拟文件定期梳理、公开的职责；对新出台的法律法规，涉及行政许可事项设立、取消以及办理程序的变动，要明确负责更新的责任人，保证及时更新。

（六）定期开展评议监督活动，责任追究到底

系统内部要自上而下地强化对政务公开的监督检查，使评议工作常规化。同时，要加大对政府信息公开的评议监督力度，以督促公开落实到位，定时组织群众代表对政务公开内容的真实性、准确性、全面性、时效性及规范性进行民主评议及测评，并通报评议结果，对敷衍塞责的严肃批评，限期整改；对造成恶劣后果的，要追究有关领导责任。

（七）大力加强理论研究工作，正确指导实践

要紧随形势要求，使政务公开工作成为依法行政、透明行政、高效廉洁行政的有力推手，必须在思想上加以重视，及时研究学习新的政策法规，加大调查研究力度，不断提高政务公开的政策理论水平，正确指导实践工作。

中国地方政府债务公开情况研究

安徽观知天下文化科技有限公司[*]

摘 要：2019 年是《地方政府债务信息公开办法（试行）》实施第一年。安徽观知天下文化科技有限公司项目组对 31 家省级政府、49 家较大的市政府、125 家县（市、区）政府地方政府债务的公开情况开展了第三方评估。评估结果显示，地方政府债务预决算、债券发行、债券存续期、政府债务管理制度等信息公开情况初显成效。同时，评估发现地方政府债务信息公开存在一些问题，公开范围、公开形式、公开内容质量均有较大提升空间。要在全国范围内推广典型经验做法，逐步提升地方政府债务信息公开水平。

关键词：地方政府债务 政务公开 政府透明度 法治评估

一 评估背景

长期以来，地方政府没有举借债务的法定权力，2014 年下半年《预算法修正案》表决通过，省级政府通过发行债券举债融资的"前门"打开；同时，新《预算法》在第十四条中也明确规定，财政部门应对"本级政府财政转移支付安排、执行的情况以及举借债务的情况等

---

* 课题组负责人：吴俊杰，安徽观知天下文化科技有限公司董事长。课题组成员：马甜莉、王万秀、许燕霞、任静静、张雨晴、胡思远、蒋成涛。执笔人：代玲玲，安徽观知天下文化科技有限公司评估部部长。

重要事项作出说明"。随后，党中央、国务院以及财政部通过一系列的文件逐步明确了对政府债务信息公开的要求。《国务院关于加强地方政府性债务管理的意见》（国发〔2014〕43号）中明确要求，建立地方政府性债务公开制度，加强政府信用体系建设。各地区要定期向社会公开政府性债务及其项目建设情况，自觉接受社会监督。《关于进一步推进预算公开工作的意见》（中办发〔2016〕13号）指出，各地公开的财政预决算应包括举借债务的情况，举借债务的情况包括经本级人民代表大会或其常务委员会批准的本地区债务限额、债务余额和债务发行、使用、偿还等情况。《国务院办公厅关于印发2017年政务公开工作要点的通知》（国办发〔2017〕24号）提出完善地方政府债务领域信息公开相关规定，指导督促地方财政部门公开本地区政府债务种类、规模、结构和使用、偿还等情况，强化对地方政府债务的监督。《国务院办公厅关于印发2018年政务公开工作要点的通知》（国办发〔2018〕23号）中提出制定地方政府债务信息公开办法。2018年12月20日，财政部印发了《地方政府债务信息公开办法（试行）》（以下简称《办法》）（财预〔2018〕209号），《办法》中明确规定了地方政府债务信息公开范围、公开标准、相关工作要求等，进一步规范了地方政府债务管理工作，有利于增强地方政府债务信息透明度。

推动地方政府债务信息公开，能更好地发挥社会公众对地方政府举债融资行为的监督作用，有利于地方政府防范化解重大风险，促进地方债务规范治理和良性发展，对提升地方政府治理水平和治理能力具有重要意义。2019年是《办法》实施第一年，在这一年各地政府积极推进政府债务信息公开工作，取得了一定成效。为系统了解各地政府债务信息公开情况，项目组展开了此次专项评估，本报告对此次评估情况进行了分析研究。

二　评估对象、指标及方法

本次评估对象为31家省级政府、49家较大的市政府、125家县（市、区）政府，选取评估对象与《中国政府透明度指数报告（2020）》

一致。

项目组根据《办法》内容要求，设定了本次评估指标，本次评估覆盖 7 个一级指标，22 个二级指标和 85 个三级指标，一级指标为政府债务预决算公开、债券发行安排公开、债券发行公开、债券存续期公开、债券重大事项公开、违法违规情形公开、政府债务管理制度。

政府债务预决算公开指标主要考察随同预决算公开地方政府债务限额及余额、政府债券发行及还本付息额、债券资金使用安排，随同调整预算公开当年地方政府债务限额、新增地方政府债券资金使用安排等情况。

债券发行安排公开指标主要考察省级财政部门对每月新增地方政府债券和再融资债券发行安排信息的公开情况。

债券发行公开指标主要考察省级财政部门对新增一般债券发行、新增专项债券发行、再融资债券发行等信息的公开情况。

债券存续期公开指标主要考察一般债券存续期、专项债券存续期信息公开情况。

债券重大事项公开指标主要考察一般债券重大事项、专项债券重大事项信息公开情况。

违法违规情形公开指标主要考察涉及违法违规举债担保行为问责结果信息公开情况。

政府债务管理制度指标主要考察地方政府债务管理制度规定公开情况信息公开。

项目组主要以各评估对象政府门户网站及其财政部门网站主动公开信息为数据来源，以财政部网站、中国债券信息网主动公开信息为补充，来观测分析地方政府债务信息公开情况。评估数据采集时间为 2020 年 2 月 18 日至 4 月 12 日。

三 评估发现

（一）政府债务预决算公开

《办法》第五条【预决算公开】规定："县级以上地方各级财政部

门（以下简称'地方各级财政部门'）应当随同预决算公开地方政府债务限额、余额、使用安排及还本付息等信息。（一）随同预算公开上一年度本地区、本级及所属地区地方政府债务限额及余额（或余额预计执行数），以及本地区和本级上一年度地方政府债券（含再融资债券）发行及还本付息额（或预计执行数）、本年度地方政府债券还本付息预算数等。（二）随同调整预算公开当年本地区及本级地方政府债务限额、本级新增地方政府债券资金使用安排等。（三）随同决算公开上年末本地区、本级及所属地区地方政府债务限额、余额决算数，地方政府债券发行、还本付息决算数，以及债券资金使用安排等。"

1. 评估发现亮点

（1）政府债务限额、余额信息公开情况较好

第一，随同预算公开上一年度本地区、本级及所属地区地方政府债务限额（包含债务限额总数、一般债务限额数和专项债务限额数）及余额（或余额预计执行数）（包含债务余额总数、一般债务余额数和专项债务余额数）情况较好。评估发现，有29家省级政府、34家较大的市政府、88家县（市、区）政府全面规范地公开了2018年本地区地方政府债务限额，有24家省级政府、24家较大的市政府全面规范公开了2018年本级地方政府债务限额，有22家省级政府（其中有10家单位细化到所辖县区）、23家较大的市政府还公开了2018年所属地区地方政府债务限额。在债务余额（或预计执行数）公开方面，有29家省级政府、38家较大的市政府、95家县（市、区）政府全面规范公开了2018年本地区地方政府债务余额（或预计执行数），有25家省级政府、29家较大的市政府全面规范公开了2018年本级地方政府债务余额（或预计执行数），有22家省级政府（其中有10家单位细化到所辖县区）、23家较大的市政府还公开了2018年所属地区地方政府债务余额（或预计执行数）。在公开方式上，有24家省级政府、37家较大的市政府、102家县（市、区）政府的2018年债务限额、余额（或预计执行数）信息随同2019年预算一起（同一链接、同一文件、同一天）公开；另有7家省级政府、8家较大的市政府、8家县（市、区）政府2018年债务限额、余额（或预计执行数）信息发布相对分散，仅随同2019年预算公开了部分信息。

第二，随同预算调整公开当年本地区、本级地方政府债务限额情况较好。有26家省级政府、26家较大的市政府、39家县（市、区）政府公开了2019年本地区地方政府债务限额，有15家省级政府、22家较大的市政府公开了2019年本级地方政府债务限额。

第三，随同决算公开上年末本地区、本级及所属地区地方政府债务限额（包含债务限额总数、一般债务限额数和专项债务限额数）及余额决算数（包含债务余额总数、一般债务余额数和专项债务余额数）情况较好。评估发现，有27家省级政府、34家较大的市政府、91家县（市、区）政府全面规范地公开了2018年本地区地方政府债务限额，有24家省级政府、35家较大的市政府全面规范公开了2018年本级地方政府债务限额，有23家省级政府（其中有12家单位细化到所辖县区）、24家较大的市政府还公开了2018年所属地区地方政府债务限额。在债务余额决算数公开方面，有29家省级政府、37家较大的市政府、99家县（市、区）政府全面规范公开了2018年本地区地方政府债务余额决算数，有28家省级政府、39家较大的市政府全面规范公开了2018年本级地方政府债务余额决算数，有25家省级政府（其中有12家单位细化到所辖县区）、28家较大的市政府还公开了2018年所属地区地方政府债务余额决算数。各级地方政府债务限额及余额决算数信息随同2018年决算公开情况较好，评估发现，有24家省级政府、46家较大的市政府、109家县（市、区）政府随同2018年决算一起（同一链接、同一文件、同一天）公开了《办法》中要求的信息；有6家省级政府、3家较大的市政府、4家县（市、区）政府公开的信息相对分散，仅随同2018年决算一同公开了部分信息。

（2）省政府债券发行信息公开情况较好

第一，随同预算公开上一年度全省及省本级地方政府债券发行额（或发行预计执行数）的情况良好。在全省债券发行信息公开方面，有23家单位不同程度上公开了2018年全省地方政府债券发行额（或发行预计执行数），其中16家单位全面公开了2018年全省地方政府债券发行额（或发行预计执行数），包含债券发行预计执行总数、一般债券发行预计执行数和专项债券发行预计执行数等信息，有14家单位债券发行信息中还划分了再融资债券类别。在省本级债券发行信息公开方面，有 19 家单位不同程度上公开了 2018 年省本级地方政府债券发行额（或发行预计执行数），其中 13 家单位全面公开了 2018 年省本级地方政府债券发行额（或发行预计执行数），包含债券发行预计执行总数、一般债券发行预计执行数和专项债券发行预计执行数，11 家单位债券发行信息中还划分了再融资债券类别。

第二，随同决算公开上年末全省及省本级政府债券发行决算数的情况良好。在全省债券发行决算信息公开方面，有 26 家单位不同程度上公开了 2018 年全省地方政府债券发行决算数信息，其中 22 家单位全面公开了 2018 年全省地方政府债券发行决算数（包含债券发行决算总数、一般债券发行决算数和专项债券发行决算数）。在省本级债券发行决算信息公开方面，有 27 家单位不同程度上公开了 2018 年省本级地方政府债券发行决算数信息，其中 21 家单位全面公开了 2018 年省本级地方政府债券发行决算数（包含债券发行决算总数、一般债券发行决算数和专项债券发行决算数）。

（3）地方政府债务还本、付息信息公开情况较好

第一，随同预算公开上一年度本地区、本级地方政府债务还本额（或还本预计执行数）和付息额（或付息预计执行数）的情况较好。评估发现，随同预算公开 2018 年年末本地区地方政府债务还本额（或还本预计执行数）和付息额（或付息预计执行数）的省级政府分别有 26 家和 24 家，较大的市政府分别有 32 家和 32 家，县（市、区）政府分别有 96 家和 98 家，其中 15 家省级政府、15 家较大的市政府、43 家县（市、区）政府全面公开还本额总数、一般债务还本额和专项债务还本额等信息，10 家省级政府、14 家较大的市政府、33 家县（市、区）政府全面公开了付息额总数、一般债务付息额和专项债务付息额等信息。随同预算公开 2018 年年末本级地方政府债务还本额（或还本预计执行数）和付息额（或付息预计执行数）的省级政府分别有 28 家和 26 家，较大的市政府分别有 38 家和 39 家，其中 12 家省级政府、16 家较大的市政府全面公开了还本额总数、一般债务还本额和专项债务还本额等信息，9 家省级政府、14 家较大的市政府全面公开了付息额总数、一般债务付息额和专项债务付息额等信息。

第二，随同预算公开本年度地方政府债务还本预算数和付息预算数

情况较好。评估发现，公开了 2019 年本地区地方政府债务还本预算数和付息预算数的省级政府分别有 26 家和 29 家，较大的市政府分别有 40 家和 47 家，县（市、区）政府分别有 99 家和 108 家，其中 13 家省级政府、16 家较大的市政府、52 家县（市、区）政府全面公开了还本额总数、一般债务还本额和专项债务还本额等信息，12 家省级政府、16 家较大的市政府、43 家县（市、区）政府全面公开了付息额总数、一般债务付息额和专项债务付息额等信息。

第三，随同决算公开上年年末本地区、本级地方政府债务还本决算数和付息决算数情况较好。评估发现，公开了 2018 年本地区地方政府债务还本决算数和付息决算数的省级政府分别有 28 家和 28 家，较大的市政府分别有 43 家和 44 家、县（市、区）政府分别有 111 家和 110 家，其中 22 家省级政府、26 家较大的市政府、75 家县（市、区）政府全面公开了还本额总数、一般债务还本额和专项债务还本额等信息，18 家省级政府、23 家较大的市政府、46 家县（市、区）政府全面公开了付息额总数、一般债务付息额和专项债务付息额等信息。公开了 2018 年本级地方政府债务还本决算数和付息决算数的省级政府分别有 31 家和 30 家，较大的市政府分别有 47 家和 48 家，其中 23 家省级政府、30 家较大的市政府全面公开了还本额总数、一般债务还本额和专项债务还本额等信息，19 家省级政府、26 家较大的市政府全面公开了付息额总数、一般债务付息额和专项债务付息额等信息。

2. 评估发现问题

（1）随同调整预算公开当年本级新增地方政府债券资金使用安排情况有提升空间

有 29 家省级政府、38 家较大的市政府、63 家县（市、区）政府公开了 2019 年度本级新增地方政府债券资金使用安排，其中分别有 7 家省级政府、5 家较大的市政府、7 家县（市、区）政府本级新增地方政府债券资金使用安排仅公开到使用方向未细化到具体使用项目。

（2）随同决算公开上年年末本地区、本级及所属地区地方政府债券资金使用安排情况有待提升

有 19 家省级政府、16 家较大的市政府、65 家县（市、区）政府公开了 2018 年本地区政府债券资金使用安排决算情况，其中分别有 6 家

省级政府、2 家较大的市政府、17 家县（市、区）政府 2018 年政府债券资金使用安排仅公开到使用方向未细化到具体使用项目。有 18 家省级政府、31 家较大的市政府公开了 2018 年本级政府债券资金使用安排决算情况，其中分别有 2 家省级政府、7 家较大的市政府 2018 年政府债券资金使用安排仅公开到使用方向未细化到具体使用项目。

（3）部分单位政府债务信息统计不规范

一是，部分单位未公开债务还本信息，不排除部分地方当年可能无政府债务还本额等客观原因，未做出说明，公众无法知晓具体情况，仍算作未公开。二是，部分省级政府对政府债务收入数值总体进行公开，未划分债券发行统计项。

（二）债券发行安排公开

《办法》第六条【债券发行安排公开】规定："省级财政部门应当在每月 20 日前公开本地区下一月度新增地方政府债券和再融资债券发行安排，鼓励有条件的地区同时公开多个月份地方政府债券发行安排。"

1. 评估发现的亮点

评估发现，有 9 家省级政府在 2019 年度同时公开多个月份地方政府债券发行安排。其中，河北省、山西省、北京市、上海市和浙江省按季度公开地方政府债券发行安排，其中北京市、山西省、上海市和浙江省公开了再融资债券发行安排；西藏自治区、云南省、安徽省和湖北省按年公开 12 个月地方政府债券发行安排，其中云南省、安徽省和湖北省还公开了再融资债券发行安排。

2. 评估发现的问题

（1）省级政府债券发行安排公开专栏设置率低

评估发现，仅陕西省和上海市在省财政部门网站设置专栏以区分债务预决算、债券存续期等政府债务信息，其中，陕西省设置债券发行栏目，上海市设置发行信息披露栏目。29 家省级政府未设置债券发行安排公开专栏。

（2）省级政府新增地方政府债券和再融资债券发行安排公开情况仍有提升空间

新增地方政府债券发行安排方面，仅湖北省 1 家省级政府于 2019

年年初及时（20 日前）公开了全年的新增地方政府债券发行安排。有
13 家省级政府未公开新增地方政府债券发行安排，17 家省级政府存在
公开月份不全或公开不及时的问题。

再融资债券发行安排方面，仅湖北省于 2019 年年初及时（20 日
前）公开所有月份的再融资债券发行安排。有 16 家省级政府未公开再
融资债券发行安排信息，14 家存在公开月份不全或公开不及时的问题。

3. 中国债券信息网公开情况

除了省政府及财政部门门户网外，项目组也查看了中国债券信息网。
2019 年甘肃省、贵州省、陕西省等 17 家政府在中国债券信息网公开了部
分债券发行安排信息。其中，甘肃省、贵州省、陕西省、宁夏回族自治
区、四川省、内蒙古自治区、黑龙江省和福建省仅在中国债券信息网进
行公开而未在省政府或财政部门网站同步公开债券发行安排信息。部分
省份存在公开不及时、公开月份不全的问题，如陕西省在 7 月 31 日发布
8 月新增债券发行安排，黑龙江省仅发布 3 月份新增债券和再融资债券发
行安排，重庆市仅发布第三季度新增债券和再融资债券的发行计划。

（三）债券发行公开

《办法》第七条【新增一般债券发行公开】规定："省级财政部门
应当在新增一般债券发行前，提前 5 个以上工作日公开以下信息：
（一）经济社会发展指标。包括本地区国内生产总值、居民人均可支配
收入等；（二）地方政府一般公共预算情况；（三）一般债务情况。包
括本地区一般债务限额及余额、地区分布、期限结构等；（四）拟发行
一般债券信息。包括规模、期限、项目、偿债资金安排等；（五）第三
方评估材料。包括信用评级报告等；（六）其他按规定需要公开的信
息。省级财政部门应当在新增一般债券发行后 2 个工作日内，公布发行
债券编码、利率等信息。"第八条【新增专项债券发行公开】规定：
"省级财政部门应当在新增专项债券发行前，提前 5 个以上工作日公开
以下信息：（一）经济社会发展指标。包括本地区国内生产总值、居民
人均可支配收入等；（二）地方政府性基金预算情况。包括本地区、本
级或使用专项债券资金的市县（市、区）政府地方政府性基金收支、
拟发行专项债券对应的地方政府性基金预算收支情况；（三）专项债

情况。包括本地区专项债务限额及余额、地区分布、期限结构等；（四）拟发行专项债券信息。包括规模、期限及偿还方式等基本信息；（五）拟发行专项债券对应项目信息。包括项目概况、分年度投资计划、项目资金来源、预期收益和融资平衡方案、潜在风险评估、主管部门责任等；（六）第三方评估信息，包括财务评估报告（重点是项目预期收益和融资平衡情况评估）、法律意见书、信用评级报告等；（七）其他按规定需要公开的信息。省级财政部门应当在新增专项债券发行后2个工作日内，公布发行债券编码、利率等信息。"

第九条【再融资债券发行公开】规定："省级财政部门应当在再融资债券发行前，提前5个以上工作日公开再融资债券发行规模以及原债券名称、代码、发行规模、到期本金规模等信息。"

1. 评估发现的亮点

（1）新增债券和再融资债券发行公告公开情况较好

评估发现，公开了新增一般债券发行公告和新增专项债券发行公告的省级政府各有25家，占比80.65%，公开了再融资债券发行公告的省级政府有21家，占比67.74%。

（2）发行公告中部分内容要素披露情况较好

评估发现，25家省级政府发布的新增一般债券发行公告中，涉及地方经济社会发展指标、一般公共预算情况、一般债务情况、拟发行的一般债券信息、第三方评估材料（包含信用评级报告）的分别有23家、23家、20家、24家和22家。

25家省级政府发布的新增专项债券发行公告中，涉及地方经济社会发展指标、地方政府性基金预算情况、专项债务情况、拟发行专项债券信息、拟发行专项债券对应项目信息和第三方评估材料的分别有21家、22家、20家、24家、19家和21家。

21家省级政府发布的再融资债券发行公告中，全部涉及了再融资债券发行规模和原债券信息。

2. 评估发现的问题

（1）部分新增一般债券发行公告中对地方政府一般债务情况信息披露不完整

评估发现，公开新增一般债券发行公告的25家省级政府中，仅云南省、上海市、江苏省、河南省、湖北省等9家政府完整地公开了地方政府一般债务情况，包括本地区一般债务限额及余额、地区分布、期限结构等信息，有11家披露的地方政府一般债务情况信息要素不全，5家发行公告中未披露地方政府一般债务情况信息。

（2）部分新增专项债券发行公告中对地方政府性基金预算情况、专项债务情况和拟发行专项债券对应项目等信息披露不完整

评估发现，公开新增专项债券发行公告的25家省级政府中，仅甘肃省、北京市、天津市、上海市、河南省、湖北省等9家单位完整地公开了地方政府性基金预算情况，包括本地区、本级或使用专项债券资金的市县（市、区）政府地方政府性基金收支、拟发行专项债券对应的地方政府性基金预算收支情况等信息，有13家披露的地方政府性基金预算情况信息要素不全，3家发行公告中未披露地方政府性基金预算情况信息。

公开新增专项债券发行公告的25家省级政府中，仅有10家省级政府完整地公开了专项债务情况，包括本地区专项债务限额及余额、地区分布、期限结构等信息，有10家披露的专项债务情况信息要素不全，5家发行公告中未披露专项债务情况信息。

公开新增专项债券发行公告的25家省级政府中，仅北京市、天津市等6家单位完整地公开了拟发行专项债券对应项目信息，包括项目概况、分年度投资计划、项目资金来源、预期收益和融资平衡方案、潜在风险评估、主管部门责任，有13家披露的拟发行专项债券对应的项目信息要素不全，6家发行公告中未披露拟发行专项债券对应的项目信息。

（3）部分再融资债券发行公告中原债券信息披露不规范

公开了再融资债券发行公告的21家省级政府中，仅陕西省、北京市、上海市等9家单位完整地公开原债券信息，包括原债券名称、代码、发行规模、到期本金规模等，有12家披露的原债券信息要素不全。

（4）新增债券招标结果公开质量有待提升

项目组针对抽查的新增政府债券发行信息考察了其对应的招标结果。在新增一般债券招标结果公开方面，仅河北省和浙江省2家省级政府在新增一般债券发行后2个工作日内公布发行债券编码、利率信息；

有 15 家省级政府未在新增一般债券发行后公布相关信息；7 家仅公开了发行债券利率，未公布发行债券编码；1 家在发行 2 个工作日以后公布，公开不及时。在新增专项债券招标结果公开方面，仅甘肃省、河北省和浙江省 3 家在新增专项债券发行后 2 个工作日内，公布了发行债券编码、利率信息；有 16 家省级政府未在新增专项债券发行后公布相关信息；6 家仅公开发行债券利率，未公布发行债券编码；1 家省级政府仅公开发行债券编码，未公布发行债券利率。

3. 中国债券信息网公开情况

除了省政府及财政部门门户网外，项目组也查看了中国债券信息网。

31 家省级政府均在中国债券信息网公开了新增债券发行公告信息。贵州省、辽宁省等 6 省仅在中国债券信息网公开新增一般债券发行公告而未在省政府或财政部门网站同步公开。内蒙古自治区、吉林省等 6 省仅在中国债券信息网公开新增专项债券发行公告而未在省政府或财政部门网站同步公开。30 家省级政府在中国债券信息网公开了再融资债券发行公告，其中河北省、黑龙江省等 9 省仅在中国债券信息网进行公开而未在省政府或财政部门网站同步公开。

（四）债券存续期公开

《办法》第十条【一般债券存续期公开】规定："地方各级财政部门应当组织开展本地区和本级一般债券存续期信息公开工作，督促和指导使用一般债券资金的部门不迟于每年 6 月底前公开以下信息……"第十一条【专项债券存续期公开】规定："地方各级财政部门应当组织开展本地区和本级专项债券存续期信息公开工作，督促和指导使用专项债券资金的部门不迟于每年 6 月底前公开以下信息……"

评估发现，有 16 家省级政府、11 家较大的市政府、34 家县（市、区）政府公开了 2017—2018 年的债券存续期信息，公开的债券存续期信息涉及债券名称、债券编码、债券规模、发行时间、债券利率、债券期限、债券资金安排和债券收支情况等要素。

有 12 家省级政府在 2019 年 6 月 30 日前公开一般债券存续期和专项债券存续期信息，如北京市、天津市、浙江省、安徽省、河南省、湖北省等。有 4 家省级政府在 2019 年 6 月 30 日后公开一般债券存续期信息和专项债券存续期信息。

有 9 家较大的市政府在 2019 年 6 月 30 日前公开一般债券存续期和专项债券存续期信息，如甘肃省兰州市、安徽省合肥市、湖北省武汉市、浙江省杭州市、福建省厦门市等。有 2 家较大的市政府在 2019 年 6 月 30 日后公开一般债券存续期和专项债券存续期信息。

有 21 家县（市、区）政府在 2019 年 6 月 30 日前公开一般债券存续期信息和专项债券存续期信息，如安徽省合肥市庐阳区、北京市朝阳区、福建省泉州市晋江市、广东省惠州市博罗县、湖北省武汉市江岸区、四川省安岳县等。有 1 家县（市、区）政府在 2019 年 6 月 30 日前公开一般债券存续期，但在 2019 年 6 月 30 日后公开专项债券存续期信息。有 2 家县（市、区）政府仅在 2019 年 6 月 30 日前公开一般债券存续期信息，全年未公开专项债券存续期信息。有 3 家县（市、区）政府仅在 2019 年 6 月 30 日前公开专项债券存续期信息，全年未公开一般债券存续期信息。有 5 家县（市、区）政府在 2019 年 6 月 30 日后公开一般债券存续期和专项债券存续期信息。有 2 家县（市、区）政府仅在 2019 年 6 月 30 日后公开专项债券存续期信息，全年未公开一般债券存续期信息。

（五）债券重大事项公开

《办法》第十三条【一般债券重大事项公开】规定："一般债券存续期内，发生可能影响使用一般债券资金地区的一般公共预算收入的重大事项的，财政部门应当按照《国务院办公厅关于印发地方政府性债务风险应急处置预案的通知》（国办函〔2016〕88 号）等有关规定提出具体补救措施，经本级政府批准后向省级财政部门报告，并由省级财政部门公告或以适当方式告知一般债券持有人。"第十四条【专项债券重大事项公开】规定："专项债券存续期内，对应项目发生可能影响其收益与融资平衡能力的重大事项的，专项债券资金使用部门和财政部门应当按照《国务院办公厅关于印发地方政府性债务风险应急处置预案的通知》（国办函〔2016〕88 号）等有关规定提出具体补救措施，经本级政府批准后向省级财政部门报告，并由省级财政部门公告或以适当方式告知专项债券持有人。"

评估发现，31 家省级政府、49 家较大的市政府、125 家县（市、区）政府网站和财政部门网站均未公开 2019 年一般债券、专项债券重大事项信息。

（六）违法违规情形公开

《办法》第十二条规定："涉及违法违规举债担保行为问责的，各级财政部门应当在收到问责决定后 20 个工作日内公开问责结果。"

评估发现，31 家省级政府、49 家较大的市政府、125 家县（市、区）政府网站和财政部门网站均未公开 2019 年违法违规情形信息。项目组也查看了财政部门户网站的地方债管理平台，也未发现 2019 年地方政府债务违法违规情形有关信息。

（七）政府债务管理制度

《办法》第十七条规定，地方各级财政部门应当及时公开本地区政府债务管理制度规定。

1. 评估发现的亮点

（1）省级政府全部公开了本级政府债务管理制度

评估发现，31 家省级政府均公开了本级政府制定的政府债务管理相关制度、办法、措施，且部分单位公开了政府债务管理的多类制度，政府债务管理制度公开情况优秀。如青海省政府公开了《关于深化政府性债务管理改革的意见》《青海省政府债券承销团组建及管理暂行办法》《地方政府性债务风险应急处置预案》《青海省地方政府债务风险评估和预警暂行办法的通知》，天津市政府公开了《天津市政府债务信息公开实施细则（试行）》《2019 年天津市政府债券招标发行规则》《2019 年天津市政府债券发行兑付办法》等多类制度规定。

（2）多数较大的市政府公开了本级政府债务管理制度

评估发现，49 家较大的市政府中，有 39 家公开了本级政府制定的政府债务管理相关制度、办法、措施。仅辽宁省大连市、内蒙古自治区包头市、陕西省西安市、西藏自治区拉萨市等 9 家市政府未发布政府债务管理相关制度，1 家单位转发上级制定的政府债务管理相关制度。

2. 评估发现的问题

县（市、区）政府债务管理制度公开情况有待提升。评估发现，125 家县（市、区）政府中，仅有 47 家单位公开了本级政府制定的债务管理相关制度、办法、措施；11 家单位仅转发上级制定的政府债务管理相关制度；67 家单位未发布政府债务管理相关制度，占比达 53.6%。

四 发展与展望

（一）进一步提高认识，以公开促落实

各地方政府应提高重视程度，加强对政府债务公开工作重要性的宣传力度。以公开促进"规范地方政府举债融资、规模控制和预算管理、统计分析和风险监控、完善债务统计报告"等工作的推进落实。针对违法违规情形、债券重大事项等公开率较低的指标，要加大公开力度，针对债券发行、债券存续期等公开内容不够规范的指标，要积极推进《办法》中公开内容要求的全面落地，提高对公开薄弱环节的重视程度，全面提升政府债务公开水平。

（二）完善公开机制

依据《地方政府债务信息公开办法（试行）》，建议各地政府继续完善政府债务公开制度，结合实际制定实施细则。完善地方政府债务统计报告制度，建立规范统计标准。加强对地方政府债务的审计监督，确保公开的政府资产负债数据真实准确。加强政府信用体系建设，定期向社会公开政府债务及其项目建设情况，自觉接受社会监督。

（三）统一公开标准，细化公开内容

各地政府应进一步规范政府债务信息公开行为，提升公开质量。各级地方政府应在财政预决算报告（报表）中规范表示政府债务统计项，建立统一的公开标准，公开内容应涵盖地方政府债务限额及余额、债券发行（收入）及还本付息、债券资金使用情况等信息。省级政府债券

发行及各级地方政府债券存续期、债券重大事项、违法违规情形等相关信息应按《地方政府债务信息公开办法（试行）》《政府信息公开条例》等规定的时间和内容要素要求发布更新。地方政府债务信息公开内容及格式可参照北京市、上海市、天津市等地典型经验做法，同时鼓励各级政府积极探索创新以促进公开质量再上新台阶。

（四）加强专栏专题建设，提高公开效果

进一步优化政府门户网站、财政部门网站关于政府债务专栏专题的设置，细化栏目名称和功能，确保各类信息能够有序发布；规范在专栏内发布信息，避免出现多栏目重复发布、信息不同源等问题。

（五）完善公开工作考核机制

各地方政府要加强对政府债务公开工作的组织领导，将地方政府债务信息公开工作纳入日常监督范围，建立健全定期考核机制，将地方政府债务信息公开情况纳入地方政府债务绩效评价范围，加强绩效评价结果应用。对未按规定公开地方政府债务信息的，应当依照《预算法》《政府信息公开条例》等法律法规的规定，责令改正。

《地方政府债务信息公开办法（试行）》为地方政府债务信息公开工作提供了翔实的参照指引。各级政府积极执行落实政府债务信息公开工作，实现了政府债务信息由"局部公开""零散公开"到"系统公开"的初步转变。随着政府债务信息公开工作的持续推进，地方政府债务信息透明度进一步增强，将进一步规范各级政府对政府债务的管理工作。

五　部分地区典型做法

（一）上海市财政局政府债务专栏建设情况良好

上海市财政局部门网站在【地方债】栏目下，细分【最新消息】【制度文件】【发行信息披露】【存续期信息披露】【发行结果】【付息兑付公告】【其他公告通知】【政府债务预决算】。【制度文件】集中发

布了政府债券招标和发行的规则和办法。【发行信息披露】按年度划分信息，方便查找。【存续期信息披露】集中公开了债券存续期的公开情况。【发行结果】按年度划分，便于查找信息。【付息兑付公告】按年度划分，便于查找信息。【其他公告通知】集中公开了政府债券的相关信息。【政府债务预决算】集中公开了上海市地方政府债务的限额、余额、发行、还本、付息以及地方债券资金使用安排的相关信息。

（二）北京、上海、广东等地方政府债务的限额、余额、发行、还本、付息以及地方债券资金使用情况

1. 北京市

随同 2019 年预算公开全市、市本级、所属地区 2018 年政府债务限额及余额执行情况（包括一般债务和专项债务限额及余额预计执行数）；全市、市本级政府 2018 年政府债券发行（包括一般债券发行和专项债券发行）、还本（包括一般债券和专项债券还本）、付息额（包括一般债券和专项债券付息）；2019 年政府债券还本预算数（包括一般债券和专项债券还本）、政府债券付息预算数（包括一般债券和专项债券付息）。

随同 2019 年预算调整公开当年本级新增地方政府债券资金使用安排。

随同 2018 年决算公开全市、市本级、所属地区 2018 年政府债务限额、余额决算数（包括一般债务和专项债务限额、余额决算数）；2018 年年末全市、市本级政府债券发行（包括一般债券发行和专项债券发行）、还本（包括一般债务和专项债务还本决算数）、付息决算数（包括一般债务和专项债务付息决算数）；2018 年政府债券资金使用安排。

2. 上海市

随同 2019 年预算公开全市、市本级、所属地区 2018 年政府债务限额及余额执行情况（包括一般债务和专项债务限额及余额预计执行数）。

随同 2018 年决算公开了全市、市本级、所属地区政府债务 2018 年限额和余额决算情况（包括一般债务和专项债务限额、余额决算数）；

2018 年债券发行决算情况（包括新增一般债券发行额、新增专项债券发行额、再融资一般债券发行额、再融资专项债券发行额）、2018 年债务还本决算情况（包括一般债务和专项债务还本决算数）、2018 年债务付息决算情况（包括一般债务和专项债务付息决算数）；2018 年市级地方政府债券资金使用情况表，且细化到具体使用项目及数额。

3. 广东省

随同 2019 年预算调整公开了 2019 年本地区地方政府债务限额、本级新增地方政府债券资金使用安排。

（三）安徽、湖北政府债券发行安排情况公开

1. 安徽省财政厅

公开的《2019 年新增地方政府债券分月发行安排情况表》中包含 1—12 月新增一般债券、新增专项债券发行规模。《2019 年地方政府再融资债券分月发行安排表》中包含 1—12 月再融资债券计划发行规模。

2. 湖北省财政厅

公开的《2019 年湖北省地方政府债券发行计划表》中包含 2019 年债券发行日期、债券代码、发行金额、债券期限、债券种类、债券用途等信息。

（四）上海、天津等地新增债券和再融资债券发行

上海市财政局门户网新增债券发行栏目下按年度公开 2011—2020 年债券发行信息披露文件。天津市财政局按批次公开 2019 年度政府债券信息披露文件。

（五）青海省、天津市政府债务管理相关制度规定

青海省政府《关于深化政府性债务管理改革的意见》《青海省政府债券承销团组建及管理暂行办法》《地方政府性债务风险应急处置预案》《青海省地方政府债务风险评估和预警暂行办法的通知》等。天津市政府《天津市政府债务信息公开实施细则（试行）》《2019 年天津市政府债券招标发行规则》《2019 年天津市政府债券发行兑付办法》等。

（六）北京市政府债券存续期公开

2019 年 6 月 30 日前公开的《北京市政府债券存续期信息公开表》中包含 2017—2018 年年末发行的新增地方政府一般债券和专项债券的基本信息、资金收支情况等存续期信息。

上海市金山区卫生健康领域
政务公开的实践与展望

上海市金山区政府办公室
上海市金山区卫生健康委[*]

摘　要：卫生健康工作与群众健康福祉和经济社会发展息息相关，是公众关注的热点和政务公开推进的重点。近年来，金山区卫健委以习近平新时代中国特色社会主义思想为指导，积极践行以人民为中心的发展思想，认真落实国家和本市关于全面推进政务公开工作的系列部署，主动适应从结果公开为主向全流程公开转变的形势，结合上级部署和工作实际、聚焦社会公众关注关切，将政务公开工作与卫生健康工作紧密结合，政务公开制度机制健全、内容纵深拓展、渠道日益多元、实效不断显现，人民群众在卫生健康领域的获得感和满意度得到持续提升。

关键词：卫生健康　政务公开　便民服务　实践探索

公开透明是现代法治政府的基本特征。近年来，金山区卫健委在金山区委、区政府的领导下，以"看得到、听得懂、易获取、能监督、好参与"为目标，立足本区实际，大胆探索创新，政务公开工作有序推动，稳中有进，该项工作持续多年位居全区优秀行列。2019年，标准化规范化试点经验被国办政务公开办《政务公开工作经验交流优秀文章汇编》刊载，公开成效受到群众的广泛认可和媒体的宣传报道。

---

* 执笔人：刘成光，金山区政府办公室副主任；陈小丽，金山区卫健委副主任；康少君、吴建民、马娄萍，金山区政府办公室及金山区卫健委工作人员。

一　主要做法和成效

（一）健全制度机制，工作规范日益完善

近年来，金山区不断强化顶层设计，制定了《金山区政府公文发布、解读、回应工作规程》《金山区利益相关方列席区政府会议实施办法（试行）》《金山区进一步扩大公众参与　加强政民互动切实提升政务公开实效的工作方案》等一系列制度文件，形成了较为完备的政务公开制度体系，为全区各行政机关加强政务公开工作提供了良好遵循。在此基础上，金山区卫健委聚焦领域特点，持续细化创新，制定完善《金山区卫健委信息公开工作制度》《金山区卫健委政务信息公开保密审查制度》《金山区卫健委重大行政决策公众参与制度》《金山区卫健委政策解读回应工作制度》《金山区卫健委政府信息申请处理规定》等制度文件，提档升级卫生健康领域政务公开工作制度，促进权力运行更加透明，决策更加科学民主，服务更加精准便民。此外，根据委领导职能分工及"三定方案"，对政务公开领导小组进行优化调整，成立以主要领导为组长、分管领导为副组长、各职能部门负责人为组员的三级领导工作小组，进一步明确机关各科室公开职责要求，加强政务公开工作的组织管理，形成领导重视、分工负责、各司其职、同频共振推进政务公开工作的生动局面。

（二）构建完整链条，发布解读回应有序衔接

2016 年以来，金山区卫健委认真落实政务公开新要求，大力推进发布解读回应"三位一体"政务公开工作格局构建，努力提升公文公开的及时性、准确性和有效性，公文力求做到应公开尽公开、应解读尽解读、舆情回应及时有效。在公开方面，持续推进传统媒体与新媒体融合，积极搭建平台渠道，融合区政府网站试点专栏、卫生健康微博、"金山健康"微信公众号、金山报卫生专刊、基层单位公示栏、村居委宣传栏等线上线下渠道，坚持"以公开为常态、不公开为例外"原则，不断推进医疗卫生改革、家庭医生服务、财政预决算、行政许可、行政

处罚、水质监测及重大工程项目建设等重点领域信息公开，公开内容丰富集约，助力卫生健康部门服务百姓、服务社会。在解读方面，严格落实政策文件与解读材料同步起草、同步审签、同步发布（"三同步"）的要求，全面深入做好重大决策部署、重要政策和规划等解读工作。积极创新解读方式，除了以文字或图片等模式解读《肺结核政府减免治疗费用实施办法》《长期护理保险服务质量控制管理办法》等与群众生活密切相关的政策外，还运用动漫视频，融入地方特色，以金山方言解读《"健康金山 2030" 规划纲要》，让规划更加亲切生动，更易被群众理解支持。2019 年，金山区卫健委通过多种渠道解读政策共计 20 余件次。在回应方面，金山区卫健委高度关注政策出台后社会关切的回应工作。安排专人对群众的咨询、建议或意见进行收集、处理和反馈。通过运用政务舆情收集、研判、处置和回应这一套完整的工作机制，金山区卫健委及时把握信息公开后的社会舆情，进而做好对外沟通，准确传递政策意图，减少了误解猜疑，增强了舆情回应的主动性、针对性、实效性和政策出台的执行力。此外，金山区卫健委还积极通过主要负责人与公众面对面的方式，零距离回应群众关心关注的问题。例如，2019 年 10 月，金山区卫健委主要负责人积极参加区政府办公室组织的"在线访谈"活动，就金山区开展社会心理服务体系建设试点工作的背景、目标向群众作了详细的介绍和交流，并对线下群众的来电进行一一答复，获得了公众的好评。

（三）聚焦重点热点，公开领域纵深推进

近年来，随着全媒体时代的到来、经济社会的变革、公民法治意识的深化，政务公开工作面临许多新的机遇与挑战。金山区卫健委把握大势、着眼大事，在标准化规范化上先行先试，在新冠肺炎疫情、二次供水、重大建设项目、财政预决算及干部人事任免等重点领域信息公开上发力加压，公开的质效能级得到整体提升。

一是在重点领域公开上持续发力。金山区卫健委始终注重工作聚焦，新冠病毒疫情发生后，在"上海金山"政府门户网站和"金山健康"微信公众号上及时发布群众关心关注的新冠肺炎防疫防治指南和 7 步洗手法等信息，帮助公众树立科学防疫意识，提高战胜疫情信心。疫

情期间，金山区卫健委按照《中华人民共和国传染病防治法》《中华人民共和国突发事件应对法》等法律法规，全面收集病例相关信息，报送区疫情防控指挥部及上海市卫健委等部门，为后续的精准公开奠定基础。针对群众因疫情产生的焦虑情绪，金山区卫健委积极开展心理咨询建设，组建心理服务志愿者，定期下沉到全区各村居委点对点回应公众疑惑，并通过向社会公开 24 小时心理咨询热线，提供心理援助和服务。在水质信息公开方面，二次供水的安全性直接影响到市民日常生活，备受市民关注。2016 年金山区卫健委开始在"上海金山"门户网站，每季度向社会公开二次供水水质监测结果，截至 2020 年第一季度，已公开 14 期水质监测结果，综合合格率为 100% 的结果让居民用水更加放心。2019 年，某小区多户居民家中出现水质浑浊问题，区卫生监督所第一时间进行采样化验后，将水质监测结果及时告知小区居民，并及时就部分居民的依申请公开进行答复，同时督促小区物业及时更换水管解决了水质问题，上述综合手段的实施有效遏制了社会负面舆论的发酵。

二是以试点为契机优化服务质量。2017 年，金山区被纳入全国 100 家基层政务公开规范化标准化试点县。金山区卫健委作为本区 8 个试点领域主管部门之一，承担了医疗卫生领域试点工作。在试点中，以"分类科学、名称规范、指向明确"为导向，梳理了 8 大类 205 项公开事项，编制形成标准化规范化目录。在试点过程中指导各级医疗机构健全完善医疗服务信息公示制度，并按照"易于群众获取、方便群众监督"的要求，综合利用政务新媒体、广播、电视、报纸、公示栏等平台和办事大厅、便民服务窗口等场所，多渠道、多形式发布信息，建立了符合本区地域特点，区、镇、村三级联动，方式更加多元的政务信息发布体系，方便公众查询获取，使人民群众有实实在在的获得感。金山区卫健委还不断强化制度"硬杠杠"，用好考评"指挥棒"，持续完善院务公开工作考评制度，加大考核力度，鼓励基层单位在工作中总结经验，提高创新意识，不断挖掘自身特色和亮点，从整体上提升公共服务水平。目前，各单位结合实际，充分利用互联网和微信公众号定期发布医疗资讯、及时公开医疗服务信息和科普信息，还拓展延伸服务功能，提供预约挂号、报告查询、专家专科介绍、政策解读、科普推介等医疗卫生服务，精准高效地将有关医疗资讯推送到百姓指尖。推进区内各医疗机构设置意见箱、安排院长接待日、投诉接待室等，收集公众意见建议，改进服务质量，织密筑牢健全畅通的公开网络和反馈渠道。

（四）注重理念转变，全流程公开环环相扣

2016 年，中办、国办下发了《关于全面推进政务公开工作的意见》及其实施细则，极大拓展了政府信息公开的广度和深度、内涵和外延，促使行政机关由注重结果公开向注重权力运行全流程、全过程公开转变。金山区卫健委深刻领会国家部署和文件精神、紧跟形势、凝聚共识、更新理念，努力将公开工作贯穿到权力运行的全过程和政务服务的全流程。

一是高度重视决策预公开。为推动行政决策的科学化、民主化，金山区卫健委在制定《"健康金山 2030"规划》《金山区医疗卫生机构设置规划（2017—2035）》等重大政策及规范性文件草案前，将相关信息通过政府官网及微信公众号向社会公开，广泛征求意见，并向提供意见方及时反馈采纳情况。2018 年 10 月，金山区在全市各区中率先探索实施利益相关方列席政府会议制度。金山区卫健委积极上报利益相关方列席区政府常务会议题，牵头制定的《金山区医疗卫生机构设置规划（2017—2035 年）》（征求意见稿）成为第一个"吃螃蟹"的决策事项。邀请的利益相关方包括公立医疗机构负责人、社会办医疗机构负责人、居委会负责人（人大代表）、企业负责人及政协委员等，具有一定的广泛性和代表性。会前提前将征求意见稿发给与会人员，便于充分研究。会上专门预留时间增设利益相关方交流互动环节，就利益相关方提出的关于增设医疗机构养老床位、合理规划机构布局等方面的问题予以积极回应。会后还就梳理汇总未能当场答复的意见做进一步研究和反馈。通过问计于民、问需于民，既促进了决策的科学民主，也展示了政府开放的步伐和决心。当前利益相关方列席政府会议工作已经常态长效开展。

二是大力推进执行公开。在"上海金山"门户网站"金山区重大项目批准和实施领域政府信息公开"专栏，将列入区重点工程建设项目清单内的卫生健康领域建设项目信息进行了梳理和集约公开。例如，2019 年，复旦大学附属金山医院新建住院楼项目和张堰镇社区卫生服务中心迁建工程 2 个项目被列入区重大工程建设项目清单，金山区卫健

委按照全流程公开的理念，公开了初步设计文件审批结果、项目核准结果、建设项目选址意见书、合同信息、施工许可证、勘察设计施工监理单位相关信息、设计方案等，为企业公众获取、利用和监督重大工程建设情况提供了渠道。

三是不断推进管理公开。建立健全清单动态调整公开机制，全面公开222项权力清单和责任清单，并通过区政府门户网站集中展示。突出改革意识和政务互联网思维，借助"一网通办"专栏，公开行政审批事项办事指南、所有行政许可与行政处罚事项，不断优化区域营商环境。同时，依托"一网通办"专栏推广"市民云"APP"一网通办"移动平台。进驻窗口的16大事项共64个子事项全部纳入"一网通办＋医师护士执业电子化注册"系统，其中5个事项全程网上电子化办理，办事群众足不出户就可了解相关信息，提交办理材料。同时，还可选择许可证快递上门服务，政务公开与信息化的结合，为群众少跑腿、零跑腿提供了优质高效的服务。

四是深入推进服务公开。在标准化规范化试点工作中，金山区卫健委将"专业化"的医疗服务事项办理流程翻译成"口语化"的表达，编制了《医疗服务一本通》《医疗卫生行政许可服务办事指南》《医疗卫生行政处罚事项》三本小册。以《金山区医疗卫生政务公开标准化规范化事项——医疗服务一本通》小册子为例，该册子汇集16项医疗卫生服务指南和"金山健康"微信号操作指南。以自然人生命成长轨迹为链条，将16个医疗卫生具体服务事项划分为"出生在金山、工作在金山、成家在金山、养老在金山、生活在金山"等五大板块。按照"高频优先"的思路，各板块中罗列了人生各阶段与医疗卫生服务最为密切的事项，通过问答和表格形式展现。如："我家孩子预防接种如何办理？我怀孕了，产前检查建卡如何申请？我被宠物咬伤，在哪可以接种狂犬疫苗？"让百姓快速找到所需信息，实用性受到百姓的肯定欢迎。考虑到0—3岁婴幼儿家庭对儿童保健、预防接种等事项服务需求大、利用频次高，金山区卫健委还请家庭医生在新生儿产后上门访视的同时发放这本小册子。此外，在金山卫镇社区卫生服务中心门诊人流密集处设置了大型展示栏，以图文结合形式将16项医疗服务事项向群众公开，群众纷纷驻足阅读、拍照留存。同时，还将医疗服务事项制作成宣传海报发放至金山卫镇的 15 个村（居）委让公众知晓，通过试点成果的应用转化，不断提高服务效率。

五是认真推进结果公开。2019 年以来，按照本市政务公开方面的工作部署，金山区卫健委主动公开区人大和区政协提案办理结果 30 件，公开率为 90.9%。按照《上海市行政处罚信息主动公开办法》要求，准确发布所有行政处罚案件的结果信息。及时公开公立医院控费信息，方便居民对医疗费用进行现场了解、查对和咨询。在"上海市医药采购网"的"公众服务"栏目公开药品采购信息，方便公众监督和企业利用。大力公开家庭医生签约服务信息，包括家庭医生的服务内容及服务范围等，不断提高居民对签约服务的获得感。

（五）畅通依申请渠道，答复内容合法便民

依申请公开是政府信息公开制度的重要内容，是主动公开的重要补充，是保障公民知情权的最后一道防线。[①] 金山区卫健委高度重视依申请公开工作，全委上下在日常工作中注重信息公开理论知识和典型案例的学习研讨，力求答复合法规范。近两年金山区卫健委受理的政府信息公开申请内容主要涉及水质监测、医疗收费及本区社区卫生服务中心建设标准等方面，未发生行政复议及行政诉讼情形。在办理依申请公开过程中，金山区卫健委以高效便民为原则，其中：水质监测结果属于可公开内容，金山区卫健委在法定时限内向申请人提供纸质材料；医疗收费属于已经主动公开内容，在告知申请人获取信息途径的情况下便民告知收费信息；关于本区社区卫生服务中心建设标准的申请，因未制定相关标准，在答复申请人该信息不存在的同时一并告知原因，做好说理释惑工作。

二　当前存在的问题

在看到成绩的同时，对标形势要求、对标工作标杆、对标群众期盼，结合日常工作考核和第三方测评情况，金山区卫健委政务公开工作

---

① 田禾、吕艳滨：《中国政府透明度 2018》，中国社会科学出版社 2018 年版，第 5 页。

还存在不少短板问题，亟待加以改进，主要表现在：

（一）应用成果有待进一步转化

标准化规范化工作的开展，较好地提升了金山区卫健委的公开水平，但是，卫生健康工作具有服务范围广、事项多等特点，在推进政务公开标准化规范化的过程中，成果的应用与信息"动态化、立体化、可视化"的要求还有差距，政务公开与行政审批和政务服务的有机融合、应用联动有待提升。标准化规范化工作开展后，政务公开流程也得到进一步规范，但不少工作人员还惯于用老思维老方法开展工作，还未养成在日常工作中结合标准目录、按照公开流程开展业务的习惯，未能真正将政务公开覆盖到行政权力运行全流程、政务服务全过程。

（二）创新力度有待进一步加强

2018 年，金山区卫健委先后到上海市普陀区、南京市建邺区、宁波市江北区等地进行学习考察、对标先进，为高标准推进政务公开奠定了基础，在平台建设、试点成果应用上也有一定的探索，在一定程度上实现了人无我有、人有我新，但是创新的举措还不够丰富，公开实效与百姓需求、与形势要求还有很大差距。

（三）决策公开有待进一步强化

第三方评议结果显示，金山区卫健委的决策预公开工作还较为薄弱。公众了解草案途径较为单一，利益相关方列席政府会议的邀请途径不够开放、对象不够广泛，公众意见采纳反馈工作不够到位，一定程度上影响了公众参政议政的热情。

三 展望

2019 年以来，修订后的《中华人民共和国信息公开条例》（以下简称《条例》）和《上海市政府信息公开规定》（以下简称《规定》）相继实施，面对新形势新要求，金山区卫健委将以奋发有为的精神状态和更为扎实的工作措施，在贯彻各项要求的同时，坚持需求导向、问题导向和效果导向，坚持以公开促服务、以公开促规范、以公开促落实，努力为区域的营商环境和公众的生产生活提供更加优质的服务。

（一）抓提升，着力推动标准化规范化建设

随着标准化规范化工作的推进，由基层政务公开目录 2017 版更新至 2019 版，其中公共服务类事项已由试点期间梳理的 16 项事项新增至目前的 35 项事项，涵盖预防接种、妇幼保健、慢性病管理及特定传染病费用减免等服务。下一步还将根据国家、本市的政策变化及时更新调整医疗服务事项，不断完善细化公开要素和服务标准。积极落实国办及国家卫健委指引，把国家版政务公开指引与金山区实际紧密结合，在讲好"普通话"的同时讲好"金山话"，努力体现金山地方特色，持续推进卫生健康领域政务公开。

（二）抓根本，继续夯实工作基础

建立完善制度，明确工作任务，落实工作责任，打破简单地将政务公开工作归口办公室管理的局面，形成"办公室统筹抓、各职能科室协同落实"的工作格局。定期更新维护信息公开指南和目录。每月将主动公开和依申请公开的信息送至区图书馆和区档案馆等公共查阅点，满足不同群体需求。重视政务公开年报编制，突出重点领域和亮点工作，向社会公开重要数据信息。加强年报解读工作，促进年报的社会阅读面和知晓率，让公众更好地了解透明政府建设情况。

（三）抓深化，扎实推进全流程公开

除了重大决策邀请利益相关方列席区政府常务会外，常态化邀请利益相关方列席委务会议活动。通过门户网站、微信公众号等线上方式邀请利益相关方列席会议，确保渠道丰富、主体多元。此外，结合卫生健康工作重点，持续推进决策、执行、管理、服务、结果等环节信息公开工作。

（四）抓规范，不断提高依申请办理水平

一是强化学习培训。结合实际抓好《条例》《规定》的贯彻落实。在参加全区层面培训外，及时在单位内部进行培训，传达最新要求，强化公开理念。通过以案释法，规范依申请答复，确保办理更加规范。二是推进依申请公开转为主动公开。加强依申请公开信息的内容研判，促进政府信息管理动态调整的制度化、规范化。及时将公众申请较多且可以公开的信息转为主动公开，并在"上海金山"政府门户网站专栏上集中公开，做到能公开尽公开，进一步减少依申请公开数量，更好地保障公众获取政府信息的合法权益。

第五编　政务公开的效能发挥

政务公开工作中推进政民互动
常态化的思考与探索

张国志[*]

摘　要： 政务公开是行政机关全面推进决策、执行、管理、服务、结果全过程公开，加强政策解读、回应关切、平台建设、数据开放，保障公众知情权、参与权、表达权和监督权，提升政府治理能力的制度安排。加强政民互动，是推进政务公开工作的有效途径。青岛市就如何加强政民互动、实现常态化，进行了有益的探索，发现了存在的问题，进行了深入的思考和分析。

关键字： 政务公开　政民互动　回应关切

推进政务公开，加强政民互动，对于密切政府和人民群众联系、加强行政权力监督制约、提升政府治理能力具有重要意义。只有紧贴人民群众实际需求，在政务公开工作中推进政民互动常态化，全方位回应公众关切，才能增强政务公开的针对性、实效性，不断提高政府公信力执行力。

一　当前政民互动面临的困难和问题

近年来，随着政府信息公开力度不断加大，政府工作透明度日益提

---

* 执笔人：张国志，青岛市人民政府办公厅政务公开处副处长。

升，公民、法人和其他组织获取政府信息的渠道更加畅通，政民互动也越发频繁，逐步进入良性化轨道。但在传统的沟通方式下，市民更习惯于通过信访、拨打市长公开电话等形式反映诉求、反馈意见、提出建议。这就导致政民互动在一定程度上存在形式单一、载体不够广泛、信息传递渠道不够畅通、缺少公众评议机制等问题。

（一）形式单一、载体不够广泛

传统的政民互动形式往往局限于信访、拨打市长公开电话等，形式较为单一，政民互动的载体也不够广泛，仅限于信件、电话等载体，难以满足互联网时代公众的多样化需求。

（二）信息传递渠道不够畅通

政民互动通过信件方式传递信息需要一定时间，而拨打市长公开电话反映诉求、反馈意见、提出建议，也会存在占线的情况。市民需要传递的信息、反映的诉求难以迅速传递出来，市民所想所盼所愿不能即时表达出来。

（三）缺少公众评议机制

市民通过已有的政民互动渠道反映诉求、反馈意见、提出建议，往往能够得到反馈或答复。但是市民对于反馈或答复的内容满意与否，缺乏有效的评议机制或监督渠道。这就导致部分市民意见建议办理和回复的质量还不高，一定程度上影响了市民对政府的满意度。

二　青岛市完善政民互动机制的探索

近年来，青岛市深入贯彻落实国家、省政务公开工作有关要求，加大政务公开工作力度，针对政民互动面临的困难和问题，以"三民"活动、网络问政活动、市办实事等为载体，推进政民互动常态化，充分发挥政民互动在政务公开工作中的作用，以政民互动促政务公开，以公开促落实，以公开促规范，以公开促服务。

（一）"三民"活动听民意，打造政民互动平台

自 2009 年起，青岛市在全国率先开展了"向市民报告、听市民意见、请市民评议"活动（以下简称"三民"活动），至 2020 年已连续开展 11 年。把一切为了人民、紧紧依靠人民贯穿城市治理全过程、各方面，把深入开展"三民"活动同推动治理体系和治理能力现代化，解决改革发展稳定的具体问题、办好民生实事结合起来，围绕"述、听、评"三个环节，不断创新活动方式，丰富活动内容，规范活动程序，创造条件让广大市民面对面听取市政府部门负责人工作报告，监督评议政府工作，走出了一条以公众满意度为导向的"民考官"、政民良性互动的城市治理新路子，有力推动了人民满意的服务型政府建设，促进了机关作风转变，突出了青岛城市治理领域的实践效果，提升了政府工作效能。

一是向市民报告，坚持政府部门每年向市民报告工作。市政府将"三民"活动作为贯穿全年的重要工作，每年年初组织市政府各部门按照"落细落小、务实可行"的原则制定年度工作要点，年中将半年工作推进落实情况通过青岛政务网如实向社会公开，年底通过举办"三民"活动述职报告会的形式集中向市民公开报告工作，同时征集市民的意见建议，为市政府和各部门谋划来年工作做准备，形成了完整的政务公开和述职评议链条。述职报告会是每年"三民"活动的"重头戏"，分为内部述职报告会和公开述职报告会。市政府研究室、市人防办、市信访局在市级机关内部进行述职报告，由市人大常委会办公厅、市政协办公厅，市委各部委、市中院、市检察院，市政府各部门，各民主党派、工商联办公室（秘书处）机关干部进行评议。公开述职报告会每年 12 月利用一个周末时间，分四场举办，述职时间不超过 10 分钟，现场设置超时叫停系统，剩余 1 分钟时提醒一次，时间到时提醒一次。1万名市民代表在主会场和区市分会场现场听取述职报告，青岛电视台、青岛人民广播电台、区市电视台及人民网、新华网等 20 多家新闻媒体、重点网站现场直播。市政府部门主要负责人对述职报告会非常重视，对述职的角度、题材、展现形式等反复研究，借"三民"活动的平台，和老百姓交交家底、说说心里话，让市民能感受到政府为服务发展、服

务基层、服务民生所做的努力，听听来自老百姓的呼声。

二是听市民意见，坚持政府部门每年向市民征求意见建议。"三民"活动激发了市民的主人翁精神，市民的参与热情越来越高，着眼大局提出有针对性的意见建议，一大批意见建议被纳入国民经济和社会发展规划、年度政府工作报告和市办实事中，活动成为市民行使知情权、参与权、表达权和监督权的重要平台。活动开展以来，遴选市民代表的程序日趋科学，市民代表的构成不断优化，从开始的分层分类抽选到后来增加自愿报名环节，市民参与"三民"活动的渠道不断丰富，积极性也得到充分调动。活动致力于让更多的直接服务对象评议述职部门，将市政府各部门按工作职能相近性和评价可比性细分为 4 个组。市统计局、各区（市）严格按照抽样方法和构成比例遴选市民代表。

述职报告会前一个月在青岛政务网、微信公众号和青岛政务通开通意见建议征集通道，并面向各机关事业单位、驻青高校、社会组织、协会商会等征集意见建议，有计划、有组织地引导各个社会阶层的市民增强主人翁意识，提出针对性和可操作性强、参考价值高的意见建议。对各个渠道征集到的意见建议，采取"集中录入—审核分办—部门研究—归口答复"的办理方式，对意见建议区分转阅件和转办件，可操作性强的意见建议设转办件，要求承办单位 5 个工作日内逐条答复；一般性意见建议作为转阅件，要求承办单位 12 月 31 日前集中答复；前瞻性较强的意见建议以简报的形式呈市政府领导参阅，并转相关单位阅研。网上意见建议转办单系统分别以绿黄红灯标示意见建议办理单的实时状态，提醒办件单位该条办理件超期或即将超期。建立了意见建议网上办理满意度评价系统，由市民对部门意见建议的办理情况进行评价。述职报告会后，组织市民意见建议较为集中的市政府部门、区（市）政府，与市民代表召开专题恳谈会，共同探讨问题解决路径，进行集中面复。

三是请市民评议，坚持政府部门工作每年由市民评价。请市民评议侧重于"评"——万众评议、现场打分、纳入考核。"三民"活动评议结果作为"社会评价"指标连年纳入《青岛市经济社会发展综合考核实施细则》，构建起了公众参与政府绩效评估的新机制。为最大限度地吸纳各个层面、各个行业普通群众的参与，保证评价主体的代表性和广泛性，将代表构成确定为党代表、人大代表、政协委员代表，民主党派、工商联、无党派代表，第三方督查评议专家代表，行风在线点评员代表，中央、省驻青单位代表，政务服务热线义务监督员代表，区（市）部门代表，社区居民代表，行业协会、商会、中介机构代表，事业单位代表，重点项目单位代表，个体经营者代表，市属企业、重点民营企业、小微企业、创客代表，媒体代表，往年获评优秀建议市民代表，自愿报名市民代表，市领导联系企业代表，同时邀请社会评议和政府绩效考核评估方面的专家学者全程参加述职报告会。对参加"三民"活动现场述职报告会的1万名市民代表，印制并发放《市民代表手册》《述职报告汇编册》《市政府部门主要职责汇编》等材料，方便市民代表提前了解各部门工作情况，以更有针对性地提出意见建议，更为客观公正地行使"评判权"。每场述职报告会结束后，主会场和分会场的市民代表当场以无记名方式填写测评票。测评结果有效引导各级政府和部门"眼睛向下看、围着基层转"。

（二）网络问政访民忧，畅通政民互动渠道

针对传统服务管理方式中社会热点反应慢、民意诉求回应迟、政策措施点不准的问题，青岛市借助互联网平台，以转变政府职能、建设服务型政府为目标，探索构建以"听民意、聚民智、解民忧、惠民生"为宗旨的网络在线问政新模式，做到群众需求及时捕捉、社会公众积极参与、部门工作形成合力、政府决策迅速跟进，实现了网络问政由集中几天访谈到全年在线问政、由少数单位到所有政府部门参与、由分散临时组织到常态制度规范的全面提升，开启了网络问政、议政、理政的公共治理新模式。

一是扩大公众有序参与。青岛市是全国最早利用网络平台进行政民互动的城市，1999年在青岛政务网开通"市长信箱"，2005年在青岛政务网开展"在线访谈"，不定时邀请市政府部门负责人就群众关注的热点问题上线问政，自2009年起，每年年中和年末集中开展市政府部门"网络在线问政"活动，自2011年起，市政府"网络在线问政"实现常态化，问政时间拓展到全年，全市政府部门全部分批上线，实现了全天候、多方位、零距离政民沟通互动。围绕全市中心工作和市民关心的热点问题，科学设置网络问政主题，形成年度计划、重点工作、社会

热点、公众需求有机结合的主题生成机制。市政府在年初统一制定部门上线计划，根据部门职责与社会民生联系紧密程度，将部门分为不同上线频次的组别，分别以周、月、季度、半年为周期，安排不同的任务量。同时，根据社会热点监测或部门实际需要安排临时上线，通过计划性与灵活性相结合，做到问政主题与社会关切相一致。

二是建立科学规范的运行机制。建立由市政府办公厅牵头，有关部门参加的组织体系，统筹指导和推进网络在线问政各项工作。市政府办公厅负责年度计划审核、日常检查指导和督查考核。市大数据局为网络在线问政的正常运行提供技术支撑。强化问题受理办理机制落实群众关切。严格跟踪落实问题受理办理，细化实施方案，严格实行首问负责制。针对不同问题类型采取不同办理方式，对咨询类问题现场给予答复，对建议类问题进行可行性判断，具有可行性、借鉴性、启示性的意见建议，现场肯定并对"典型案例"做好提炼吸收，对不能现场解决的诉求类问题，初步回应后线下调查研究再办理回复。

三是积极探索新形势下公众参与的有效载体。信息公开是群众有效参政议政的前提。在依托市政府门户网站建立统一的政府信息公开平台的基础上，对涉及公共利益、公众权益、社会关切及需要社会广泛知晓的重要政府信息，及时组织有关部门上线进行政策解读，推动信息公开更加及时透明。发挥网络在线问政互动平台的作用，构建畅通便捷高效的民意表达渠道，以经济社会发展重大问题和涉及群众切身利益问题为内容，在全社会开展广泛协商，坚持事前和事中协商，在决策前通过互动平台广泛征集意见、集中民智，保障科学合理合法决策，在决策中及时公开信息，根据群众建议不断修正完善，增强决策执行力。通过网络的互动，公众角色也从原来政府服务和政策的被动接受者，变成政府服务与政策制定的积极参与人。

（三）市办实事安民心，丰富政民互动形式

市办实事以保障和改善民生为出发点和落脚点，力求解决好市民最关心、最直接、最现实的利益问题，使广大市民享有更多的获得感、幸福感和安全感。市政府办公厅通过科学筛选、严密论证、公开挂牌督办、完善流程体系、强化社会监督、严格考评问责等措施，着力提升督

查工作效能，凝聚督查推进合力，营造干事创业、为民服务的浓厚氛围，力促市办实事各项工作"落细、落小、落地、落实"，推动民生事业在劳有应得、学有优教、病有良医、老有颐养、住有宜居、困有所助上持续取得新成效。

一是科学选题，力求符合群众需求。市办实事征集过程中，采取开放式、多层面的方法，将区市部门提报与社会征集有机结合，广泛开展征集活动。依托网上征集平台、政务服务热线、"三民"活动和网络在线问政等政民互动载体，广泛征集意见建议。通过"走进市办实事、见证民生项目"活动、专题会议、工作会议等形式，与区市、部门和人大代表、政协委员、政务督查社会监督员、受益群众代表面对面座谈，广泛听取意见，认真吸收采纳，真正做到"问政于民、问需于民、问计于民"。全面征集结束后，对汇总的项目进行初步筛选，确保将符合当前经济社会发展阶段和群众需求的项目筛选出来。年度市办实事筛选确定后，最终面向社会公开发布，于市"两会"期间举行新闻发布会正式发布，之后每月在政务网站上公布进展情况，年底召开新闻通气会，向媒体通报市办实事完成情况，现场解答媒体提问，做到全程公开透明。

二是创新机制，全力推动加快进展。明晰责任，落实分工。制定实施计划表，对市办实事项目年度目标进行细化、量化，对细分目标按时间轴线确定月度工作计划，明确重要节点和阶段目标。建立健全主责单位牵头、协办单位配合、承办单位具体实施的推进落实机制，共同推动项目早实施、早见效，让群众早受益。完善服务保障体系，组织协调涉及审批、招投标和资金保障等事项的部门针对市办实事项目设立绿色通道，安排专人做好项目服务保障。落实"周调度、月通报、季点评"制度，对重点难点项目每周调度推进情况；按月通报总体进展；每季召开点评会议，总结阶段进展、部署下步工作。加强问题研判，对可能影响项目进度的问题，提前制订督查计划，全程跟踪督查。

三是接受监督，提高群众满意度。借助网络、广播、报纸、电视等新闻媒体，对市办实事项目实施挂牌督办，做到任务目标公开、责任体系公开、计划进度公开、办理情况公开，请广大市民监督落实。定期刊发新闻通稿，向社会各界和新闻媒体通报市办实事项目进度，展示阶段性成果，听取社会各界的意见建议。创新方式手段，善借社会力量之

"智"，发挥其"思想觉悟高、社会责任感强、敢于坚持原则、善于提出问题"的优势，对市办实事推进工作进行全程监督，深入开展第三方评议和"走进市办实事，见证民生项目"活动，定期邀请人大代表、政协委员、政务督查社会监督员、专家学者、市民代表、新闻媒体等组成社会第三方督查评议队伍，采取随机抽查、集中查看、座谈点评等方式，参与市办实事推进和考核验收工作，形成各方参与、齐抓共管、共同推进的良好局面。搭建政府与新闻媒体的联系服务平台，定期向新闻媒体提供市办实事宣传线索，组织新闻媒体进行深度挖掘和宣传报道。制订详细的宣传报道计划，采取专题活动、发放明白纸、设置宣传栏等多种形式，准确、及时地宣传解读相关惠民政策措施，全方位宣传市办实事项目进展情况和取得的成效，增强市办实事的透明度和知晓度，营造全社会关注支持市办实事的良好舆论氛围。

三　进一步扩大政民互动的展望

（一）政民互动存在的问题

青岛市积极推进政民互动常态化，加大政务公开力度，努力建设人民满意的服务型政府，取得了明显成效。但也发现了一些问题，如政民互动力度尚需加大、政民互动内容有待于充实、政民互动形式还不够丰富，等等。

1. 政民互动力度尚需加大

随着政府信息公开渠道进一步拓宽，政府与公众的沟通更加顺畅，但是政民互动仍受时间、空间等方面的限制。"三民"活动集中安排在年底，时间是固定的，现场听取市民意见，主要集中在主会场和分会场，受会场空间的影响，市民参加人数受到一定的限制。市办实事项目一般年初确定，年度完成，在时间上有一定的要求。"网络在线问政"也是年初公布问政计划，各部门各单位按照计划的时间、主题上线，答复网友的提问。

2. 政民互动内容有待于充实

政民互动内容充不充实、市民参与度高不高很大程度上取决于宣传力度大不大。以往政民互动的主要宣传阵地是政府门户网站，部分活动宣传力度不够，导致群众知晓率和市民参与率不高，政民互动内容也不够充实，无法充分发挥政民互动"听民意、聚民智、解民忧、惠民生"的作用。政民互动的内容主要集中在市民关心的、涉及切身利益的房屋拆迁、教育、医疗、社会保障等领域，多为咨询、投诉举报等。政民互动范围不够广泛，类别比较集中。从城市的长远发展来看，政民活动的内容应该涵盖社会发展的各个领域，类别上看，提出建议、反映意见等类别的内容应当多于投诉举报等类别的内容。

3. 政民互动形式还不够丰富

目前，政民互动主要通过现场、网络、电话等形式开展。但网站的信息孤岛现象仍然存在，系统之间不能互通、信息资源无法共享的情况也影响了政民互动开展的效果。随着互联网时代信息化高速发展，客户端、微信、音视频、动漫、H5 等多媒体不断涌现。政民互动如果仍局限于现有的形式，就显得过于单调、不够丰富。市民对新颖的政民互动形式有更多的期待，对广泛的政民互动传播渠道有更高的要求。

（二）政民互动的努力方向

针对政民互动领域存在的问题，结合工作实际，进行了深入思考，政民互动还要从以下几方面进一步扩大有序参与实现良性互动。

1. 夯实政务公开基础，加大政民互动力度

政民互动要实现更频繁、更高质量的互动交流，就需要加大政民互动的力度。政民互动的深入开展，离不开群众的参与。要坚持群众主体地位，激发群众参与积极性、主动性，加强政府与公众的互动交流，真实了解群众所思所需所盼，及时回应解决社会关切，做到"真听、真问、真办"，为政民互动筑牢群众基础。健全完善政务公开组织领导体制，形成领导重视、机构健全、上下联通、协调有力的政务公开大格局。强化制度意识，以制度促规范，以规范促提升。以流程再造为抓手，健全完善主动公开、依申请公开、考核评估、社会评议和责任追究、协调会商、信息管理动态调整等配套制度，保障政民互动不断引向深入。编制政务公开工作要点，明确年度重点工作，对政民互动进行部署，体现政民互动的内容。

2. 提升政务公开实效，充实政民互动内容

围绕公开的广度和深度、政民互动的内容、群众获得感等，持续推动政务公开由数量驱动向质量引领转变，实现政民互动常态化，提升公开实效。强化公开意识，围绕"五公开"全面提升政务公开的高度、深度、宽度和精度。建立多部门联动机制，规范依申请公开登记、审核、答复、办理、归档流程，健全依申请公开督办机制、疑难和涉诉案件联动会商机制、风险等级判定机制。深化重点领域公开，围绕脱贫攻坚、征地拆迁、环境保护、公共卫生、安全生产、食品药品等重点领域，明确具体的公开要求，抓细抓深抓实，做到精准公开。聚焦核心信息，精简宣传材料和日常动态信息，加大惠企利民政策发布。动态管理信息，根据立、改、废情况，及时清理更新政策文件库。优化政务公开平台，完善信息发布、信息搜索、信息下载、办事服务、在线互动等功能，提升用户体验。加大政务公开体验区标准化建设，组织开展"政府开放日"系列活动，以平台建设扩大公开效应。加大政策解读力度，通过图片图表、音频视频、卡通动漫等多种形式，采用主要负责人解读、专家解读、媒体解读等方式多元化解读，使"厚"文件变"薄"，让政策真正好看、好懂、好用。加大政民互动的宣传力度，拓展宣传阵地，从不同渠道、不同层面进行宣传，引导市民积极参与，营造良好的舆论氛围。

3. 强化政务公开监督，丰富政民互动形式

制度的生命在于执行，提高制度执行力，推动制度"落地生根"，需要强化监督保障，推进制度健康运行。加强日常监督，建立日常调度、重点督查、季度通报制度，采取技术监测和人工核查相结合的方法，对政务公开工作任务落实情况进行调度检查。优化考核评估机制，委托第三方机构开展政务公开工作评估，将政民互动的开展情况作为重要评估内容，运用好评估成果，不断提高政务公开专业化水平。通过"走出去""请进来"的方式，加大业务培训，鼓励运用多种形式的政民互动，加强政务公开监督。在部分政民互动活动中，探索"首接负责制"，只要市民向某部门反映问题，则该部门就成为这个问题的首接部门。无论市民提出的问题是否属于该部门职责范围，都要本着认真负责的态度解答，不能简单以"不属于本部门职责范围，请向有

关部门进行咨询"来回复。对于确实不属于本部门职责范围，由首接部门牵头主动联系相关部门，确定处理方式或者具体的联系人，并由首接部门对网民进行回复，避免出现因职责不清、责任不明造成的推诿现象。

优化营商环境背景下完善
政务公开工作机制研究

上海市普陀区人民政府办公室课题组[*]

摘　要：优化营商环境已经成为全球各国促进经济社会发展、提高人民生活水平的重要组成部分，重要性不言而喻。良好的营商环境离不开综合发挥"市场要素""法治要素""政务要素"三方面作用。最大限度发挥政务要素作用依赖于可促规范、落实和服务的政务公开。基于普陀实践，未来可通过深化政务公开标准化建设、健全发布解读回应机制和完善利企的公开平台等方面有效发挥政务公开工作在优化营商环境方面的积极作用。

关键词：营商环境　政务公开　政策解读

营商环境是一个国家和地区的重要软实力，也是核心竞争力。当前，优化营商环境已经成为全球各国促进经济社会发展、提高人民生活水平的重要组成部分。2017 年 7 月，习近平总书记在中央财经领导小组第十六次会议上作出重要指示，要求北京、上海等特大城市要率先加大营商环境改革力度，努力营造稳定公平透明、可预期的营商环境。此后，中央、市委市政府先后对优化营商环境作出重要决策部署。从目前情况来看，各地在推进法治化、国际化、便利化营商环境方面已基本达成共识，也相继推出了一系列重大改革举措。近年来，上海市普陀区致

---

　*　课题组组长：朱晓鸣，普陀区人民政府办公室副主任；上海政法学院肖卫兵教授参与；执笔人：包思卓，普陀区人民政府办公室政务公开科科长。

力于探索政务公开标准化规范化建设，使政务公开成为优化营商环境工作中的一项重要内容。本文拟对世界银行《营商环境报告》和优化营商环境的本质要求进行研究分析，重点论述政务公开与优化营商环境之间的关系，并阐明政务公开对优化营商环境的重要作用，最后以普陀区经验做法为参考，提出以政务公开推进优化营商环境工作的具体路径和方法，供实践参考。

一　优化营商环境的提出

2002 年，世界银行正式启动《营商环境报告》项目，对 190 个经济体及所选地方城市的营商法规及其执行情况进行分析评估，并于一年后发布首份《营商环境报告》。该项目大多数指标涉及各经济体中最大的一个商业城市，但对包括中国在内的 11 个人口超过 1 亿的经济体，则将数据采集范围扩大到第二大商业城市。[①] 在中国，世界银行评估的对象主要是上海和北京两座城市。每年，世界银行都会对全球各国的营商环境进行国际可比较的分析与研究，并且为各国如何改善投资环境提供一定的方法和思路。因此，各国对此非常重视，有的甚至已将营商环境问题提升至国家战略（比如俄罗斯）。在 2018 年首次国务院常务会议上，李克强总理强调："必须认识到，优化营商环境就是解放生产力，就是提高综合竞争力。"从世界银行《营商环境报告》公布的排名情况来看，2018 年中国排在第 78 位，2019 年中国晋升到第 46 位，首次进入世界前 50。

（一）关于营商环境的概念

如何界定"营商环境"？目前学术界和实务界还尚未形成完全一致的认识。在英语中，"营商环境"一般表述为"Business Environment"（即商业环境）。世界银行则直接将其表述为"Do Business"，也就是做

---

① 《深读：让这么多省市政府重视的营商环境到底是什么？》，2019 年 8 月 7 日，ht-tps：//baijiahao. baidu. com/s？id = 1607026605743604764。

生意的环境。我国台湾地区也将《营商环境报告》翻译为《经商环境报告》。简而言之，"营商环境"即为企业从事经营活动所处的外在环境。[①] 其实，无论是农村的微型作坊，还是超大规模的跨国公司，企业家每天都要面临许多有关企业运营和发展的决策。而这些决策很大程度上取决于当地政府的政策措施和行政行为。因此，从更深层次理解，"营商环境"也可以说是来自外部的影响企业运营发展效率、效益的各种要素的总和。

（二）良好营商环境的基本要素

对企业来说，良好的营商环境将激励他们进行更大规模的生产性投资，继而为国家创造更多就业机会。对政府来说，良好的营商环境是重要软实力，更是核心竞争力。世界银行曾对营商环境的基本要素做过较为系统的研究，并在此基础上发布了《2005 年世界发展报告》。根据该报告，良好营商环境的基本要素包括：稳定与安全、合理的监管与税收、良好的金融市场和基础设施、成熟的工人和劳动力市场等四个方面。[②] 有专家对此作进一步研究后得出结论：良好的营商环境应当包括以下基本要素——（1）良好的社会秩序（社会稳定）；（2）有效的产权保护；（3）高效的行政监管；（4）合理的税费负担；（5）良好的基础设施供给；（6）良好的金融市场（"获得信贷"的便利度）；（7）高效的纠纷解决机制（包括市场退出机制）；（8）良好的市场开放度（高效便利的跨境贸易监管服务）。[③] 站在企业的立场来看，企业投资的根本目的在于获取利润，企业预期利润率的高低，直接决定了企业是否具有投资兴业、创业创新的主观动机，因此，如果对上述各项要素作进一步概括总结，可以将其分为"市场要素""法治要素""政务要素"三大类。良好的营商环境就是综合运用"市场""法治""政务"手段，在兼顾社会公共利益的同时，积极促进企业经营及投资行为。

---

① 本部分主要参考 2018 年上海法院党组重大课题《推进法治化营商环境建设相关问题研究——以世界银行营商环境评价中的法律要素为视角》。

② 世界银行：《2005 年世界发展报告》，清华大学出版社 2005 年版，第 9—12 页。

③ 本部分主要参考 2018 年上海法院党组重大课题《推进法治化营商环境建设相关问题研究——以世界银行营商环境评价中的法律要素为视角》。

（三） 优化营商环境的"三要素"

从字义上看，优化是指采取一定措施使变得优异、优秀；优化营商环境就是通过一定措施使一个国家或地区的营商环境变得更好。首先，从"市场要素"和"法治要素"两方面来看，优化营商环境就是要提高市场化、法治化手段的平衡作用。市场竞争是企业赖以生存的最直接因素，也是决定企业能否获得盈利的关键因素。因此，为企业提供一个公平的市场竞争环境是优化营商环境里不可缺少的重要内容。但是，当企业在市场交易过程中发生欺诈、失信等违法行为时，国家就要通过法制手段对其予以一定的约束、规制或惩戒，同时为其他企业的合法行为提供有力的支持与保护。因此，优化营商环境既要保障市场经济的基本运行规律，帮助企业准确把握市场需求，降低市场交易成本，也要通过法治方式防范和降低市场交易过程中存在的不确定性风险，尽可能地减少竞争壁垒，促进市场公平竞争和优胜劣汰。

需要注意的是，从当今全球化发展态势来看，除了上述市场要素和法治要素之外，还有一项重要因素决定着企业的运营成本、风险和竞争条件，这个重要因素即为"政务要素"。事实上，当今各国政府因履行公共管理和公共服务职责所产生的政务行为往往构成了企业最大的制度性交易成本，特别是政府对企业的监管措施，以及境内和跨境交易的监管与征税方式等，在营商环境方面发挥着重大作用。世界银行《2005年世界发展报告》显示：国家间的竞争往往更多地体现在各国政府所施行的政策、采取的行为等方面。例如，在对企业的监管方面，合理的监管可以有效解决抑制生产性投资的市场失灵问题，并使企业利益和更广泛的社会目标协调起来；另外，在向企业征税方面，健全的税收制度帮助产生财政收入，既为公共服务的供给提供资金，也可以进一步改善投资环境，继而实现更多的其他社会目标。[①]

（四） 政府监管对企业的影响

近年来，各方面对于优化营商环境的论述已经比较广泛，但大部分

---

① 世界银行：《2005 年世界发展报告》，清华大学出版社 2005 年版，第 95 页。

研究主要是围绕市场和法治两方面而展开。其实，站在广大市场主体特别是中小企业实际需求的立场，政府在微观层面所制定的各项具体行政举措却更加值得关注，特别是政府所制定的监管措施，它们几乎对企业经营和投资的任何方面产生影响。例如，对企业进入市场的资格限制、关于企业落户条件、区域等规定，商品和服务的质量标准，产品销售方式，等等，政府都有权采取监管措施并加以干预。根据最近的研究，相比发达国家来说，发展中国家倾向于在更多的领域使用监管的手段。[1]而现实情况下，行政监管也确实贯穿于企业从出生到死亡的全流程。因此，对一个国家或地区来说，优化营商环境的基本要求就是要建立一个规范高效的行政监管体系。行政监管体系的质量，在很大程度上决定了营商环境的质量和水平。

二　政务公开在优化营商环境中的作用

近代以来，大部分国家政府以公众知情权为基础，大力推行政府信息公开制度，其最初目的主要在于监督政府，防止政府权力的滥用。但是，随着经济社会的发展，特别是信息化时代的来临，信息已成为一种重要的资源，其流动程度、共享程度对经济、文化、社会发展等有着广泛而深刻的影响，因此，政府信息公开不再是仅仅为了满足知情权的需要，政府信息是否公开、公开的程度，除实现民主价值之外，还具有推进信息流动、促进经济增长、社会发展的重要功能。[2]

我国政务公开主要是建立在政府信息公开制度基础上的，属于政府在履行行政监管、公共服务职责方面的一项基本制度。2008 年，《中华人民共和国政府信息公开条例》正式施行，初步确立了我国政府信息公开法律制度体系。党的十八大以来，政府信息公开提升到政务公开层面，并取得了突破性进展。党的十八届四中全会要求全面推进政务公

---

① 世界银行：《2005 年世界发展报告》，清华大学出版社 2005 年版，第 96 页。
② 王万华主编：《知情权与政府信息公开制度研究》，中国政法大学出版社 2013 年版，第 40 页。

开,并首次提出"以公开为常态、不公开为例外"原则。随后,中共中央、国务院印发《关于全面推进政务公开工作的意见》及其实施细则,明确了政务公开的内涵和基本要求。2019 年,《中华人民共和国政府信息公开条例》首次修订完善,标志着我国的政务公开无论是理念还是制度,都发展到了一个全新的阶段。

(一)政务公开是实现政府监管公开透明的基本渠道

降低市场交易的制度性交易成本,是政府改革营商监管体系、营造良好营商环境的重要价值和主要着力点之所在。对政府来说,优化营商环境的关键就是要建立合理、稳定、可预期的监管制度,尽可能减少因监管而导致的不确定性和风险,从而使企业更好地应对和处理竞争壁垒问题。但由于任何一项新的监管措施都具有与生俱来的不确定性,政府有必要通过营造公开透明的营商环境来保障广大市场主体特别是中小企业的权益和诉求。

一是明确行政监管措施公开的全面性、及时性,为各类市场主体建立必要的可预期性,确保监管措施在执行过程中尽可能地透明和精确,防止发生行政权力滥用、寻租等问题。同时,积极促进社会对政务信息资源的合理利用,不断改革、优化行政监管的手续和流程,降低企业为此而付出的制度性交易成本。

二是以市场主体需求为导向,加强政策解读和回应。当前,各级政府所产生的政务信息已构成企业制度性交易成本的重要组成部分。为减少企业负担,政府应在政策解读和回应方面加大力度,积极发挥政策解读的释疑和引导作用;同时在政策发布后,还要密切关注社会反应,对误解误读及时作出回应,从而稳定市场预期。

从本质上看,公开透明是良好营商环境的应有之义,也是政府在改善营商环境过程中应当优先考虑的施政目标。因此,政府若将公开理念贯穿于政府监管全过程,积极推进政务全过程公开、扩大公众参与,将有效降低企业所面临的不合理成本、风险和竞争壁垒。

(二)政务公开是促进营商环境良好发展的重要方式

当前,我国优化营商环境的主要任务是推进市场、法治、政务各领域的改革。从市场的视角来看，政府应在遵循经济发展规律的前提下，充分尊重市场主体的意思自治，切实保护各类市场主体的财产权利，维护契约自由和公平竞争秩序，激发市场活力和社会创造力。为了提高企业对一个地区营商环境的信任度，有必要将政务公开作为推进改革、促进营商环境良好发展的重要方式。

一是在政策制定或变更前，将决策草案予以公布，并通过广泛听取企业等各方面意见，全面准确评估因政策出台或变更可能给企业带来的影响，对政策的出台时机、过渡政策、损害赔偿等提前作出合理安排，将政策的负面影响降至最低限度。

二是在政策制定过程中，拓展公众参与渠道，加强政策引领，让市场配置资源的决定性作用得以充分展现。例如，邀请利益相关方、专家、新闻媒体等列席政府会议，让公众实际参与决策制定程序，充分发表意见，使决策结果更加趋于科学、理性，符合现实需求。

三是在政策出台并实施一段时间后，开展决策后评估，向社会广泛征集反馈意见，并根据实际情况对政策内容进行适时调整和完善，在确保政策实施达到预期目标的同时，将负面影响压缩至最低水平。

（三）政务公开是营造"法治化"营商环境的有效途径

法治的关键在于稳定和可预期。近年来，在界定"良好营商环境"的过程中，"法治化"已成为各方面广泛认同的目标取向。[①] 法治化的营商环境，是经济发展的最大保证。与此同时，自《中华人民共和国政府信息公开条例》施行以来，各方对于信息公开属于行政法治基础性领域的认识基本达成一致。[②] 从民主政治的角度出发，公开透明既是与公众进行沟通并建立信任关系的基础，也是建设法治政府的有效途径和衡量法治政府的重要标尺。实现法治化营商环境目标，必然要求加大力度

---

① "2019 年 6 月 25 日，李克强总理在全国深化'放管服'改革优化营商环境电视电话会议上发表重要讲话，部署深化'放管服'改革，加快打造市场化法治化国际化营商环境"，摘录于中国政府网（http://www.gov.cn/zhengce/content/2019 – 08/12/content_ 5420694. htm），2019 年 9 月 17 日访问。

② 应松年："信息公开是行政法治的基础性领域，也是国家民主政治前途所系的重要一环"，摘录于后向东《信息公开法基础理论》，中国法制出版社 2017 年版，序第 5 页。

推进政务公开，不断提高政府工作透明度。

一是建设"法治化"营商环境着眼于降成本、降风险、减少竞争壁垒，建立执法规范、监管公平、高效便捷的行政监管体系。政务公开以权力行使、运行、监督的全过程公开，换取市场主体对地区投资的制度性信心、计划和预期。同时，政府对涉及市场准入、市场竞争、市场监管等营商环境领域的行政行为实施公开，能有效促进法律适用的统一性、规范性，让广大市场主体充分感受到公平正义，提高政府公信力。

二是以公开促公平，确保政府权力运行在法治轨道上。政务公开的本质是保障公众知情、参与、表达、监督的权利和对行政权力实施有效监督与制衡。对政府权力运行全流程、政务服务全过程实施主动公开，不仅能有效遏制权力失控、决策失误、行为失范等，更能构建一个公正、透明、可预期的制度运行环境。

三　以政务公开推动优化营商环境的 具体路径和方式

规范高效的行政监管是打造良好营商环境的关键所在，政务公开作为行政监管体系的基础制度，是优化营商环境的必然要求。近年来，上海市普陀区着力探索以"政务公开、情系百姓，开放透明、美丽普陀"为主题的新思路新模式，使政务公开成为新时代全面深化改革、法治政府建设以及优化营商环境等方面的一张亮丽名片。以下，笔者将结合普陀区政务公开方面的实践经验，就如何以政务公开推动优化营商环境的具体路径和方式提几点建议。

（一）推进政务公开标准化，营造公开透明、可预期的营商环境

标准是一种世界通用的"语言"。尤其在当代，用标准化方式能有效促进国家治理能力现代化和政府治理方式规范化。2017 年 5 月，上海市普陀区被国务院办公厅纳入全国 100 家基层政务公开标准化规范化试点区之一，其建立了一套政务公开标准化体系，并在实践中取得了良

好成效，对各地具有一定的示范和借鉴意义。①

一是在"专业化""精细化""标准化"理念的指导下，按照 GB/T24421《服务业组织标准化工作指南》开展基层政务公开标准体系建设，系统性地解决了实际工作中存在的公开标准不同、时限不一、选择性公开等问题，为企业获取政府信息提供了标准依据。例如，对涉及区重大建设项目批准和实施领域的全过程信息按目录集中统一公开并实时更新。

二是聚焦社会关注的重点领域开展公开事项目录梳理，形成具体、细化、易于操作的政务公开规范指引。普陀区通过对涉企审批、服务等事项公开内容、环节、方式的标准化，最大限度地压缩了公开的随意性，由此提高了企业在该区从事投资和经营行为的可预期性，对稳商留商起到了重要保障作用。

三是通过标准实施、流程再造，进一步健全基层政务公开的基本制度和工作流程，加强了政务公开保障机制，包括人员配备、内部流程、信息化建设等，使政务公开工作的规范化、专业化、实效化水平得到明显提升。用政务的"公开指数"换取企业的"发展指数"，让便民利企在高质量政务公开中真正落地生根。②

（二）健全发布解读回应机制，保障企业基本权利

做好发布、解读、回应工作是实施政府信息闭环式管理的基本内容。从信息发布到政策解读，从热点回应到政民互动，普陀区在全面总结实践经验的基础上，不断创新政务公开方式，深化政民互动举措，扩大公众参与范围，让广大企业和群众有更多机会近距离了解政府工作，有更多机会亲身感受并参与政府决策过程。

一是切实满足社会需求，抓好权力运行全流程公开。坚持以公开为常态、不公开为例外，将政务公开贯穿于政府运行全流程，政务服务全过程，以公开促落实、促规范、促服务，在深入推进标准化规范化的基

---

① 肖卫兵、包思卓、张文帅：《论政务公开事项标准化目录编制》，《电子政务》2019 年第 5 期，第 121 页。

② 宿迁市人民政府副秘书长王峰：《以更大力度政务公开推进营商环境最优城市建设》，《江苏法制报》2018 年 11 月 7 日第 4 版。

础上，不断拓宽政务公开领域。凡是不涉及国家秘密、商业秘密和个人隐私的政府信息，一般都主动向社会公开，最大限度地保障了企业对政府履职行为的知情权。

二是健全信息发布、解读、回应"三位一体"工作机制，积极打造阳光透明政务。实施政策文件与解读材料同步起草、同步审批、同步发布的"三同步"制度，坚持"应公开尽公开""应上网尽上网""应解读尽解读"。专题解读重点工作，为凝聚社会发展共识创造有力基础。不断丰富解读形式，积极运用数字化、图表图解、音频视频等方式，全面、准确、生动地解读，确保政策有效传播和落地。

三是及时回应社会关切，探索政企互动新路径。从 2017 年起，普陀区针对媒体关注、市民关心的热点议题多次开展"在线访谈"，邀请区委、区政府主要领导及各部门"一把手"走进网络直播间与网民进行互动交流。同时，积极探索新时代政企良性互动的新路径新方法，举办全市首个区级"政府开放日"活动，让广大市民、企业代表走进政府机关，与区领导进行面对面交流。

（三）加强公开渠道建设，为企业打造高效服务平台

当今，大数据、人工智能、物联网等新技术的发展，为提升政府管理科学化、精细化、智能化水平创造了有利条件。政务服务平台已成为优化营商环境、便利企业和群众办事创业的重要支撑。作为上海市中心城区之一，普陀区深入推进"互联网＋政务服务"，全面提升政务服务规范化、便利化水平，为企业和群众提供权威透明、全流程一体化的政务服务。

一是着力提高网站智能化水平，打造公开第一平台。通过规范网站功能定位、栏目设置、内容建设、安全保障等，将区政府门户网站作为"五公开"的重要渠道，与"一网通办"总门户联合打造为最权威、最便捷的政务综合平台。通过标准化规范化管理，实现各部门信息公开的统一格式、统一监控、数据共享。同时，结合企业在信息化时代的现实需求，推出"上海普陀"APP2.0 版、智慧门户、"普陀区政务公开便民服务地图"等一系列新举措，为企业倾力打造获取信息的"掌中宝"和出行办事的"指南针"。

　　二是拓宽公开渠道。根据 2019 年新修订的《中华人民共和国政府信息公开条例》，除了政府门户网站以外，政务公开渠道还应包括政务微博、政务微信、新闻发布会、12345 市民热线服务、政府公报及各类政务服务窗口等。为满足更多需求，为公众提供最便利的政务信息查询服务，2015 年，普陀区以政府购买服务方式开发建设了政务公开自助服务终端，目前该终端放置在专门为企业服务的区行政服务中心和各街镇社区事务受理服务中心。

　　三是积极打造政务公开体验区，提供权威性、一站式、便捷化的信息服务。为进一步丰富公开形式，普陀区擅长用老百姓喜闻乐见的方式，灵活传递政务信息，积极构建企业群众看得到、听得懂、易获取、能监督、好参与的政务公开生态，不断增进企业群众对政府工作的认同和支持。相关部门则通过"政策简明问答"等方式，及时精准地向企业推送涉企政策信息，从而提升政策的传播、推广和落地效应，努力赢得企业的理解和支持。

山东省临清市推进政务公开与基层
公共法律服务体系建设融合发展

山东省临清市人民政府办公室[*]

摘　要： 山东省临清市按照上级决策部署，全面推进政务公开工作，紧紧围绕"决策、执行、管理、服务、结果"五公开要求，加大政务公开力度，以政务公开促进基层公共法律服务优化提升，将政务公开理念贯穿于公共法律服务全过程，实现政务公开与公共法律服务体系建设深度融合，体现了便民、透明、高效、公正等诸多方面的价值和引领作用，切实保障人民群众的知情权、参与权、表达权、监督权。

关键词： 政务公开　公共法律服务　融合促进

党的十八届四中全会审议通过的《中共中央关于全面推进依法治国若干重大问题的决定》作出了"推进覆盖城乡居民的公共服务体系建设，加强民生领域法律服务"的重要部署。党的十八届四中全会以来，习近平总书记更是多次强调指出，要紧紧围绕社会发展的实际需要，努力做好公共法律服务体系。临清市司法局充分运用政务公开法治思维，指导引领基层公共法律服务体系建设，促进政务公开与基层公共法律服务体系建设深入融合，互相促进。

　* 课题组负责人：唐明慧，山东省临清市人民政府办公室主任；张保东，山东省临清市司法局局长。课题组成员：权磊、汪玮、张优、丁凤林、孙鹏、徐振华、王茜、赵丹。执笔人：孙鹏，山东省临清市政府办公室电子政务科科长；赵丹，山东省临清市司法局科员。

一 临清市公共法律服务的政务公开情况

近年来，临清市司法局立足自身职能，按照市委、市政府的统一安排部署，把政务公开工作作为加强政风行风建设、促进依法行政的一项基础性工作全面铺开。在全面打通服务人民群众"最后一公里"的基础公共法律服务体系建设上积极探索，不断加大政务公开力度，注重公开形式的多样化，大胆创新，丰富公开载体形式，全面促进辖区内司法行政工作稳步推进，助力迈上新台阶。

（一）夯实阵地建设，助力政务公开

1. 市级层面

2018 年年底，在城区选取临街楼建立了临清市公共法律服务中心，在硬件设施上率先达到省级示范化标准，中心面积大厅 300 平方米、服务窗口 6 个、工作人员 6 名，截至目前，月均办件量 150 件。主要有法律咨询、法治宣传、医患纠纷、法律援助、社区矫正、人民调解、公证等七大项业务，临清市司法局党组成员轮流作为组长长期在领导干部接访窗口定点值班。统一受理法治宣传、法律服务、人民调解、安置帮教等服务事项，为公众提供权威性、一站式、个性化、方便快捷的信息服务窗口。

2. 镇级层面

实现镇办公共法律服务工作站建设全覆盖，同时与山东省"一镇办一团队、一村居一顾问"工程有效衔接，帮助基层群众解决法律难题，满足群众对法律服务的需求。临清市依托辖区 16 个司法所，在 16 个镇办建立起公共法律服务工作站，将基层司法所的业务纳入到公共法律服务站范围，以乡镇为中间辐射点统筹各村工作，同时办理基层法律服务，方便服务辖区群众。

3. 村级层面

在全市 600 个村居全部建立司法行政工作室，依托司法行政工作室深入落实"一村居一顾问"工程。2019 年度，按照临清市司法局统一部署，在全市辖区村级法律顾问中落实"十个一"工程，即入一次户，给一张便民联系卡，送一张法律明白纸，发一份调查问卷，送致广大群众的一封信，建一个公示栏，制定一个村规民约，上好一堂法治课，每月向镇办汇报一次情况，把好一个关口。通过量化工作细节，推进基层法律服务家喻户晓、深入民心，保障基层民主法治建设，延伸基层法律服务触角，维护社会和谐稳定。

（二）发挥法律顾问作用，强化与民互动

现在临清市的法律服务工作者正活跃在城乡，切实履行法律顾问职责，全面参与辖区的各项工作。

1. 法律顾问参与培养村居"法律明白人"

法律顾问在履行职责过程中，注重以案释法，以网络、微信等平台向辖区群众解读有关法律，增强辖区群众法律意识。同时，不定期开展法律培训，培训镇办、村居调委会成员，使其成为"法律明白人"，发挥宣传政策法规、引导法律服务、化解矛盾纠纷、参与社会治理中的示范引领作用，为乡村振兴提供法治保障。截止到2019年7月底专项活动验收时，全市法律顾问共从事法律服务25405次，其中调解矛盾纠纷1145起、法律咨询18855人次、法治宣传培训1065场次、为困难群众办理法律援助案件21件、出具法律意见书150余件、代拟合同等其他服务4034次。真正做到了小事不出村，大事不出乡镇，使农村干部群众的法治素养和乡村治理法治化进一步提升。

2. 法律顾问参与民营企业"法治体检"活动

为贯彻落实习近平总书记在全国民营企业座谈会上的讲话精神，营造风清气正的营商环境，临清市司法局与市工商业联合会联合发布了《关于开展民营企业法治体检专项活动的实施方案》，并召开由部分律师及企业家参加的座谈会，加以推进落实。

3. 法律顾问投入到扫黑除恶专项斗争中

让法律顾问在为辖区村居群众服务过程中，向广大群众宣传扫黑除恶的重大意义及十二类打击重点对象及行为，在服务过程中掌握的涉黑涉恶线索及时通报有关部门。村居法律顾问全部参与辖区"扫黑除恶、固本增收"活动，增加村居集体资产。

二　政务公开与公共法律服务体系建设融合成效

（一）促融合，政务公开优化公共法律服务

临清市司法局政务公开工作和公共法律服务体系建设都是在2018年同步开始提上规范化运营轨道并下大力实施推进的。通过不断强化公开，切实提高了政务公开水平，助推公共法律服务体系建设迈上新台阶。一是从被动公开向主动公开提升。各级法律服务阵地政务公开意识明显增强，政务公开力度不断加大，以公开为常态、不公开为例外，积极推进五公开，由"要我公开"提升为"我要公开"。二是从零散信息向整合集约提升，围绕群众关心、关注的需求，主动满足工作对政务信息的需求，通过建设集约化公开平台，调整信息组配分类，为群众提供各类专题政务信息，提高了政务信息的针对性和价值性。三是从公开渠道单一向多平台提升。借助政务新媒体和信息化技术的发展，由原来单一的信息渠道转变为网站、微信微博、电台电视等多样化的政务公开渠道，使政务信息受众面更广、传播速度更快，实现公众获取信息方便快捷。四是从政府发布到政民互动提升。通过网站、微信等丰富多样的政民互动栏目和平台传递政府声音、畅通表达渠道，充分吸取公众的意见建议，为政府决策出力献策，形成政府群众良性互动的局面。五是从公开随意性到规范标准的提升。建立完善了政务公开相关制度，明确政府行政各个环节、政务服务各流程工作的标准和规范，使基层政务公开工作有章可循、有据可依。在两年的探索实施过程中，工作人员越来越多地感觉到两者的高度契合，以及互促互进的特征。

1. 以便民为目的

临清市司法局公共法律服务体系建设的初衷就是为辖区人民群众提供普惠均等、优质便捷的公共法律服务，这是全部工作的最重要的出发点和落脚点，恰恰政务公开工作亦是如此。民众知晓、方便查询、办事快捷、便民利民是两者共同的价值所在。

2. 以透明为基础

公开透明是政务公开工作的重要特征之一，而公共法律服务体系建设过程中必然牵扯到专项资金调配使用、顾问律师补助、法律资源分配等敏感类问题，必然会引起不稳定因素，如何取信于民，调动工作健康有序开展，在实施部署阶段是党组领导班子考虑的最重要的问题，既能取信于民又能经得起纪检部门监察，那就必须将建设推进过程纳入政务公开全项程序中，公开是最好的安全保护伞。

3. 以活力助提升

单纯的传统宣传形式已经不适合现代化政务工作的推进，在打造全新公共法律服务体系建设工作中，创新工作方法与形式迫在眉睫。近两年，政务公开工作中新闻发布、开放日、接待日、换位思考实景体验等全新工作方式为我们提供了源源不断的借鉴价值，建设实用性强的公共法律服务，就是要在民众体验和参与实践中进行检验和不断修正，永葆工作活力。

4. 以长效保稳定

如何实现换届造成的领导更替和人员变化造成的政策和工作不能长效推进的问题，临清市司法局在公共法律服务体系建设实施之初就提到，长效机制的建立必不可少，必须保障该项工作长久深入推进下去，防止半途而废。政务公开以事前、事中、事后长效监督稳定的工作模式制度进入大家考虑范围，将每一阶段重要工作通过政务公开形式发布出去，接受监督和质询，不给自己留退路，倒逼业务工作持续深入开展，做到有始有终，掷地有声，借以保证长效工作机制的稳定推进。

（二）借力打力，创新公共法律服务公开模式

1. 以便民利民为出发点，打造"网格化"线上政务公开平台

针对之前政务公开呈现形式单一、吸引力不够、与群众沟通不便等典型情况，充分发挥线上网络平台在时效性、互动性中表现出的绝对优势，积极打造线上"网格"，将微博、微信公众号、政务门户平台作为横向主干宣传公开平台，将微信互动群、短信群发、QQ群聊、法治宣传视频直播等形式作为纵向互动平台，实现线上覆盖"网格化"推进，将整网脉络织好，不断填充具体内容。

2019年度，临清市司法局依托临清市政府门户网站，在市政府信息化中心的大力支持和指导下，加强了对政务公开模块的全新维护和更新，在时效性和规范性方面，迈出了重要一步。为保障公共法律服务站点、联系方式、受理途径、值班人员情况等便民信息及时让群众知悉，临清市司法局结合实际，联系移动、联通部门，将具体政务工作通过短信群发等形式发送到辖区群众手机中，确保工作高效及时。线上推进横向宣传公开平台微博、微信公众号、政务门户平台同步展示具体工作，纵向在覆盖全市600个村居、16个镇办的法律服务便民群内进行简单问题答疑互动，通过一对一私信开展具体服务答复答疑、在线咨询，通过法治宣传视频直播形式进行经典、热门案例"以案普法"宣讲工作。

截至目前，通过线上网格共公布政务公开类信息3350余条（含重复）、发送政务类提醒短信107条、线上解答法律问题和法律服务5000余次，在互动共享，助推法律服务便民化中成功构筑起一张公开、及时、便民、权威的"交通网"。

2. 以探索政民互动新模式为抓手，建成"智慧调解"系统

为推进辖区矛盾纠纷调处化解工作实现信息化、便民化，让人民群众足不出户就能解决身边难事、烦心事。临清市建成"智慧调解"系统，并对镇、街人民调解骨干进行"智慧调解"系统试运行前的专业培训。"智慧调解"系统上线后，群众可以通过手机客户端APP，足不出户在线申请启动调解程序，在线选择相关领域专业化调解员，进行视频在线调解，同时调解员可以在线查询参考类似案例解决方式及法律依据，快速制定最佳调解方案。提供"一站式"调解服务，实现矛盾纠纷案件在线受理、分流、调解、结案、回访、归档等全程网上办理。系统正式投入之前，临清市组织志愿者走向街头，选取各年龄段群众代表进行了民意调查，征集群众意见，不断优化程序设置。"智慧调解"拉近了政府与群众之间的距离，方便了很多远途、行动不便的特殊群众。"智慧调解"系统以面向社会公开、全民参与、共享法律资源、共建和谐社会为突破口，顺利推进"智慧调解"的运行，实现人民调解的智能化、数字化，有效提升了人民调解工作效能，成为政民互动的新模式。

3. 以公开透明为基础引领，形成政务公开流程化、制度化监管机制

面对政务公开，最初阶段基层的想法总是能少公开就少公开，即使公开也要公开一些不痛不痒，安全可靠的信息，结果造成群众想了解的信息查询不到，和群众息息相关的信息不知道去哪查询的断层局面，信息只有表面没有实质，公开什么不公开什么，自己主观做主。

在政务工作不断规范化推进中，这一问题越来越真实地摆在了明面上，正好我局在全面推进公共法律服务体系建设中产生了要依靠群众、深入群众，彻底打通法律服务"最后一公里"的迫切需求。为此，临清市司法局为使两项工作共同推进，制定了易操作的公开流程制度，以保证公开内容真实、有效，为民所需。

一是由公共法律服务管理科根据业务工作初步拟定公开内容。由分管科室副局长审查通过后报送局政务公开领导小组。二是举行政务公开领导小组工作会议。将方案在局机关范围内进行预公开，充分征求听取专业部门和配合部门整体意见，根据意见进行调整、修改、汇总。三是由局党组进行最后审议，形成党组规范性会议文件，由局长审查签字后进行实时公开。四是追踪汇总舆论情况和反馈意见，做好后续回访完善工作，有针对性地制定整改措施，抓好整改落实。五是登记归档，做长期保存，方便随时查阅。

2019 年以来，临清市司法局利用这一程序推进业务工作和后勤工作公开透明化审查 54 件，对内容优化调整 30 余次，有效地保证了各项工作的健康有序推进，规范了政务公开的内容和程序，增强了政务公开的透明性。

4. 以丰富实践为载体，打造形式多样的主题活动

为群众喜闻乐见、便于接受，一直是临清市推进公共法律服务体系建设的宣传点和突破点。2019 年以来，临清市司法局借鉴各地政务公开创新活动，在形式和载体上进行了一定尝试和突破。以"政府开放日"、"公开接待日"和"身份转换"换位思考主题活动为创新尝试，在全系统、全领域深入推进公共法律服务体系建设宣传活动。

2019 年 1 月，率先在系统内开展了"带你了解不一样的司法行政工作"为主题的政府开放日活动，邀请人大、政协、社会各界人士、新

闻记者、受服务群体等实地参观机关场所、基层司法所、律师所、法律服务所、公证处、法治广场、法治校园等场所，零距离感受办公实况和场所法治建设情况，通过现场座谈、课件介绍等多种形式将司法行政工作和公共法律服务体系建设理念、成效展示给各界人士，听取意见和建议。在局机关设置"局长接待室"，每周四早晨定为"局长公开接待日"（如局长有会或其他安排，由常务副局长代替），现场接待群众咨询，处理群众反映问题。创新在机关开展"如果我是办事群众"的角色互换体验活动，切身感受群众在办事中不便利、态度差、多跑腿、难沟通等现实问题，积极促进窗口服务人员工作质量的提升。通过举行开放日活动，创新了公开形式，深化了对全面依法治国的认识，加深了对司法行政机关和司法行政工作的了解。

截至 2019 年年底，临清市司法局共开展主题活动 7 次，局长接待日活动自 2018 年 4 月 1 日开始后持续至今，进一步密切了与广大干部群众之间的联系沟通。

（三）加强监督考核，打造全方位公开监督机制

为防止"干多干少一个样，干好干坏一个样，多干多错多担责，少干少错保平安"的机关干部消极情绪的产生，保障全局工作和队伍建设健康发展，同时保证广大干部群众的知情权、参与权和监督权，临清市司法局在全系统、全领域制定了监督考核制约机制。

按照全市政务公开工作部署，第一时间将政务公开工作纳入廉政风险防控体系中，作为年底考评的重要一项加入干部职工述职述廉中，对政务公开工作执行不到位的干部职工进行通报，在年度评定等级时有所体现与侧重。对各科室政务公开的内容、信息进行实时监督、修正，通过热线电话、公开邮箱、意见箱、特邀监察员、座谈会等多种形式听取、采纳社会各界的意见和建议。组织开展以问卷调查、满意度测评等业务工作反馈活动，实现公共法律服务体系建设真正想民之所想、急民之所急，切切实实地为老百姓谋实事。从体制、机制、制度上全面避免权力滥用，增强各部门和工作人员的群众意识、责任意识、廉洁意识、效率意识。

三　当前公共法律服务体系建设存在的问题分析

（一）表现形式

虽然依托职能优势和政务公开相互衔接促进，在推进公共法律服务体系工作中取得了一定的成果，但由于地域、交通、经济条件、特殊人群等条件的差异性，融合促进下的公共法律服务体系建设仍存在不平衡、不充分问题。

1. 从地域上看

城市人群比乡村人群接受公共法律服务便利。就是在一个镇办，政府驻地人群比驻地以外的乡村人群特别是偏远乡村人群接受公共法律服务便利。

2. 从交通条件看

交通条件便利的地方人群比交通条件相对闭塞的地方人群接受公共法律服务便利。即使从事公共法律服务的专业服务人员也都愿意到交通条件便利的地方开展公共法律服务，而不愿意到交通条件相对闭塞的地方开展公共法律服务。

3. 从经济条件来看

从事公共法律服务的阵地，经济条件较好的镇办、乡村比经济条件相对较差的镇办、乡村要好一些，而从事公共法律服务的专业人员也都愿意到经济条件较好的镇办、乡村开展法律服务，而不愿意到经济条件相对较差的镇办、乡村开展公共法律服务。

4. 从特殊人群来看

那些从事经济活动，思想相对活跃的人群比老弱病残、鳏寡孤独的人群接受公共法律服务便利。特别是那些抵触偏远乡村、交通条件闭塞、经济条件相对较差的老弱病残、鳏寡孤独的人群接受公共法律服务还有一定的困难。

（二）原因分析

临清市公共法律服务体系建设存在不平衡不充分的原因是多方面

的，既有历史原因，也有制度原因。

1. 历史原因

由于全市 16 个镇办、600 个村居经济条件、交通状况存在差异，这是客观现实，不是一朝一夕就能改变的。本着实事求是的观点，我们要承认这个差异，面对这个差异，既然存在这个差异，我们如何在这个差异面前促进公共法律服务均衡化。

2. 制度原因

由于政府购买服务是按每个镇办 3 万元、每个乡村 3000 元的标准发放法律顾问费用，而没有根据交通差异、经济条件差异有所区别，致使从事公共法律服务的专业人员都愿意到经济条件相对较好、交通便利、城区或离城区较近的镇办、村居服务，而那些离城区较远（临清市距离城区最远的村居离城区近百里地）的比在城区服务成本要差几倍，从而影响了从事公共法律服务人员的积极性。

四　政务公开与公共法律服务体系建设深度融合的设想

越发展越觉得壁垒多，越深入推进越感觉资源少。以临清市司法局推进公共法律服务体系建设为例，在推动发展过程中，面临着群众其他关联信息获取困难的状况，举例来说，公共法律服务体系建设中法律援助作为重要一项，在当事人申请援助符不符合条件中，困难审查是必要项，现在执行标准往往需要民政部门出具相关困难证明，势必增加群众多部门奔波之劳，如果实现相关部门领域之间资源互通，信息共享，或者实现相关部门政务公开信息间超链接，方便、简化因部门间壁垒造成的沟通协调问题，将会促进政务公开工作向前再迈一步。总而言之，政务公开不是一项单纯的工作，需要各业务部门结合业务实际，在政务公开的理念基础上全面展示自身公务情况，但是单纯把一个单位一个部门内部政务公开做好是远远不够的，各单位部门之间，尤其是业务紧密型单位部门之间紧密衔接沟通更为重要，大数据下，数据整合共享势在必行。

　　司法行政部门组织，法律服务行业实施，社会力量广泛参与的科技化、网络化、数字化服务新格局，依然还有很长的路要走，在政务公开理念引导下的公共法律服务体系建设工作虽然实现了宏观上平稳有序，但在深层次构筑结构合理、覆盖城乡、网格健全、百姓认同、惠及全民的理想格局中，还应更多地积极体现和满足广大人民群众要求解决最关心、最直接、最现实的利益问题的需要。

（一）坚持把满足公众需求作为出发点和落脚点

　　政务公开的全过程实际上是权力运行的监督过程，关乎群众获得感和市场主体的切身利益，一直备受各方关注。"权力运行到哪里，公开和监督就延伸到哪里，以公开促落实、促规范、促服务。"习近平总书记高屋建瓴地指出了政务公开着力点与工作落脚点。今后临清市将坚持以人民为中心的发展思想，坚持以公众需求为导向，以此作为深化政务公开工作的出发点和落脚点，使政务公开的内容和方式更迎合大众期待，这也将为切实落实公共法律服务体系建设保障措施注入"强心剂"，不断提高群众对政府工作的满意度。随着时代的发展公众获取信息的习惯发生改变，创新政务公开与公共法律服务的结合方式和渠道，让群众更便捷地了解和获取政府信息，以彻底打通法律服务的"最后一公里"。同时，借助沉淀数据，通过大数据分析进一步掌握每位办事者个性化的需求，分析事项之间的关系，主动推送信息，让政务信息更加精准、及时地推送到有需要的人的手上。

　　政民互动了解群众需求，促进群众参与。强化政务公开，全流程优化政务服务，更要全方位回应社会关切。在创新政策解读前置、同步与政策文件送审的同时，积极探索群众对政务公开的满意度评价，从涉及公众利益调整、需要公众广泛知晓或者需要公众参与决策的政府信息公开的及时性、准确性、实用性和易懂性，群众获取政府信息和申请政府信息公开的便捷性，回应群众关心关切和诉求的及时性和有效性，群众参与政府工作渠道方式的多样性等多个方面评价政务公开效果，以群众满意度为结果导向，改进政务公开工作。

（二）坚持以标准化规范化建设为抓手夯实政务公开工作基础

标准化规范化建设有利于政务公开工作更加规范、高效。临清市将在前期基层政务公开标准化规范化试点工作基础上，进一步完善工作机制，按照司法部出台的《公共法律服务领域基层政务公开标准指引》，对现有工作进行查漏补缺、完善改进，形成制度规范，确保政务公开有章可循、有据可依。

以标准促公开。主动公开是政务公开的最大短板，严格遵循"公开是常态，不公开是例外"原则，从公开属性源头认定上入手，认真梳理，对应公开事项、类别、内容、依据、主体、时限等主要要素一一列出清单，每一要素有具体而详尽的要求。诸如"公开事项类别"要求：不交叉、不遗漏，体现逻辑性、完整性和系统性。公开渠道和载体关乎公众获得信息的知晓程度，不断拓展政务公开平台和载体，以"可量化"的方式力求打通政务公开"最后一公里"。

以标准促规范。"依申请公开"事关公众的切身利益，办理的效果体现地方政府治理体系现代化的能力与水平。现实状况是，依申请公开在制度层面尚有程序盲点，受理部门"自由裁量权"较大，致使行政机关把握尺度不一。在实际工作层面，办理流程不统一，答复方式五花八门，在一定程度上制约了依申请公开制度功能的发挥。临清市针对受理机构受理程序不严格，答复不规范的情况，梳理出政府信息依申请公开受理方式、登记、审查、答复、归档和办理流程标准，将《条例》中的原则性要求进一步标准化、具体化、明晰化，制作答复标准法律文书，确保公众通过"依申请公开"渠道可量化。

（三）坚持以信息化为依托助推政务公开工作进一步深化

在充分利用数字化网络平台中，要求各镇办、村居的法律顾问充分利用网络，在镇办、村（居）建立法律顾问便民服务群，利用网络、微信群向辖区群众宣传法律、进行法律咨询服务。紧密联系实践，防范"一刀切"式的政务公开机制。在之前工作中，总是在量化、细化工作，缺少对特殊群体、特殊事项的单独关注。举例来说，线上网格铺下去是不是能覆盖全体，在老弱贫残等重点领域，是不是能接受到网格覆盖，越先进的工作机制往往越容易忽略最需要帮助的群体，这部分人怎么享受到来自政务公开和公共法律服务体系建设带来的红利，应该成为更多的关注点。

信息技术的发展和大数据时代的到来，为促进政府信息流动产生了催化剂的作用，也为挖掘信息价值提供了支撑。今后临清将运用大数据、"互联网＋"等信息技术，不断提高政务公开信息化水平。运用聊城大数据平台，公开开放数据，打破信息孤岛，实现整合式的信息公开，为大众提供更多更有价值的数据信息。沉淀的数据"反哺"政务公开，为实现政务公开精准化提供数据支撑，建立起更高效、便捷、惠民的政务公开和服务体系，不断提高政务公开水平和实效。

山东省济宁市任城区司法行政领域基层政务公开推动法治政府建设调研报告

济宁市任城区政府办公室
济宁市任城区司法局[*]

摘　要：法治政府建设是落实全面依法治国部署、加强政府自身建设的重要内容。公开透明既是法治政府的基本特征，也是衡量法治政府的重要标尺。任城区司法局始终紧紧围绕党和政府中心工作，围绕群众关注关切，着眼法治政府建设具体要求，聚焦依法行政、行政执法、公共法律服务等重点领域，整合平台、丰富形式、集中发布、积极互动，提高人民群众对司法行政信息公开平台的知晓度、利用率，切实提高社会公众对法治政府建设的获得感。

关键词：司法行政　基层政务公开　法治政府建设

习近平总书记强调，政务公开是建设法治政府的一项重要制度，要以制度安排把政务公开贯穿政务运行全过程，权力运行到哪里，公开和监督就延伸到哪里。党的十八届四中全会把全面推进政务公开作为加快建设法治政府的重要任务。党的十九大明确指出，加快建设法治政府、阳光政府，必然要求加大力度推进政务公开，不断提高政府工作透明度。为全面贯彻国家、省、市、区关于政务公开工作的部署安排，深入落实《山东省人民政府办公厅关于印发开展基层政务公开标准化规范化

＊ 执笔人：任寒寒，济宁市任城区司法局法治调研督察科科员；孙鹏，济宁市任城区政府办公室政务公开办公室主任、区电子政务服务中心主任。

试点工作实施方案的通知》（鲁政办发〔2017〕74 号）要求，山东省任城区司法局紧紧围绕全区司法行政事业发展和人民群众关注关切，坚持以公开为常态、不公开为例外原则，以社会需求为导向，进一步加大政务公开力度、拓宽政务公开渠道、提高政务公开质量，切实推进司法行政领域基层政务公开标准化规范化工作，为深入推进法治政府建设贡献力量。

一 任城区司法行政领域基层政务公开基本情况

近年来，任城区司法局坚持以习近平新时代中国特色社会主义思想为指导，全面贯彻党的十九大和十九届二中、三中、四中全会精神，深入贯彻落实上级关于全面推进政务公开工作的决策部署，坚持以人民为中心的发展思想，准确把握新时代政府信息公开工作特点和要求，加强组织领导，完善制度机制，创新工作举措，狠抓责任落实，政府信息公开各项工作扎实推进。

（一）加强组织领导，建立健全工作责任制度

1. 加强组织领导

为加强对政务公开工作的协调领导，任城区司法局成立了由主要领导任组长、分管领导任副组长，相关科室（中心）、司法所负责人为成员的政务公开工作领导小组，负责局政务公开工作的组织协调、综合指导和监督检查以及保密和信息发布审查工作。领导小组下设办公室，具体负责政务公开的日常工作，承办政务公开事宜，维护和更新公开信息，编制政务公开指南、政务公开目录，统一受理公民、法人或其他组织申请公开有关政府信息的登记、查询和答复工作。

2. 建立健全工作责任制度

近年来，任城区司法局先后出台了《任城区司法局政务公开工作制度》《任城区司法局2018年度政府信息公开工作要点》《任城区司法局2019年政务公开重点工作分工方案》等一系列文件，明确了任务目标和时间节点，做到政务公开工作有计划、有安排。全面加强公开自查，

深化公开规范化建设。及时对本单位政府信息公开指南、政务公开目录进行修订完善；结合党风廉政建设和作风效能建设，安排、部署和检查政务信息公开和依申请公开工作，切实促进政务信息公开和依申请公开工作走上制度化、规范化轨道。

（二）加强平台建设，推行数字化政务服务

1. 加强行政执法信息化平台建设

在政府门户网站开通"行政执法公示""区级政府部门权责清单"专栏，统一对31个区级政府的权责清单进行了公示。并与"行政执法三项制度"落实要求有机结合，推动行政处罚、行政强制、行政检查事项全部上网运行，实现权力流程网上运转、执法信息网上公示、执法行为网上监督，开启线上线下一体化监督模式，倒逼执法信息公开迈上新台阶，提高执法信息公开效能。

2. 推进"数字法治、智慧司法"建设

依靠山东省政务服务网、全省行政处罚与行政强制权力事项上网试运行系统、济宁市政务信息资源共享交换平台、"济宁市智慧民调"系统、"智慧矫正"等各类省市数据平台，加强数据共享和业务协同，为政务服务便民化奠定基础。建设网络、热线、实体融合的公共法律服务平台，实现公共法律服务一站式解决，不断提升司法行政信息公开针对性、时效性，提高政务服务便民化水平。

（三）拓展公开渠道，推进司法行政阳光政务建设

利用新媒体推进政务公开，开通"法治任城"微信公众号、微博号，以图文并茂的方式，第一时间公布工作动态和便民信息，为群众获取司法行政信息提供便利窗口。利用门户网站落实政务公开。做好任城区政府门户网站区司法局子站的信息发布工作，内容涵盖机构职能、政策文件、财政资金、人事信息、政务动态、行政执法、放管服改革等10余大项40余小项，通过区政府门户网站公开信息499条。利用宣传资料落实政务公开。围绕区委区政府中心工作加强法治宣传，开展扫黑除恶、乡村振兴战略、营造营商环境、脱贫攻坚、防范重大风险、行政复议法实施20周年等专题宣传活动150余场次，发放宣传资料2万余份，

受众人数 5 万余人次；举行法治辅导报告会 50 余场次，受教育人数达到 15000 人次；每年举办推进法治政府建设暨"谁执法谁普法"普法责任制落实专题培训班等，为法治政府建设营造了良好的环境和氛围。

（四）回应社会关切，提升主动公开工作水平

1. 积极做好机构改革相关公开工作

2019 年，原司法局和原法制办经机构改革合并，在领导分工、机关内设机构确定后，任城区司法局按照"一个统筹、四大职能"工作布局，第一时间在官方网站公开了领导分工、内设机构、机构职能等信息，让群众全面了解机构改革后司法局职能职责，确保应公开的全部公开到位。

2. 以深化"放管服"改革为重点，突出抓好政务服务公开

扎实推进政务服务标准化，编制公开《任城区司法局权责清单》《政务服务事项清单》，高标准完成权责清单公布和清单编制录入任务。持续推动减证便民，启动证明事项告知承诺制。实现行政处罚结果在局门户网站公开，有效提升政务服务公开效能。

3. 增强回应实效性，加强政民互动平台建设

在山东省法律服务网录入法律咨询事项 443 项，利用新媒体搭建公众参与平台，积极征求群众意见、及时回应公众诉求。近年来，通过"互动交流平台"受理依申请公开 5 件，解答群众咨询 6 人次；通过"山东省政务服务网"回应群众关切 1 次；政务互动交流平台有效答复率达 100%；通过"法治任城"微信公众号回复群众咨询等 50 余条；通过"身边的法律顾问"微信群解答群众咨询 10000 余条。

二　任城区司法行政领域政务公开促进法治政府建设情况

政务公开与法治政府建设之间具有密切的逻辑联系，政务公开是法治政府建设的前提条件，政务公开是法治政府建成的基本标志。近年来，任城区司法局坚持以习近平新时代中国特色社会主义思想为指导，

认真贯彻落实中央和省市区政府的决策部署，坚持"以公开为常态、不公开为例外"，重点突出公共法律服务、行政执法监督、行政复议、刑事执行等重点领域和关键环节，丰富政务公开形式、提升政务公开质量，有效增进人民群众对基层司法行政工作的理解、信任和支持，为建设权力受约束、权利有保障的现代法治政府贡献力量。

（一）加强行政规范性文件管理公开，助力法治政府建设

1. 严格制定程序公开

机构改革以来，任城区司法局根据上级新要求，修订完善任城区《行政规范性文件管理办法》，对全区行政规范性文件的起草、征求意见、合法性审查、签发公布、备案、解释、评估、清理等作出具体规定，明确了行政规范性文件的制定原则及程序，并在区政府官方网站搭建全区统一的规范性文件管理公开平台，确保任城区行政规范性文件管理合法合规。

2. 加强重大行政决策合法性审查公开

一是严把"起草关"。对涉及全区发展、公共利益的重大问题事项和重点工作管理办法等行政决策和规范性文件，从起草阶段即要求对制定的必要性和可行性进行研究，并进行调研论证。同时还要求明确公开制定的目的和依据、适用范围、管理主体、管理相对人、权利义务、管理制度和方式、管理程序、施行日期等内容。二是严把"征求意见关"。起草文件时即要求根据实际需要，征求相关单位和专家的意见。对公民、法人或者其他组织的权利义务产生直接影响以及涉及重大政策的规范性文件，通过书面征求意见、召开座谈会、论证会等向社会公开征求意见。三是严把"审核关"。始终坚持"未经合法性审查或经审查不合法的文件不得出台"的规定，机构改革以来，对《区工业企业退城进园暂行办法》《区大中型水库移民人口自然变化管理办法》《区专利资助与奖励办法》《区职工长期护理保险制度实施细则》《区完善计划生育利益导向机制》等5份政府规范性文件出具《合法性审查报告》并公开。四是严把"签发公布关"。行政规范性文件经合法性审核后，要求各制定机关提交领导班子集体审议决定。审议通过的规范性文件需经主要负责人或委托分管负责人签发，并严格按照统一登记、统一编

号、统一发布的"三统一"制度公开发布。

3. 强化动态监管

一是及时整理归档已签发公布的行政规范性文本、起草说明、制定依据、政策解读等材料，对已印发的行政规范性文件及时在网上公布，并报送市审核机关备案；强化规范性文件备案审查，做到有件必备、有备必审、有错必纠。同时，每年将行政规范性文件目录向社会公开，主动接受监督。二是建立健全行政规范性文件动态清理工作机制。根据法治政府建设要求和经济社会发展需要，以及上位法和上级文件制定、修改、废止的情况，及时对已制定的行政规范性文件进行清理，确保行政规范性文件及时有效，营造良好的法治环境。机构改革以来，任城区司法局组织集中开展了 1 次规范性文件清理工作，共清理政府规范性文件 20 件，决定继续有效的 16 件，修订完善 1 件，废止 3 件，并以区政府的名义在门户网站向社会公布清理结果，有效维护了法制统一、确保政令畅通、保障人民群众合法权益。三是积极发挥备案审查联动机制作用，审核有关部门转来的备案文件，并对部分违反法律法规的内容提出意见。通过加强横纵向的合作，确保行政规范性文件合法有效。

（二）规范行政执法公开，助推法治政府建设

深化综合行政执法体制改革工作，在前期综合行政执法改革基础上，对任城区综合行政执法队伍进一步整合。结合 2019 年机构改革后，任城区共保留 8 支独立的执法队伍，机构规格均按要求进行调整；在区政府网站"任城区行政执法公示"平台公布区级行政执法主体清单和行政执法人员清单，有力促进严格规范公正执法。加强行政执法规范化建设，在 2018 年全面推行行政执法公示、执法全过程记录、重大执法决定法制审核"三项制度"改革基础上，2019 年深入推进行政执法"三项制度"。在政府门户网站开通"行政执法公示"区级政府部门权责清单"专栏，统一对 31 个区级政府的权责清单进行了公示；在完善文字记录和规范音像记录的基础上，加强记录归档和结果的应用，认真做好行政处罚和行政强制系统模拟录入案件工作；严把执法决定法律审核关，全区 24 个行政执法部门配备了法规科和专兼职法制审核人员，31个部门单位聘请了高水平法律顾问，充分发挥政府法律顾问在法制审核中的作用。制定了《区行政执法与刑事司法衔接办法》，做好行政执法案卷评查、行政执法人员管理工作，推行行政处罚与行政强制权力网络运行系统上线运行。持续规范证明事项，强化证明事项动态监督管理。2019年开展的证明事项清理规范工作中，16个部门保留证明事项89项，4个部门取消证明事项12项，以上两个清单均在市政府网站和区政府网站专栏进行了公示。积极推进证明事项告知承诺制试点市级示范点建设，经梳理任城区共有证明告知承诺事项9项，经市级审核确认并全部公示，方便企业及职工办事，为营造法治化营商环境打牢基础。

（三）完善行政复议公开，深化法治政府建设

党的十九大提出，推进全面依法治国，要坚持法治国家、法治政府、法治社会一体建设。作为政府系统内部的自我纠错制度，行政复议是倒逼依法行政、加快建设法治政府的重要抓手，在推进全面依法治国这个系统工程中发挥着重要作用。任城区司法局复议办对外以济宁市任城区人民政府行政复议办公室名义开展工作，通过健全行政复议案件审理机制，畅通行政复议渠道，组织开展全区行政机关负责人旁听庭审活动，进一步提升了全区行政机关行政应诉水平。任城区司法局坚持以公开为常态、不公开为例外、方便群众查询的原则，认真落实行政复议决定书网上公开工作。在政府门户网站建立"行政复议"专栏；行政复议决定书由任城区司法局审核、录入；本着对拟公开的行政复议决定书严格把关，确保不涉及国家机密、商业秘密及个人隐私，并依据增强行政复议透明度的原则予以公开。机构改革以来，任城区共受理行政复议案件137件，已审结105件，综合纠错案件数量为36件，综合纠错率为34.29%，按时审结率为100%。共在行政复议专栏公开有关部门行政复议决定书54件，行政复议制度进一步规范化、信息化，有效发挥了行政复议在多元化纠纷解决机制中的作用。

（四）提升公共法律服务领域公开，促进法治政府建设

近年来，任城区司法局以司法行政信息公开平台升级改版为抓手，

积极推进公共法律服务政务公开标准化建设。（1）信息获取全渠道，增强群众法治获得感。大力推进公共法律服务公开实体、掌上平台、148 法律热线平台一体化建设，搭建"智能化"网络平台。以市公共法律服务中心工作平台为依托，建设区级网上公共法律服务大厅。依托政务公开平台及"法治任城"政务公开微信公众号，与平台数据互通，搭建"微桥梁"，公示市区镇村三级公共法律服务窗口位置、人员组成、服务内容、服务标准。制作12348公益广告，加大公共法律服务宣传，不断提高法律援助、村（社区）法律顾问及其他公共法律服务的群众知晓率和使用率。贯彻政务公开标准化体系建设，公共法律服务"清单""办事指南""行政权力清单"通过中心服务大厅触摸屏、电子大屏对外公开，促进网上网下多渠道融合，力争全部实现"最多跑一次"。（2）事项公开全要素，增强服务群众满意度。编制政务公开事项及公共法律服务目录，开设信息公开目录专栏，对各部门权责清单及权力事项信息、公共服务事项清单及办事指南进行公开。依托司法所，在全区 15 个镇（街道）全部设立公共法律服务中心、法律援助工作站，打通服务基层群众"最后一公里"，针对老年人、行动不便等当事人开通"绿色通道"，为其提供上门法律援助申请服务，特事特办。（3）权力公开全流程，增强群众幸福感。编制政务公开基础目录，对权力运行流程以"五公开"环节为基础进行分段，每一环节对应的政务信息均以三至四级目录的形式进行详细列举。对接山东省公共法律服务平台，找律师、求法援、要调解"一键获取"，成为任城人民足不出户、随手可得的高效法律顾问，以推动法律服务公开形成了办事依法、遇事找法、解决问题用法、化解矛盾靠法的良好法治秩序。

三　任城区司法行政领域基层政务公开促进法治政府建设面临的问题

机构改革以来，任城区司法行政领域基层政务公开工作促进法治政府建设取得了一定的成绩。但是，就促进法治政府建设的力度和深度而言，在不少方面仍有改进、改善和优化的空间。

（一）对以基层政务公开促进法治政府建设的重视程度和推进力度不够大

在推进法治政府建设中，基层政务公开存在压力层层递减、标准层层下降的问题，法治政府建设整体基础还不牢固，上热下冷，区一级抓得紧，镇街一级传导得还不够，尤其体现在部分党委政府和部门对基层政务公开促进法治建设的思想认识和重视程度不够，法治队伍和政务公开队伍建设、支撑保障还跟不上形势任务和实际工作的需要。

（二）"重大行政决策"依法公开不够规范

为加快推进法治政府建设，强化行政权力制约监督，更好地维护改革发展稳定大局，2019 年李克强总理以签署国务院令的形式公布了《重大行政决策程序暂行条例》（以下简称《条例》），自 2019 年 9 月 1 日起施行。《条例》第十五条规定："决策事项向社会公开征求意见的，决策承办单位应当通过政府网站、政务新媒体以及报刊、广播、电视等便于社会公众知晓的途径，公布决策草案及其说明等材料，明确提出意见的方式和期限。"由于一些政府部门对"重大行政决策"的界定有失准确，没有意识到所作的某些决策是重大行政决策，可能存在未通过网站、政务新媒体等形式公开，导致出现听取群众意见不充分，应及时而未及时决策等问题。

（三）行政执法信息公开制度仍需改进

行政执法三项制度的建立还不够完善，在实施上还不够深入、具体、全面。行政执法公示方面，行政执法决定公示的范围、内容、方式、时限有待完善；执法全过程记录方面，文字记录和音像资料的记录，保管、制作入卷方面还不够规范，特别是音像记录资料入卷的很少；重大执法决定法制审核方面，开展法制审核人员业务能力、法律专业知识不强，缺乏专业培训，照书本靠经验审核的多，需要提高法律素养和业务能力；涉及法制审核的范围、内容和程序有待进一步细化、明确。

（四）政策措施解读能力有待加强

法治政府建设领域许多政策措施往往着眼全局，且涉及较多专业领域。要让群众不仅能看得到政策措施，关键还要能看得懂。在实际工作中，一些单位在解读法治政府建设相关的政策措施时，习惯使用官方话语体系，解读形式单一，缺少生动有趣的群众语言，老百姓读不懂、不愿读，公开和解读效果自然大打折扣。当前政策措施解读还存在一个普遍的问题，那就是信息过剩、权威观点不足，在海量信息面前，群众不知道该听谁的、信谁的。

四　做好司法行政领域基层政务公开促进法治政府建设的对策与建议

（一）进一步完善政府信息公开机制

要依照法治政府建设要求，继续深化司法改革、法律服务、重点民生等重点领域信息公开，推进重要决策、重要部署执行及行政执法信息公开。此外，要进一步完善政府信息主动公开基本目录，建立动态调整机制，提升主动公开的规范化水平。优化门户网站栏目设置，加强资源整合，进一步发挥门户网站政务公开第一平台作用。建立健全政务新媒体管理制度和机制，推进整体协同、响应迅速的政务新媒体矩阵体系建设，丰富信息内容，提高信息发布质量。

（二）进一步落实好《重大行政决策程序暂行条例》

各镇街、部门单位应按照《条例》的规定要求，结合工作实际确定重大行政决策事项目录和标准，明确重大行政决策事项范围，并向社会公布。严格遵守公众参与、专家论证、风险评估、合法性审查、集体讨论决定五大程序要求，完善制度机制，提高执行效能，切实将重大行政决策活动全面纳入法治化轨道。

（三）进一步加大行政执法公示力度

坚持"以公开为常态、不公开为例外"，建立健全行政执法的事前、事中、事后公开机制，让行政执法在阳光下运行，自觉接受群众监督。扎实推进行政处罚与行政强制权力事项上网运行，尽快实现"应上尽上"，杜绝"系统外循环"和线上线下脱节。切实做好行政执法公示与"双随机、一公开"等监管工作的对接，正确处理好全面推行行政执法公示制度与保障相对人隐私的关系。

（四）进一步完善政策解读机制

需要政府部门、新闻媒体、专家机构等多方面的通力合作，形成全方位、多层次的政策措施解读格局。通过新闻发布会、在线访谈、政策宣讲等形式，深入解读法治政府建设相关政策措施的背景、重点任务、工作安排、落实成效等，及时准确传达权威信息和政策意图，发出权威解读声音。对有关文件中的关键词语、专业术语要进行诠释；特别是要善于用"接地气"的群众语言解读法治政府建设政策、用新媒体传播政策，积极运用视频、直播、图解、问答等公众喜闻乐见的方式，通过政务新媒体进行发布，把法治政府建设相关政策背景、措施目的、文件内涵讲清楚，让群众听得懂、能认同。

2020年，将开启到21世纪中叶实现第二个百年奋斗目标的第一个阶段，到2035年，法治国家、法治政府、法治社会要基本建成。在法治政府建设背景下，政务公开应当遵循法治、及时、准确和便民的原则，以政务公开扎实推进法治政府建设，努力实现政府治理体系和治理能力现代化。

后　记

公开透明是实现法治的重要路径。政务公开不仅仅满足人民群众获取官方信息的权利，更是实现国家治理体系和治理能力现代化，助力优化营商环境，推进行政体制改革，推动社会进步的重要路径。2020 年，政务公开尤其值得关注。不仅仅因为新修订的《政府信息公开条例》实施一年有余，更因为自年初以来，举国上下遭受到新型冠状病毒肺炎疫情的侵袭，面对突如其来的疫情，公开显得更为重要。更快、更准、更全面、更有效地获取涉及疫情防控的信息，这不仅仅关系到每个人的切身利益，更关系到整个社会的心态和稳定。实践证明，疫情防控越公开透明，人民群众越有底气，全社会越能拧成一股绳共同抗击疫情。可以说，公开之于个人发展、公开之于社会进步、公开之于国家强盛，都已经是不容缺位了。这也是中国社会科学院国家法治指数研究中心、中国社会科学院法学研究所法治指数创新工程项目组自 2009 年以来持续关注政务公开制度的重要原因。

编辑出版《中国政府透明度》系列年度性报告，是希望通过一篇篇理论联系实际的研究报告，共同探讨政务公开的理论问题，推动政务公开实践工作进步。本书收录了中国社会科学院国家法治指数研究中心、中国社会科学院法学研究所法治指数创新工程项目组对 2019 年中国政务公开工作的整体评估分析，还汇集了反映全国部分省级政府、地市级政府和区县级政府政务公开实践的研究报告，分析了政务公开在各个领域的进展和成效。

《中国政府透明度（2020）》的编撰过程得到了全国各地专家学者

和实务部门的关注和支持，并始终得到中国社会科学出版社社长赵剑英先生、副总编辑王茵女士和责任编辑马明老师的关心和帮助，我们对此深表感谢。

衷心欢迎各界朋友继续关心和支持这份报告！

编　者

2020 年 7 月